FITZGERALD EN ESPAÑA
Recepción de su obra (1953-2000)

E<small>STHER</small> S<small>EGURA</small> C<small>AMAZÓN</small>

BIBLIOTECA BENJAMIN FRANKLIN

ÍNDICE

PRÓLOGO

PRÓLOGO

POR RAMÓN ESPEJO ROMERO, CATEDRÁTICO DE LITERATURA NORTEAMERICANA EN LA UNIVERSIDAD DE SEVILLA

En el ámbito de los estudios literarios, el marco nacional viene siendo ampliamente cuestionado como contexto natural de la creación literaria y son cada vez más quienes apuestan por incorporar paradigmas globales y transculturales a su estudio. Ciertamente, vivimos en un mundo en el que las fronteras han perdido relevancia. Cada vez nos desplazamos con más facilidad y frecuencia, en un mundo dominado por una economía global, y la comunicación con personas de otros lugares ha pasado de ser una práctica marginal a algo común y cotidiano. No es que las fronteras nacionales hayan dejado de ejercer peso alguno en ámbitos como la cultura y por ello no tiene sentido defender que las literaturas española o norteamericana dejen de estudiarse como tales. Pero el estudio de los intercambios, las sinergias, el diálogo entre tradiciones nacionales claramente enriquece nuestra visión de los fenómenos culturales y los dota de nuevos matices y lecturas. Casi podemos decir que no es posible entender ya ninguna literatura de manera completa si no existe un acercamiento a fenómenos transnacionales, algo que *Fitzgerald en España: Recepción de su obra, 1953-2000* viene a poner de manifiesto.

Esther Segura Camazón analiza en este estudio la manera en que la España del siglo XX entró en contacto con un escritor icónico y profundamente norteamericano. Su linaje parte de ese momento que Matthiessen denominó el Renacimiento americano de mediados del siglo XIX y que no fue un renacimiento *in strictu sensu*, pero sí muy americano. Había quedado atrás la generación de Washington Irving, con su deuda patente con la tradición europea, o el transcendentalismo de Emerson y Margaret Fuller, atento también a filosofías procedentes de otros lugares. Era el momento de crear una literatura estadounidense de verdad, con temas propios, y un lenguaje, personajes y formas específicas. Es la senda que discurrieron Melville, Hawthorne y Mark Twain, por citar algunos ejemplos. Las décadas finales del siglo XIX y primeras del XX hace que los americanos vuelvan a fijarse en Europa, aunque en esta ocasión los flujos lo serán en ambas direcciones y los escritores europeos cada vez viajarán más y encontrarán más interesantes aquellas tierras del otro lado del Atlántico. Henry James, tan americano él, no puede entenderse sin su fijación con la Europa del momento, aunque fue él también quien interesó a escritores y artistas por el país que había dejó atrás. Hemingway bebió de ese cosmopolitismo. Y Fitzgerald fijó aspectos de la cultura norteamericana en el imaginario popular y consiguió que sus descripciones de los años 20 se convirtieran en paradigmáticas de lo que fue aquella década en todo Occidente.

La prosperidad y decadencia que retrata Fitzgerald en muchas de sus obras es consecuencia, naturalmente, de fenómenos supranacionales, pero su mirada es singularmente americana: ese romanticismo entreverado de avaricia y ambición, el deseo de lograrlo todo y la sospecha de no haber logrado nada, el gigante con pies de barro, el hedonismo y la introspección, son vectores que definen no solo la cultura sino, lo que es más importante, el carácter norteamericano, siempre contradictorio: zafio y sublime, idealista y pragmático, espiritual y mundano. Las contradicciones de Fitzgerald son las de la propia América, próspera y enferma, ufana y culpable, saludable y traumatizada.

Hablando de contradicciones, Esther Segura se formula en el libro una pregunta central, que apunta a una importante paradoja: ¿Cómo pudo despuntar un autor tan específicamente norteamericano en una España tan aislada del mundo como lo fue la de Franco? En ese aislamiento el régimen encuentra su razón de ser: la II República era una injerencia externa de ideologías surgidas del comunismo y el liberalismo y un triunfo de la anti-España. Ganada la guerra, era necesario proteger con un cordón sanitario las esencias patrias, de las que el régimen se erige en defensor. Los años 40 no solo trajeron miseria y desolación, exilio y sufrimiento, sino también un aislacionismo devastador, en lo económico y también en lo cultural. Lo poco que logró pasar fue debidamente tamizado y censurado. Había que proteger a un pueblo español infantilizado y fragilizado de sus supuestos enemigos y muchos de ellos llegaban en forma de libros, películas y obras de teatro.

Es justamente en 1953, año en que arranca este estudio, cuando la autarquía comienza a resquebrajarse públicamente, aunque hacía tiempo que se sabía que tenía los días contados. De hecho, cuando en 1953 los Estados Unidos acuden al rescate de Franco, el país se encuentra al borde del colapso. Para evitarlo, se firman unos acuerdos militares que suponen una cesión de todo a cambio de casi nada. Se les facilitan terrenos para la construcción de bases militares con las que reforzar la posición de la OTAN en el sur de Europa, pero Estados Unidos ni siquiera incluye a España en el Plan Marshall y la ayuda económica que envía a nuestro país no es ni testimonial. Eso sí, el régimen recibe un importante respaldo y legitimación, sin los cuales hubiera probablemente colapsado. ¿Casualidad o no que la primera obra de Fitzgerald en España no se publicara hasta justo ese año? Es difícil saberlo, pero el valor simbólico de la fecha es incuestionable.

¿Por qué no se publicó a Fitzgerald en nuestro país antes de la Guerra Civil, en los años de la República o incluso antes? Es una incógnita para la que no tenemos respuesta, pero sobre la cual se pueden plantear conjeturas. ¿Era Fitzgerald demasiado americano y describía un mundo que en España resultaba desconocido e incomprensible? ¿No se llegó nunca a considerar un escritor de primera fila en su época? ¿Era demasiado conservador para algunos y demasiado liberal para otros? Esther Segura se plantea todo ello como arranque del libro.

El dato irrefutable y quizás la principal aportación de este estudio es, sin embargo, que los editores españoles no se fijaron en Fitzgerald hasta los años 50. Ahora que escuchamos a diario que 'todo está en Internet', saber esto puede darse por sentado y sin embargo a Esther Segura le ha llevado meses hallarlo, mediante un exhaustivo rastreo de bibliotecas, archivos y documentación varia, que me consta fue especialmente intenso por lo sorprendente de tal revelación. Antes de disponer de este estudio, ¿quién hubiera podido imaginar que el autor tardó tres décadas en ser traducido al castellano? ¿Cómo y quién lo publicó y de qué obra se trató? ¿Qué pasó en el medio siglo posterior? ¿Se normalizó la publicación de obras del autor rápidamente o hubo de pasar tiempo? ¿Cómo reaccionaron los críticos y el público? Me interesa mucho saber qué imagen del autor fue configurándose a lo largo de los años. De ser un desconocido en vida y en los años que siguieron a su muerte hasta convertirse en alguien plenamente consagrado a finales del siglo XX debió producirse un interesante viaje literario y editorial, que hoy por hoy solo Esther Segura está en condiciones de contarnos. En este libro, Esther nos hablará del autor, pero también de nuestro propio devenir cultural como sociedad en unas décadas en las que dejamos atrás una dictadura y construimos una democracia. Aflorarán editores, publicaciones, críticos, y conoceremos sus posicionamientos, sus prejuicios y sus expectativas. También comprobaremos cómo los acontecimientos culturales han influido en los fenómenos materiales e ideológicos que tienen que ver con la literatura.

Es hora de dar paso al relato que Esther ha elaborado para nosotros. La conozco bien y es una investigadora seria, rigurosa, pero también apegada a la realidad. Su texto destila admiración por el autor, pero también un franco deseo de clarificar las cuestiones, sin buscar la opacidad, pero sin robarle al lector el espacio que le permita alcanzar sus propias conclusiones. El estilo del libro es directo y su lectura muy amena. Estamos claramente en las mejores manos y es también de celebrar que la Dra. Esther Segura se sume con este texto a una larga lista de intelectuales españoles que han estudiado unas relaciones literarias que hicieron del mundo un espacio global mucho antes de que nos diéramos cuenta de que lo era o de que tuviéramos un término para designarlo. Si además de dilucidar las cuestiones enunciadas consigue que otros investigadores se adentren por la senda que ella ha transitado, habrá conseguido ir más allá de los objetivos planteados, enriqueciendo el conocimiento de nuestra propia cultura y dirigiendo la mirada de críticos e investigadores hacia un campo en el que queda casi todo por hacer.

INTRODUCCIÓN

INTRODUCCIÓN

F. Scott Fitzgerald está considerado uno de los mejores novelistas norteamericanos del siglo XX. Su novela *The Great Gatsby* ha vendido más de 30 millones de ejemplares en todo el mundo y ha sido traducida a más de cuarenta lenguas; además, cuenta con cuatro adaptaciones cinematográficas, de las cuales la última, de 2013, llegó a recaudar 353 millones de dólares en taquilla. En total, se han llevado a cabo más de una decena de películas basadas en su obra y vida, y las frecuentes publicaciones de biografías y estudios, sumadas a las constantes reediciones de sus trabajos, evidencian el gran interés que sigue despertando el autor hoy en día.

Durante *the Roaring Twenties* Fitzgerald tuvo una acogida calurosa: su primera novela, *This Side of Paradise*, vendió más de 40.000 ejemplares en su año de publicación (1920), lo que le permitió embarcarse, junto con su mujer Zelda, en una vida repleta de lujos y extravagancias. Sin embargo, este éxito precoz sería muy breve, ya que en 1925 la crítica no supo apreciar su tercera novela, *The Great Gatsby*, y, a partir de ese momento hasta su muerte en 1940, la relevancia del escritor iría disminuyendo hasta ser casi imperceptible.

Este libro tiene como objeto de interés central la recepción de Fitzgerald en España en el período comprendido entre 1953 y el año 2000. Se analizará cómo se ha percibido al escritor y su obra durante la España franquista, la de Transición y en democracia, dado que, como se podrá observar más adelante, la recepción de Fitzgerald en España en los primeros años se dio a la inversa que la vivida por él en su país natal: las primeras ediciones de su obra pasaron prácticamente desapercibidas para, gradualmente, consolidarse en la década de los ochenta. Este manuscrito ha sido realizado atendiendo los postulados de la Teoría de la Recepción, cuyo enfoque establece una relación directa entre el lector y el texto. Hans Robert Jauss denominó "distancia estética" a la distancia que hay entre las expectativas del público en cada época y su cumplimiento en el texto, concepto recogido en la Estética de la Recepción, donde se analiza, entre otros muchos aspectos, la respuesta del lector ante un texto literario (38). Así pues, el texto literario no es estático, ni el lector es pasivo, sino que el texto está sujeto a las interpretaciones del lector y al momento histórico en que se lleva a cabo la lectura. Sobre esta idea reflexiona Ascensión Rivas en su manual *De la poética a la Teoría de la Literatura. Una introducción* (2005) y la expone así:

En ocasiones los lectores de un período histórico determinado, demasiado conservadores en sus gustos literarios, no están capacitados para entender a un genio que se adelanta a su tiempo. Distintos factores sociales, morales y estéticos crean esas barreras del lector frente al texto, y dan origen a lecturas erróneas (212).

Es decir, "hay una relación dinámica [...] entre el autor que escribe una obra, la obra misma y el receptor que en cada momento histórico se enfrenta a ella" (211). Por tanto, un texto literario es valorado según las ideas y comportamientos que predominan en cada época, y su éxito, según Wolfgang Iser, está estrechamente vinculado a su capacidad comunicativa incluso años después de su publicación. El teórico alemán explica esta idea del siguiente modo:

[...] Pues caracteriza el texto literario que no llegue a perder su capacidad comunicativa cuando su época ha pasado; muchos son también capaces de "hablar" todavía cuando su "mensaje" hace tiempo que se ha convertido en historia y su "significado" ya se ha hecho trivial [...] (33).

En el caso de Fitzgerald y su recepción en la España franquista, esta refleja de manera clara la importancia de la capacidad de la obra de "hablar" todavía al lector. En la España de los años cincuenta, en plena posguerra, las historias de Fitzgerald quedaban muy alejadas de la realidad del lector español, lo que podría explicar que la publicación de *El gran Gatsby* en 1953 no tuviera apenas repercusión en nuestro país. No obstante, a finales de los años sesenta, como analizaremos más adelante, empezó el resurgir del escritor en España y, entre otros factores, se podría señalar la notable mejoría de la que empezaba a gozar el país, que podría compartir ciertas similitudes con los felices años veinte de Fitzgerald, y, por tanto, pudiera establecer un punto de unión con el lector español.

En cuanto al momento histórico abarcado en este libro, se ha acotado del año 1953 al año 2000 por dos razones: en primer lugar, se ha fijado como comienzo 1953 al ser el año en que se edita en España por primera vez una novela de Fitzgerald, *El gran Gatsby*, editada por José Janés; y en segundo lugar, el 2000, puesto que estos últimos años que se abarcan aquí también coinciden con una mayor aceptación y reconocimiento del escritor en nuestro país, dejando de manifiesto la evolución positiva que tuvo la recepción de Fitzgerald en España.

Al inicio supuso una gran sorpresa no encontrar ninguna edición española anterior a 1953; que un escritor del calibre y fama de Fitzgerald hubiera llegado tan tarde a un país con tan larga y rica tradición literaria era asombroso. Sin embargo, una vez concluidos los capítulos relativos a la recepción de Fitzgerald en EE.UU. y al contexto histórico-cultural y literario, no era de extrañar que el escritor, de dudosa reputación por entonces y con una recepción tan irregular como la que tuvo en su país natal (donde la crítica siempre puso en entredicho la calidad de su obra hasta su revalorización definitiva en los años cincuenta), no estuviera entre los autores extranjeros prioritarios para las editoriales españolas, las cuales tuvieron que lidiar con unos períodos tan convulsos como fueron los años treinta, cuarenta y cincuenta.

Como hemos adelantado anteriormente, la publicación de *El gran Gatsby* no causó expectación alguna en una España de restricciones, lastres y retrocesos, con una literatura que o bien loaba al Régimen y proclamaba sus virtudes y victorias o intentaba reflejar las miserias y penalidades por las que pasaba la sociedad española. Por consiguiente, parece justificado que el aparente "radiant world" (*A Life in Letters* 67) que describe Fitzgerald en su obra no atrajera la atención ni de la crítica ni del lector español. Esta es una posible respuesta al porqué de la llegada tardía y la pobre recepción que obtuvieron las primeras ediciones españolas de las novelas de Fitzgerald en España; a lo largo de este libro se irán proponiendo posibles motivos que arrojen luz a esta situación al igual que a su avance en las siguientes décadas, finales de los sesenta, los setenta y principios de los ochenta, hacia una revalorización del escritor.

La falta de material sobre el escritor constata esta escueta presencia de Fitzgerald en el panorama literario español durante los años posteriores a la publicación de *El gran Gatsby* en 1953. Tras una exhaustiva búsqueda por las diversas fuentes consultadas, apenas se han podido encontrar reseñas, artículos, o simplemente menciones, sobre algunas de las ediciones que se abarcan en este manuscrito, por lo que este escaso material de algunas de las obras, puesto que algunas sí tuvieron una gran divulgación en la prensa, ha supuesto un obstáculo en la elaboración de la misma. Se ha tratado de abarcar el mayor número de fuentes disponibles y de exprimir al máximo todo el material encontrado para poder suplir dicha escasez y poder ofrecer al lector una información veraz y concluyente. Estos primeros años pertenecientes a la fase inicial de extensas consultas bibliográficas y rastreos por las diversas fuentes adelantaban la difícil tarea de dar constancia del primer impacto que tuvo la obra (lo poco publicado en un principio, ya que entre 1953 y 1967 solo se editaron dos novelas, *El gran Gatsby* y *Suave es la noche*) del escritor norteamericano en España. Además, con el fin de ofrecer una visión lo más exhaustiva posible se ha analizado no solo material correspondiente a la obra de Fitzgerald sino también a biografías sobre él, las cuales jugaron un papel importante en el redescubrimiento del escritor, y a algunas de las adaptaciones cinematográficas más célebres, que, en conjunto, ayudan a arrojar luz sobre cómo fue recibido, y percibido, el autor cuando llegaron por primera vez sus novelas y relatos a las librerías españolas.

Una vez concluida la primera fase, se procedió a examinar y evaluar el material recopilado. En esta fase se trataba de estructurar la información de la manera más eficiente y clara para reconstruir el recorrido de las primeras ediciones españolas del escritor durante los años que nos atañen. Para los primeros capítulos, los correspondientes a Fitzgerald en Estados Unidos y al contexto histórico-cultural y literario, era necesario contrastar los datos que se habían recogido de las distintas fuentes consultadas, de las que se tuvo que hacer una minuciosa selección dada la extensa bibliografía disponible, para más tarde extraer los puntos más relevantes y así ofrecer una contextualización fidedigna. Las primeras ediciones de Fitzgerald se llevan a cabo en una etapa de la historia de España muy particular y esta desempeña un papel fundamental en cómo se recibieron. Todos los ámbitos de la sociedad cambiaron radicalmente: la política, la economía, la cultura, la literatura y la edición. Por tanto, era esencial explorar el momento histórico y su influencia en la recepción de Fitzgerald, al igual que también el contexto original del escritor y su recepción: Estados Unidos durante los años veinte y treinta, el país que en un principio lo impulsó, luego lo hundió, para, por último, redescubrir su obra y exportarla a todo el mundo.

El siguiente paso consistía en analizar detenidamente todas las reseñas, artículos y columnas dedicadas a Fitzgerald: su obra (novelas y colecciones de relatos), sus biografías y las adaptaciones cinematográficas de *The Great Gatsby* (1974) y *The Last Tycoon* (1976). A pesar de la escasez de material de algunas de las ediciones, se ha intentado extraer de los documentos recogidos aquellos puntos en común entre las reseñas de una misma edición, y, para enfatizar las opiniones más recurrentes, se ha hecho uso de citas textuales de los críticos, aunándolas por bloques según la edición, de forma que ofrezcan una visión generalizada y fiel de la obra en cuestión; al material encontrado en fuentes españolas se han añadido también reseñas y artículos extraídos de la prensa norteamericana y alguna británica, para así ofrecer unas pinceladas del interesante contraste de la recepción de Fitzgerald entre los diferentes países según la época. De este modo, y sumado a los artículos sobre la figura del escritor (que han resultado de gran utilidad para una mejor comprensión de las reseñas de su obra), se ha pretendido reconstruir cómo España recibió a Fitzgerald en esos años de Dictadura y Transición.

Por último, tuvo lugar la redacción de los datos más relevantes, sustraídos de los documentos recopilados durante las dos primeras fases. En cuanto a qué información se ha seleccionado, se ha tratado de incluir aquella que, en primer lugar, siente las bases contextuales: de los Estados Unidos de Fitzgerald a la España franquista y en la Transición, haciendo hincapié en el aspecto literario y editorial. La correspondencia publicada del escritor con amigos y su editor y agente ha sido de gran utilidad, ya que han servido de hilo conductor del breve recorrido que se hace por la vida de Fitzgerald; de estas cartas se han recogido una serie de citas significativas que evidencian el gradual derrumbe profesional y emocional que sufre el autor a lo largo de gran parte de su vida.

Por lo que respecta a la recepción en España, se ha optado por incluir un gran número de citas textuales extraídas de las críticas y artículos, con el objeto de aportar pruebas fehacientes de las opiniones sostenidas por los críticos en los distintos períodos en los que se puede dividir la recepción de Fitzgerald en España; nos encontramos con opiniones muy variadas sobre el escritor y su obra según el momento en que fueron escritas. En la gran mayoría de los casos, los críticos de una misma época coinciden en su valoración de Fitzgerald y, a medida que avanzan los años y nos adentramos en la década de los setenta, se hace evidente la revalorización del escritor, por razones que expondremos a lo largo del libro, y así lo demuestran las reseñas y artículos pertenecientes a finales de los años setenta y principios de los ochenta, cuya visión queda muy alejada de la que se mantenía en las primeras críticas reseñadas.

Por tanto, una herramienta de trabajo primordial ha sido la prensa de entonces, cuya consulta ha sido notablemente facilitada gracias a la digitalización de los fondos bibliográficos por parte de bibliotecas, hemerotecas y los propios periódicos y revistas.

Para concluir esta introducción, procedemos a explicar cómo se ha estructurado el presente libro en cuatro capítulos. El primero de ellos, "Fitzgerald en EE.UU.: trayectoria y recepción crítica", se abre con un repaso, como bien indica su título, de la trayectoria y recepción de Fitzgerald en Estados Unidos. Como se ha expuesto en esta introducción, aporta información muy valiosa sobre cómo fueron recibidas las obras originales del escritor y cómo él mismo recibió las críticas, que evolucionaron de positivas y alentadoras a prácticamente destructivas, haciendo añicos la confianza de Fitzgerald (quien ya en 1923 le escribía a su editor, Maxwell Perkins, "I doubt if, after all, I'll ever write anything again worth putting in print" (*A Life in Letters* 64).

En primer lugar, se comienza por la recepción de sus novelas, en orden cronológico, para dar paso a la de sus colecciones de relatos, la mayoría publicados previamente en revistas (principalmente en *The Saturday Evening Post*). También se incluye *The Pat Hobby Stories*, una colección editada en 1962 que reúne relatos publicados originalmente a lo largo de 1940. Estos textos, entre los últimos trabajos de Fitzgerald, ilustran con claridad lo que significaron sus años como guionista en el despiadado mundo de Hollywood. Durante este repaso, se expone cómo la crítica recibía los trabajos de Fitzgerald paralelamente a cómo él se sentía al leer estas críticas, constituyendo una de sus mayores decepciones las bajas ventas, y algunas críticas displicentes, de *The Great Gatsby*, novela en la que Fitzgerald tenía grandes expectativas ya que la consideraba la culminación de su talento literario. El capítulo finaliza destacando el rápido resurgir de Fitzgerald tras su muerte en 1940, para lo que se han utilizado como muestra algunas reseñas de la prensa norteamericana del momento.

A continuación, en el capítulo segundo, "Recepción de Fitzgerald en España (I): Contexto", se indaga en el contexto histórico-cultural y literario correspondiente a los cincuenta, sesenta, setenta y la Transición, lo que permite observar cómo era la España que iba a editar por primera vez a Fitzgerald y qué sociedad iba a recibirlo. Como se ha visto con anterioridad, la lectura de un texto está influenciada por el momento histórico, y en el caso de la obra de Fitzgerald, esta fue difundida, paulatinamente, durante una época de grandes cambios políticos y sociales, hecho que se refleja en la recepción de la misma, que, como veremos más adelante, va creciendo y mejorando a medida que el país experimenta esas profundas transformaciones. Otra cuestión importante que se aborda en este capítulo es cómo se venía difundiendo la literatura extranjera en España por entonces, así como su influencia sobre los escritores españoles del momento. Cuando tratamos los cauces de difusión de la literatura extranjera, se centra la atención en una figura de vital importancia, la del editor José Janés y su formidable labor editorial durante los años de posguerra.

El tercer capítulo lleva por título "Recepción de Fitzgerald en España (II): Novelas". La primera cuestión que se aborda es la visión que se mantenía del escritor y su época por parte de la crítica y literatos españoles, para así obtener una panorámica de la evolución de la opinión que se mantenía de Fitzgerald y su obra. Como ocurrirá con sus trabajos, apenas se ha encontrado material sobre el autor en la prensa de los años cincuenta y sesenta, más allá de algunas menciones insertadas en artículos sobre otros escritores de la generación perdida. Sin embargo, a medida que avanzan los años, y sus obras se van editando, la crítica deja de mirar a Fitzgerald con recelo y desinterés y empieza a valorar su trabajo, mostrando su asombro por el escaso reconocimiento que había alcanzado en España hasta entonces. A continuación, se ha llevado a cabo un breve repaso de la acogida que tuvieron otros integrantes de la generación perdida (Faulkner, Hemingway, Doss Passos y Steinbeck), a partir de estudios realizados sobre su recepción en España, con el fin de contrastarla con la de nuestro autor y así poder extraer argumentos concluyentes sobre su recepción. Por último, se examina cómo fueron reseñadas las primeras ediciones españolas de las novelas, en orden cronológico, por lo que se comienza con *El gran Gatsby*[1], que vivirá su máximo apogeo durante el período aquí tratado tras el estreno de la película en 1974. A *El gran Gatsby* le siguieron *Suave es la noche*, *A este lado del paraíso*, *Hermosos y malditos* (aunque la primera edición aún mantenía el título de la edición hispanoamericana, *Los malditos y los bellos*), *El último magnate* y *The Crack-Up* (estas dos últimas obras se han tratado conjuntamente bajo un solo epígrafe al ser escaso el material sobre *The Crack-Up*).

El cuarto capítulo, "Recepción de Fitzgerald en España (III): Relatos y otros", engloba los relatos de Fitzgerald y otras producciones artísticas que hayan podido constituir un factor importante en la recepción del escritor en España. Con respecto a los relatos, se abordan las cuatro colecciones que se editaron entre 1953 y 1982, que serían, cronológicamente, *Jovencitas y filósofos* (de esta colección solo se ha conseguido encontrar una reseña de 1969, por lo que comparte epígrafe con *Historias de Pat Hobby*, *Los relatos de Basil y Josephine*, y *El precio era alto*. Con la excepción de *Jovencitas y filósofos*, las otras tres colecciones gozaron de una gran difusión en la prensa española, teniendo en cuenta que fueron editadas en los años setenta, cuando empezaba a crecer el interés por Fitzgerald, y, aunque hoy día no se las considera de sus colecciones más representativas, su aportación es clave.

Por último, el quinto capítulo, "Fitzgerald en la España democrática", repasa la consolidación del escritor en España tras la Transición. En él, se recorre brevemente, a través de una selección de artículos y ensayos, qué lugar ocupaba Fitzgerald en nuestra literatura al igual que la visión que se tenía de él en estos años. El capítulo se ha dividido en tres partes: las novelas, los relatos y biografías y, por último, la relevancia del escritor en la cultura española.

En conclusión, se han analizado algunas de las biografías publicadas sobre el escritor y dos adaptaciones cinematográficas, que ayudan notablemente a arrojar luz sobre la recepción de Fitzgerald en España. En primer lugar, las biografías, *Domingos locos*, de Aaron Latham, y *Scott Fitzgerald*, de André Le Vot, son algunas de las muchas biografías que se publicaron sobre Fitzgerald a partir de los años cincuenta, coincidiendo con su resurgir en Estados Unidos. *Scott Fitzgerald* gozó de una gran difusión en nuestro país y los extensos artículos publicados en revistas y periódicos de renombre como *Cuadernos Hispanoamericanos* o *El País* constatan la fama de Fitzgerald a principios de los años ochenta. Esta fama le debía mucho a las dos adaptaciones cinematográficas de *The Great Gatsby* y *The Last Tycoon* en los años setenta, que acercaron las dos novelas del autor al público español de la mano de grandes estrellas del cine, como Robert Redford y Mia Farrow en la primera, y de Robert de Niro y su director Elia Kazan en la segunda. Por tanto, la información recabada relativa a otros trabajos sobre el escritor ayuda a completar la visión panorámica que ofrece el presente libro de la recepción de la obra de Fitzgerald en España entre 1953 y el 2000.

CAPÍTULO I
Fitzgerald en EE.UU: trayectoria y recepción crítica

CAPÍTULO I FITZGERALD EN EE.UU.: TRAYECTORIA Y RECEPCIÓN CRÍTICA

1.1. Los orígenes del escritor: primeros pasos y años de juventud

En 1925 T.S. Eliot le escribió una carta a Fitzgerald contándole que había leído *The Great Gatsby* tres veces y que era una de las novelas de habla inglesa más emocionantes de los últimos años. De hecho, le llegó a decir: "[*The Great Gatsby*] seems to me the first step that American fiction has taken since Henry James" (*His Art and Technique* xi). Sorprendentemente, T.S. Eliot fue de los pocos contemporáneos del autor que supieron apreciar el innegable talento que Fitzgerald desplegó en la que es hoy en día considerada una de las mejores novelas norteamericanas de todos los tiempos.

Desde muy temprana edad, Fitzgerald supo que tenía un talento especial y potencial suficiente para triunfar en el mundo de la literatura. Sin embargo, en su múltiple correspondencia con amigos de su círculo literario y, sobre todo, con su editor, Maxwell Perkins, Fitzgerald también muestra su faceta más insegura, como por ejemplo en la carta enviada a Perkins el 20 de diciembre de 1924, pocos meses antes de la publicación de *The Great Gatsby*. Refiriéndose a sus protagonistas, indica que son "the three best characters in American fiction in the last 20 years, perhaps and perhaps not" (*A Life in Letters* 90). En la misma carta, añade: "Anyhow I think (for the first time since *The Vegetable* failed) that I'm a wonderful writer + it's your always wonderful letters that help me to go on believing in myself"[2] (91). Más adelante, tilda su prosa de "insecure", pero en cambio dice de sí mismo: "I am the last of the novelists for a long time now" (91).

A menudo, Fitzgerald combina indistintamente seguridad e inseguridad; las palabras "fracaso" y "éxito" pueblan sus largas cartas, donde muestra cómo le herían las críticas desfavorables y las pobres ventas de sus obras (excepto las de *This Side of Paradise*, como veremos más adelante). El 3 de junio de 1926, le contaba a Harold Ober, su agente, que la vida de su padre "after a rather brilliant start back in the seventies has been a failure—he's lived always in mother's shadow and he takes an immense vicarious pleasure in any success of mine" (*A Life in Letters* 141). Fue desde muy joven que

Fitzgerald mostró su obsesión perfeccionista y su rechazo y miedo al fracaso, quizás también una consecuencia del deseo de lograr lo que su padre no había conseguido.

Francis Scott Key Fitzgerald nació el 24 de septiembre de 1896 en St. Paul, Minnesota, fruto del matrimonio entre Edward Fitzgerald, de ascendencia irlandesa e inglesa, y Mary ("Molly") McQuillan Fitzgerald, hija de un inmigrante irlandés. Edward Fitzgerald fue comercial de una empresa de bienes de consumo, trabajo que no le brindó mucho éxito profesional, motivo por el que Fitzgerald siempre lo consideró un fracasado, como se aprecia en el fragmento de la carta anterior.

En 1908, cuando empezó sus estudios en St. Paul Academy, un colegio católico privado, comenzó a mostrar su afán por ser reconocido y llamar la atención de aquellos que le rodeaban. Ya por entonces buscaba admiradores entre sus compañeros de clase, quienes en muchas ocasiones le tacharon de "fanfarrón". Muchos de los amigos que hizo en el colegio se convirtieron en personajes de los relatos donde narra las aventuras del adolescente Basil Duke Lee[3]. De hecho, la mayoría de sus obras contienen elementos autobiográficos. De los más recurrentes son su obsesión por agradar y triunfar en sociedad para ser admirado por todos.

Su primera publicación en una revista literaria tuvo lugar en octubre de 1909 con "The Mystery of the Raymond Mortgage", produciéndole gran emoción, tal y como él mismo expresó años después: "I read my story through at least sic [sic] times, and all day I loitered in the corridors and counted the number of men who were reading it, and tried to ask people casually, 'If they had read it?'" (qtd. en *Some Sort of Epic Grandeur* 27). A esta historia le siguieron varias más durante los años en St. Paul Academy. Aparte de relatos, Fitzgerald comenzó a escribir poesía y teatro y a refinar sus gustos lectores (a los 16 años decía haber leído a Thackeray).

La descripción de Amory Blaine, héroe autobiográfico de *This Side of Paradise*, refleja la convicción de Fitzgerald de estar destinado a sobresalir:

> Always, after he was in bed, there were voices—indefinite, fading, enchanting—just outside his window, and before he fell asleep he would dream one of his favorite waking dreams, the one about becoming a great half-back, or the one about the Japanese invasion, when he was rewarded by being made the youngest general in the world. It was always the becoming he dreamed of, never the being (*This Side of Paradise* 19).

Precisamente esa era la mayor obsesión de Fitzgerald: el llegar a ser. Esta idea está unida a uno de los pilares de la cultura norteamericana: el fracaso y el triunfo. Cuando el éxito consiste en "become" y no en el "being", la felicidad es imposible de alcanzar. El "sueño americano" implica una sensación de insatisfacción permanente, ya que se basa en la constante persecución de objetivos. Este concepto lo trataría y plasmaría con gran precisión Fitzgerald más adelante en *The Great Gatsby*.

Fue durante los años universitarios en Princeton cuando Fitzgerald escribió la primera versión de *This Side of Paradise*. Fascinado con H.G. Wells y Compton Mackenzie, su primera novela muestra la influencia de estos autores. Wells fue defensor acérrimo, tal y como expone en *The Contemporary Novel* (1919), de la novela como una transcripción de la vida: "[the novel] must be various and discursive […] life is diversity and entertainment, not completeness and satisfaction. All true stories are a felt of irrelevancies" (qtd. en *The Fictional Technique* 7).

Estas ideas las pone en práctica Fitzgerald mediante un lenguaje vivaz, descripciones floridas y minuciosas, diálogos irónicos y festivos, empleados en su narrativa, plasmando así la vida cotidiana y sus "irrelevancies". El autor llegó a decir de H.G. Wells: "I think that *The New Machiavelli* is the greatest English novel of the century" (qtd. en O'Nan 106). También la influencia de Compton Mackenzie en *This Side of Paradise* es innegable. Edmund Wilson, amigo íntimo de Fitzgerald desde Princeton, afirmaba: "[Fitzgerald] was drunk with Compton Mackenzie and the book sounds like an American attempt to rewrite *Sinister Street*" (*The Fictional Technique* 13).

Evidentemente, Fitzgerald se nutrió de muchos autores para perfeccionar y perfilar su estilo narrativo, lo que no quiere decir que los copiara literalmente. Entre estos autores, además de los mencionados, se encuentran Joseph Conrad, Mark Twain, Edith Wharton y Willa Cather. La siguiente cita de Cather expone la importancia de la expresión de la emoción en su pura esencia, algo que Fitzgerald admiraba especialmente de sus novelas: "[emotions] were killed by tasteless amplitude […] How wonderful it would be if we could throw all the furniture out of the window; and along with it, all the meaningless reiterations" (qtd. en Barranco Ureña 45).

Indiscutiblemente, las obras de Fitzgerald tienen su sello propio y *This Side of Paradise* es, en muchos aspectos, autobiográfica. Los años de estudio tanto en St. Paul como en Princeton le sirvieron para explorar la sociedad emergente norteamericana que desembocaría en los frenéticos años veinte, y sus compañeros constituyeron modelos para sus personajes. La publicación de *This Side of Paradise* en 1920 supuso el lanzamiento al estrellato, prácticamente de la noche a la mañana, de Fitzgerald.

Con este éxito, Fitzgerald consiguió su tan ansiado reconocimiento y popularidad y a la mujer que pondría la guinda al pastel: Zelda Sayre, una joven sureña pretendida por muchos por su belleza y encanto. La historia de amor entre los jóvenes comenzaría su tortuoso y vertiginoso camino en 1918, culminando su fugaz noviazgo en boda en la primavera de 1920, coincidiendo con la publicación de la primera novela de Fitzgerald. De este matrimonio sería fruto una única hija, Scottie Fitzgerald. Zelda, errática y artística, reflejó la primera impresión que tuvo del escritor en su obra autobiográfica *Save me the Waltz* (1932): "There seemed to be some heavenly support beneath his shoulder blades that lifted his feet from the ground in ecstatic suspension, as if he secretly enjoyed the ability to fly but was walking as a compromise to convention" (qtd. en *A Life of Letters* 46).

1.2. Novelas: edición y recepción

1.2.1. *This Side of Paradise*

Fue estando de entrenamiento militar en 1917 cuando Fitzgerald comenzó a escribir su primera novela, en un principio llamada *The Romantic Egotist*. Si moría en batalla, quería dejar huella de su asombroso talento. Con esa idea en mente, escribió sin cesar hasta su finalización, habiendo transcurrido tan solo tres meses desde su inicio (la novela constaba de 120.000 palabras). Fitzgerald explicaba su prisa en acabarla de la siguiente forma:

> I'm trying to set down the story part of my generation in America and put myself in the middle as a sort of observer and conscious factor. But I've got to write now, for when the war's over I won't be able to see these things as important […] I'll never be able to do it again […] So I'm writing almost desperately—and so futily [sic] (*Some Sort of Epic Grandeur* 84).

En enero de 1918 Fitzgerald le escribió una carta a su compañero de universidad y amigo, Edmund Wilson, explicándole la estructura de la novela (veintitrés capítulos), el estilo (mezcla de poesía, prosa y verso libre) y objetivo (autobiografía de Stephen Polens desde el colegio, pasando por la universidad hasta llegar a los 21 años). El manuscrito de *The Romantic Egotist* no se conserva. Sin embargo, en la universidad de Princeton se pueden encontrar cinco capítulos duplicados que Fitzgerald envió a Sap Donalioe en octubre de 1918. En una nota adjunta Fitzgerald le dice que el libro lo tiene la editorial Scribner, por lo que es imposible saber si las copias eran las originales. Estos cinco capítulos, escritos en primera persona, muestran que *The Romantic Egotist* era prácticamente un borrador de la que sería después *This Side of Paradise*.

Meses antes, en febrero, Fitzgerald le envió un manuscrito de la novela a Shane Leslie,[4] quien la reenvió a su editorial, Charles Scribner's Sons (Fitzgerald tenía la esperanza de que aceptaran su novela al ser una editorial estrechamente ligada a la Universidad de Princeton). Leslie hizo varias correcciones ortográficas y gramaticales antes de enviar una carta, con la novela adjunta, a la editorial, donde describía a Fitzgerald como el Rupert Brooke[5] americano de la prosa.

El 19 de agosto de 1918 la editorial Scribner's rechazó *The Romantic Egotist*. La carta, probablemente escrita por Maxwell Perkins, quien se convertiría en editor y confidente literario de Fitzgerald, animaba al joven autor a hacer correcciones, como, por ejemplo, escribirla en tercera persona, y reenviarla ya que "no ms. Novel has come to us for a long time that seemed to display so much originality" (*Some Sort of Epic Grandeur* 88). Dichas correcciones fueron llevadas a cabo velozmente, pero en octubre Perkins la volvió a rechazar. El editor la envió a otra editorial, donde también la rechazaron. Para Fitzgerald la noticia era "the end of a dream" (89).

Durante gran parte de ese mismo año, Fitzgerald trabajó intensamente en una novela llamada *The Education of a Personage*. El primer borrador se lo envió a Maxwell Perkins el 26 de julio, indicando que no era "a revision of the ill-fated *The Romantic Egotist* but it contains some of the former material improved and worked over and bears a strong family resemblance besides" (*A Life in Letters* 28). Fitzgerald quería que la novela se publicara lo antes posible (estaba en juego la mano de la bella sureña Zelda), pero la publicación no llegaría hasta 1920.

Fue el 16 de agosto de 1919 cuando Fitzgerald le dijo a Perkins que la novela se llamaría *This Side of Paradise*. Esta frase está tomada del poema "Tiare Tahiti", de Rupert Brooke: "*Well this side of Paradise!.../ There's little comfort in the wise*". En esa misma carta Fitzgerald detalla los nombres de los capítulos y el número de palabras de cada uno de ellos:

> Book One contains about 35,000 words.
>
> The Interlude contains about 4,000 words.
>
> Book Two contains about 47,000 words.
>
> Total contains about 86,000 words (A Life in Letters 30).

En sucesivas cartas a Perkins, Fitzgerald explica qué partes habían sido tomadas de *The Romantic Egotist* y qué partes eran completamente nuevas, como nombres de personajes y personajes nuevos. Cinco capítulos de los nueve constituían material nuevo. En la editorial Scribner's, solo Perkins apoyó la publicación de la novela, ya que muchos la consideraban frívola y de poco valor literario. Ante la amenaza de dimitir si no aceptaban *This Side of Paradise*, la editorial acabó cediendo, y el 16 de septiembre Perkins le envió una carta a Fitzgerald dándole la noticia: "I am very glad [...] We are all for publishing your book [...] It abounds in energy and life [...] The book is so different that it is hard to prophesy how it will sell but we are all for taking a chance and supporting it with vigor" (*Some Sort of Epic Grandeur* 103). Fitzgerald había encontrado al editor que lo apoyaría de por vida y Perkins a su vez encontró al escritor que lanzaría su carrera como uno de los editores literarios más reconocidos en Estados Unidos.

La respuesta de Fitzgerald rezumaba felicidad y emoción tal como expresan las palabras que utilizó: "delighted" y "most gigantic enjoyment". Sin embargo, seguía insistiendo en que se publicara lo antes posible: "Would it be utterly impossible for you to publish the book Xmas—or say by February? I have so many things dependent on its success—including of course a girl" (*A Life in Letters* 32). Las palabras de Fitzgerald anticipan los temas que obsesionarían al autor a lo largo de su vida: el paso del tiempo, la felicidad y el éxito, conceptos inevitablemente unidos, pues sin el uno el otro no es posible. Seguiría diciendo en esa misma carta: "I'm in a stage where every month counts frantically and seems a cudgel in a fight for happiness against time" (32).

La primera crítica de la novela, antes de ser publicada, llegó de la mano de su amigo Edmund Wilson en noviembre de 1919: "It is an exquisite burlesque of Compton Mackenzie with a pastiche of Wells thrown in at the end" (*Some Sort of Epic Grandeur* 105). Era evidente la gran influencia de estos autores en la primera etapa literaria de Fitzgerald, como ya se ha comentado. Fue, no obstante, el 26 de marzo de 1920 cuando se publica *This Side of Paradise*, con una primera tirada de 3.000 ejemplares al precio de $1,75 cada uno. Previamente, Fitzgerald había dicho: "I doubt it sells 1,500 copies" (*A Life in Letters* 47). Estaba equivocado. No solo se vendieron los 3.000 ejemplares, sino que se vendieron en tiempo récord: tres días. El joven autor se convirtió en toda una celebridad de la noche a la mañana. Su juventud (contaba con tan solo 23 años) y su agraciado físico formaban la combinación perfecta para representar la figura del dandi de principios del siglo XX.

En cuanto a las críticas recibidas, la gran mayoría fueron favorables y aquellas que no lo eran ayudaban a aumentar el interés por el libro. Fueron muchos los críticos que vieron a Fitzgerald como la gran promesa de la literatura norteamericana, destacando su facilidad de palabra, ingenio y habilidad a la hora de representar a la sociedad a través de personajes variopintos. Además, fue valorada la innovación estilística al mezclar prosa y verso y el uso del monólogo interior hacia el final de la novela. El crítico Burton Rascoe escribió en *The Chicago Tribune*: "*This Side of Paradise* gives him, I think, a fair claim to membership in that small squad of contemporary American fictionists who are producing literature... it bears the impress, it seems to me, of genius" (Some Sort of Epic Grandeur 120). H.L. Mencken llegó a decir que *This Side of Paradise* era "the best American novel that I have seen of late" (120).

En *This Side of Paradise* abundaban las palabras mal escritas y usos gramaticales incorrectos. Por este motivo, el crítico Franklin P. Adams dedicó una columna en el *New York Tribune* a enumerar "instances of Mr Fitzgeralds [sic] disregard for accuracy" (qtd. en West 107). Algunos de estos errores eran: "Ashville" en vez de "Asheville", "inexplicably" en vez de "inextricably", "McKenzie" en vez de "Mackenzie". Finalmente, cuarenta y dos correcciones se llevaron a cabo en la primera edición de la novela. Sin embargo, Fitzgerald se ganó la reputación de escritor analfabeto debido a su escritura descuidada (durante toda su vida, escribió "ect", "apon", "critisism", "yatch", entre otros errores), aunque habría que destacar que sus contemporáneos Steinbeck y Hemingway también cometían graves errores gramaticales en sus reconocidas obras.

No obstante, el hecho de que los textos de Fitzgerald tuvieran tantos errores se debe a que no habían sido editados correctamente. Perkins se negó a que nadie aparte de él trabajara la edición de la novela y esto causó que fueran muchos los errores en la primera edición. La preocupación principal de Fitzgerald cuando revisaba sus escritos era la estructura de las oraciones y la elección de las palabras; la ortografía era labor del editor.

La novela fue recibida como un documento social: un testamento de una revolución interna en la sociedad estadounidense, una sociedad en plena ebullición como consecuencia, en gran medida, de la Primera Guerra Mundial. Entre sus rasgos figuran nuevas oleadas de inmigrantes (llegados la mayoría del sureste de Europa), la nueva atrevida figura femenina (conocida como *flapper*)[6] de quien Fitzgerald dijo en *This Side of Paradise*: "her philosophy is *carpe diem*". También cabe citar la rápida urbanización de las zonas rurales y la aparición de nuevas formas de ocio como la radio, el cine y el seguimiento de deportes, especialmente el béisbol. Para muchos, era una sociedad en decadencia, asfixiada por la nostalgia y la desilusión, una "generación perdida".[7] En cambio, para el idealista Fitzgerald esta generación contaba con "great believers". Es en esta época cuando el autor acuñó el término *Jazz Age* para referirse a los desenfrenados años veinte, según el propio Fitzgerald, una década que supuso "the greatest, gaudiest spree in history" (qtd. en *Some Sort of Epic Grandeur* 331).

El énfasis de muchas de las críticas recae sobre el americanismo de la historia: *This Side of Paradise* es el vivo reflejo de una sociedad que fluye hacia una nueva década llena de extravagancias y excesos, al igual que desilusión y una profunda falta de idealismo. Todas estas cuestiones son recurrentes en las obras de Fitzgerald, más aquellas propias de la literatura romántica como la individualidad, la imaginación, el misticismo, los ideales y la admiración por el pasado. Fitzgerald retrató y plasmó estos temas mediante un uso formidable de la simbología, los colores, los sonidos, el ritmo y el ingenio, otorgándole a cada frase una belleza poética única. El propio Fitzgerald comentó sobre su novela en 1925: "I like this book for the enormous emotion, mostly immature and bogus, that gives every incident a sort of silly 'life'" (qtd. en Tate 232).

1.2.2. *The Beautiful and Damned*

Tras el éxito tan fulgurante como inesperado de *This Side of Paradise*, Fitzgerald se embarcó en una segunda novela: *The Beautiful and Damned*. Las circunstancias que lo rodeaban habían cambiado drásticamente; ahora era un escritor famoso dotado de los medios suficientes para poder llevar una vida llena de lujos y excesos. A este cambio hay que sumarle el futuro nacimiento de su primera y única hija, Scottie Fitzgerald (noticia que recibió en febrero de 1921).

En una carta enviada a su editor en agosto de 1920, Fitzgerald desvelaba el título provisional de su nueva novela, además de adelantar el argumento, grosso modo, de la misma:

> My new novel, called *The Flight of the Rocket*, concerns the life of Anthony Patch between his 25th and 33rd years (1913-1921) [...] How he and his beautiful wife are wretched on the shoals of dissipation is told in the story. This sounds sordid but it's really a most sensational book + I hope won't disappoint the critics who liked my first one (*A Life in Letters* 41).

De estas palabras se pueden extraer dos conclusiones: 1) la obsesión de Fitzgerald por gustar y ser respetado, obsesión que le acompañaría toda la vida, y 2) la carga biográfica de todas sus obras: si bien *This Side of Paradise* se nutre principalmente de sus años en la Universidad de Princeton, *The Beautiful and Damned* hace uso de su experiencia de hombre casado sumergido en una vida frenética, rebosante de alcohol y derroches de grandes sumas de dinero.

De hecho, la historia de los protagonistas puede ser entendida como una profecía del matrimonio Fitzgerald. El propio escritor le envió una carta a Zelda años después de la publicación de la novela, en 1930, con la siguiente reflexión: "I wish *The Beautiful and Damned* had been a maturely written book because it was all true. We ruined ourselves—I have never honestly thought that we ruined each other" (qtd. en *Some Sort of Epic Grandeur* 155). En 1940 le puntualizaba a su hija Scottie: "Gloria was a much more trivial and vulgar person than your mother [...] I naturally used many circumstantial events of our early married life [...] We had a much better time than Anthony and Gloria had" (155).

Los primeros años de casados de los Fitzgerald fueron felices; ambos se dejaron llevar por un estilo de vida alocado propio de la alta sociedad de los años veinte y, a pesar de las discusiones y la separación en los últimos años (mientras Fitzgerald vivía en Hollywood escribiendo guiones para películas, Zelda estaba ingresada en un psiquiátrico en Carolina del Norte), siempre gozaron de un gran entendimiento y admiración el uno por el otro.

En cuanto a los derechos de la novela para ser publicada por entregas, fue la revista *The Metropolitan* la que los compró por 7.000 dólares. La novela aparecería en siete entregas desde septiembre de 1921 hasta marzo de 1922. La versión por entregas no fue revisada por Fitzgerald y, a consecuencia, la propia revista la editó reduciéndola a 40.000 palabras. En el único manuscrito que sobrevive previo a la publicación de la obra, aparecen dos títulos alternativos en la primera página: *The Beautiful Lady*

Without Mercy y *The Beautiful and Damned*, más dos epígrafes: uno perteneciente al poema de John Keats, "La Belle Dame Sans Merci", y otro atribuido a Samuel Butler,[8] "Life is One Long Process of Getting Tired".

Además, Fitzgerald incluyó otros siete posibles títulos: *The House of Pain, Misfortune's Street, O, Beautiful, The Broken Lute, The Corruption of Anthony, A Love Affair* y *Corruption*. En la segunda página aparece solo el título *The Beautiful and Damned* con el epígrafe de Butler que fue después sustituido por: "The victor belongs to the spoils—Anthony Patch". Los tres apartados de la novela tenían sus propios títulos, los cuales fueron finalmente eliminados: "The Pleasant Absurdity of Things", "The Romantic Bitterness of Things" y "The Ironic Tragedy of Things".

The Beautiful and Damned se publicó el 4 de marzo de 1922 con una primera tirada de 20.600 ejemplares. La acogida de la nueva novela de Fitzgerald no fue la esperada. Eran muchos, tanto críticos como lectores, los que buscaban en ella una secuela de *This Side of Paradise*. El estilo naturalista adoptado por Fitzgerald en esta nueva etapa desanimó y decepcionó a sus seguidores, quienes esperaban un estilo más trivial, vivo, colorido y rebosante de belleza.

En cambio, las nuevas influencias literarias del autor hicieron mella en su forma de escribir. Fue en una carta enviada a Frances Newman[9] en febrero de 1921 donde Fitzgerald admitía que cuando empezó a escribir *This Side of Paradise* su "literary taste was so unformed that *Youth's Encounter*[10] was still [his] 'perfect book'" (qtd. en *His Art and Technique* 45). Edmund Wilson señalaba también esta evolución en sus gustos literarios: "Since writing *This Side of Paradise*—on the inspiration of Wells and Mackenzie—Fitzgerald has become acquainted with another school of fiction: the ironical—pessimistic" (45), añadiendo que "it was probably through Mencken[11] that Fitzgerald was introduced to the new 'genre'" (46). Fitzgerald incluso llegó a decir de H.L. Mencken en una crítica de su libro *Prejudices: Second Series* que había hecho "more for the rational letters than any other man alive" (46).

Ahora bien, cabría preguntarse en qué consistía el estilo literario de este autor o lo que él llamaba "superior fiction" y que tanta influencia tuvo en *The Beautiful and Damned*. Fundamental en su estilo es la actitud y carácter del protagonista, quien, según Mencken, debe estar interesado en el "far more poignant and significant conflict between a salient individual and the harsh and meaningless fiats of destiny, the unintelligible mandates and vagaries of God. His hero is not one who yields and wins, but one who resists and fails" (*His Art and Technique* 47). La literatura era para Mencken, según Fitzgerald, "ethical rather than aesthetic". Eran muchos los autores con ideas similares; entre ellos se encuentran Dostoievski, Balzac, Hardy, Conrad, Flaubert, Zola, Turgenev, Goethe y Dreiser. Todos siguen, en su propio estilo, una corriente naturalista, característica de finales del siglo XIX y principios del XX. Dicha corriente destaca la reproducción del realismo, tanto lo bello como lo vulgar, de una forma objetiva, rigurosa y científica, convirtiendo la literatura en un documento social.

The Beautiful and Damned muestra la decadencia de su héroe, Anthony Patch, tal como dijo H.L. Mencken, "a man of delicate organization in revolt against the inexplicable tragedy of existence" (*His Art and Technique* 48). A lo largo de la historia el protagonista sufre un gran deterioro: de reputado intelectual a repudiado alcoholizado. Fitzgerald había tomado una nueva dirección en la forma de presentar y tratar a sus personajes: el autor, quien se encontraba en proceso de maduración como escritor, se alejaba de la novela de saturación que tanto le influyó en los años anteriores para acercarse a la novela de selección[12], entrando en una etapa literaria más selectiva y crítica, como le llegó a confesar a Edmund Wilson: "I am tired of modern novels" (50).

A esta consolidación de nuevas técnicas literarias hace también referencia Mencken en su crítica de *The Beautiful and Damned* para la revista *The Smart Set*:

> There is fine observation in it, and much penetrating detail, and the writing is solid and sound [...] There are a hundred signs in it of serious purpose and unquestionable skill. Even in its defects there is proof of hard striving. Fitzgerald ceases to be a *Wunderkind*, and begins to come into his maturity (qtd. en *Some Sort of Epic Grandeur* 163).

La novela fue interpretada erróneamente como una sátira social debido en parte al confuso texto de la contraportada del libro que afirma: "[...] it reveals with devastating satire a section of American society which has never before been recognized as an entity". Precisamente, fue la falta de un objetivo claro, de una moralidad definida, uno de los que se consideraron puntos débiles de la novela y blanco de la mayoría de las críticas negativas que fueron recibidas.

Por otro lado, el hecho de que la novela fuera escrita velozmente, desde el verano de 1920 a principios de mayo de 1921, llegando Fitzgerald a escribir 15.000 palabras en tres días, hace que la historia y sus personajes sean a veces confusos y deslavazados. El escritor y periodista americano Thomas Boyd dijo al respecto: "He [Fitzgerald] creates his characters and they are likely to lead him into almost any situation [...] Most of the time words come to his mind and they spill themselves in a riotous frenzy of song and color all over the page" (qtd. en *His Art and Technique* 61).

La ambigüedad moral de los personajes es el quid de la cuestión para el siguiente crítico: "It is a tragedy, the tragedy of a poor-spirited, worthless, badly educated and over-sophisticated man, and of his wife, a selfisHaga clic o pulse aquí para escribir texto.h, spoiled, irresolute girl of great beauty of face and none of soul" (qtd.

en *His Art and Technique* 60). De nuevo surge la misma duda: ¿quiere Fitzgerald que nos compadezcamos de Anthony y Gloria o que desaprobemos sus actos?

Como ya ocurriría con su primera novela, el primero en publicar una crítica de *The Beautiful and Damned* fue Edmund Wilson, aunque esta vez Fitzgerald, habiendo leído previamente el borrador del artículo, le pidió que eliminara el fragmento donde Wilson aseguraba que el alcohol era una pieza clave en su inspiración literaria. A ello Fitzgerald respondió: "I have never written a line of any kind while I was under the glow of so much as a single cocktail" (*A Life in Letters* 51). Posteriormente, una vez publicado el artículo, sin mención al alcohol, Fitzgerald le volvió a escribir recalcando el daño que hubiera supuesto la imagen de escritor bebedor a las ventas de sus obras (imagen que igualmente cultivaría a lo largo de los años debido a sus múltiples escandalosas borracheras). De igual modo, Fitzgerald sabía aceptar las críticas con humildad y agradecimiento y así se lo hizo saber a Wilson:

> Needless to say I have never read anything with quite the uncanny facination [sic] with which I read your article. It is, of course, the only intelligible and intelligent thing of any length which has been written about me and my stuff [...] I don't see how I could possibly be offended at anything in it [...] I like it, I think its [sic] an unprejudiced diagnosis and I am considerably in your debt for the interest which impelled you to write it (*A Life in Letters* 50).

El artículo de Wilson fue publicado en marzo de 1922 en *The Bookman* y hace un repaso del autor, el estilo narrativo y los personajes. Sobre Fitzgerald, Wilson dijo:

> Fitzgerald is romantic, but also cynical about romance; he is bitter as well as ecstatic [...] He is vain, a little malicious, of quick intelligence and wit [...] For the rest, F. Scott Fitzgerald is a rather childlike fellow, very much wrapped in his dream of himself and his projection of it on paper (Wilson 45).

El crítico expone la idea general que se mantenía de Fitzgerald en su época: escritor ingenioso, romántico soñador, con facilidad de palabra pero "without many ideas to express" (46). Ni Wilson ni la mayoría de críticos consideraban a Fitzgerald un escritor digno de especial reconocimiento, en parte debido a su carácter vanidoso, incongruente, frívolo y voluble. Su reputación de juerguista tampoco le ayudaba a ser tomado en serio.

En cuanto al estilo narrativo, Wilson subraya la falta de constancia y organización del escritor, lo que perjudica a su desbordada imaginación, vertida sobre las páginas sin rumbo fijo: "For the present, however, this imagination is certainly not seen to the best advantage: it suffers badly from lack of discipline and poverty of aesthetic ideas [...] he seems never to have planned them completely or to have thought out his themes from the beginning" (46). Sin embargo, *The Beautiful and Damned* ofrece una progresión con respecto a su primera novela y así lo expone Wilson:

> *The Beautiful and Damned*, imperfect though it is, marks an advance from *This Side of Paradise*: the style is more nearly mature and the subject more solidly unified, and there are scenes that are more convincing than any of his previous fiction (47).

Por último, Wilson analiza los personajes y su ética, destacando de nuevo una carencia en la dirección de los mismos y sus acciones:

> There is a moral in *The Beautiful and Damned* that the author did not perhaps intend to point. The hero and the heroine of this giddy book are creatures without method or purpose […] yet somehow you get the impression that, in spite of their fantastic behavior, Anthony and Gloria Patch are the most rational people in the book (49).

Otra crítica que merece ser analizada es la del poeta John Peale Bishop, que, al igual que Edmund Wilson, forjó una gran amistad con Fitzgerald durante sus años en Princeton. En este caso, no obstante, Fitzgerald se anticipó a la publicación de la reseña y le envió a Bishop una carta explicando cómo debía ser dicha reseña, que sería publicada en el *New York Herald* el 5 de marzo de 1922. El carácter inseguro de Fitzgerald queda claramente reflejado en esta carta, donde le pide a Bishop que haga una crítica detallada de todos los aspectos de la novela y así se lo explica:

> Tell specifically what you like about the book + don't—the characters— […] Exactly whether they're good or bad, convincing or not. What you think of the style […] What emotion (if any) the book gave you […] What I'm angling for is a specific definite review […] You cannot hurt my feelings about the book (*A Life in Letters* 52, 53).

Fitzgerald, como ya hiciera con Wilson, muestra una gran capacidad de aceptación de las críticas y anima a Bishop a ser franco en sus palabras. El siguiente fragmento mantiene el mismo tono de inseguridad: "I'm so afraid of all the reviews being general + I devoted so much more care myself to the detail of the book than I did to thinking out the general sceme [sic] that I would appreciate a detailed review" (53). Por su parte, Bishop articuló una crítica mordaz atacando duramente la falta de erudición de Fitzgerald, "[…] frequently at the mercy of words with which he has only a nodding acquaintance", al igual que su concepto de la belleza y estética literaria, rasgo considerado actualmente como uno de los puntos fuertes del escritor: "his aesthetics are faulty; his literary taste is at time extremely bad […] But these are flaws of vulgarity in one who is awkward with his own vigor" (qtd. en *Some Sort of Epic Grandeur* 164).

No hay duda de que Fitzgerald era todavía un escritor en proceso de formación necesitado de experiencia y técnicas literarias para lograr trabajos más compactos y mejor hilados, pero es innegable su talento innato a la hora de evocar imágenes, sensaciones, sonidos, a través de las palabras, a pesar de sus, a veces, limitados conocimientos lingüísticos.

Por último, una de las críticas que atrajo más atención fue la de su esposa Zelda, publicada en la revista *New York Tribune*, titulada "Friend Husband's Latest" (la que supuso su primera publicación profesional). Zelda acierta al decir que el punto débil de la novela era "the literary references and the attempt to convey a profound air of erudition. It reminds me in its more soggy moments of the essays I used to get up in school at the last minute by looking up strange names in the Encyclopedia Brittanica" (*Some Sort of Epic Grandeur* 165).

Como se ha mencionado anteriormente, Fitzgerald tenía inseguridad en su formación académica (durante sus años universitarios sus notas fueron bastante bajas) y, en su afán por suplir esas carencias académicas, peca en *The Beautiful and Damned* de una intelectualidad artificial y pretenciosa. En esta misma reseña, Zelda saca a colación un tema que ha creado debate entre los estudiosos de Fitzgerald: cuánto tomó prestado el autor de las ideas de su esposa, quien también demostró tener grandes dotes literarias.[13] Zelda escribe: "It seems to me that on one page I recognized a portion of an old diary of mine which mysteriously disappeared shortly after my marriage, and also scraps of letters which, though considerably edited, sound to me vaguely familiar"[14] (*Some Sort of Epic Grandeur* 165).

Aunque ningún manuscrito de Fitzgerald está revisado o escrito por Zelda directamente, sí es cierto que fue una gran influencia para él tanto como modelo de sus personajes como crítica de sus escritos. Fitzgerald era consciente del gusto artístico de su mujer y respetaba y valoraba su opinión literaria, por lo que siempre era Zelda la primera en leer los borradores de sus novelas y relatos[15].

En lo respectivo a las ventas, *The Beautiful and Damned* vendió 50.000 ejemplares, entrando en la lista de los *best sellers* de marzo (en décima posición), abril (sexta) y mayo (décima), según los datos recogidos en la revista *Publishers Weekly*. Los 15.000 dólares ganados, sumados a los 7.000 conseguidos por los derechos de la publicación por entregas, no fue una cifra satisfactoria para Fitzgerald, ya que no le permitía desvincularse de la publicación en revistas[16]. Las ganancias por los derechos cinematográficos fueron modestas, tan solo 2.500 dólares en 1922.

Las ventas de sus escritos supusieron para Fitzgerald una obsesión asfixiante durante toda su vida, una vida sumida en grandes deudas como resultado, en gran medida, del carácter derrochador y festivo de los Fitzgerald, incluso en sus momentos más bajos (económica y anímicamente). La carta escrita a su agente Harold Ober el 5 de febrero de 1922 es un claro ejemplo de dicha obsesión: "My play will be done in about 10 days [...] should make a great deal of money [...] I suppose I have been more trouble to you with less profit than any other writer [...] I'm going to make a fortune yet"[17] (*A Life in Letters* 54). La carta termina con un tono esperanzador, confiado en que todavía estarían por llegar sus mayores éxitos comerciales y podría saldar sus deudas. Sin embargo, el mayor éxito de su carrera fue su primera novela, *This Side of Paradise*, y lo que llegarían posteriormente, como se verá en los apartados siguientes, serían fracasos que mermarían su confianza y cuenta bancaria.

1.2.3. *The Great Gatsby*

En junio de 1924, durante una de sus estancias en la Riviera francesa, Fitzgerald ponía al día a su editor Maxwell Perkins sobre la evolución de su nueva novela: "[...] the novel is going fine—it ought to be done in a month—though I'm not sure as I'm contemplating another 16,000 words which would make it about the length of Paradise" (*A Life in Letters* 75). A su amigo Edmund Wilson le hacía saber que "my book is wonderful" (77). Fitzgerald recuperaba la ilusión con su nuevo proyecto tras el traspié de su obra de teatro. En esta novela el autor se muestra ambicioso, queriendo reflejar conceptos abstractos y, en muchos casos, contradictorios, como son la ilusión y desilusión, el amor y el desamor, la idealización del pasado y la aceptación del presente. Tal y como le dijo en una carta a Ludlow Fowler,[18] "thats [sic] the whole burden of this novel—the loss of those illusions that give such color to the world so that you don't care whether things are true or false as long as they partake of the magical glory" (78). También la prensa estadounidense se mostraba optimista a la espera de esta nueva novela, como refleja este breve texto de Gene Markey[19], publicado en el diario *Chicago Tribune* en marzo de 1924:

> For over a year now F. Scott Fitzgerald has been quietly at work on a novel, which should be an indication that it will be a good novel, for young Mr. Fitzgerald writes brilliantly. Because his last one did not win any Pulitzer prizes or Chautauqua medals, there have been those scoffers only too ready to proclaim tha Fitzgerald's star was wet, that he had blown up, that he was finished [...] but we have an idea that F. Scott Fitzgerald is going to write a magnificent novel one of these days (69).

A pesar de mostrarse en un principio reticente a la publicación por entregas, Fitzgerald accedió a su publicación, aunque rechazó la idea de que se llevara a cabo en su revista fetiche, *The Post*, ya que la consideraba poco adecuada para una obra seria como *The Great*

Gatsby. Otras opciones eran *Liberty*, que proponía publicar diez entregas de 5.000 palabras cada una, y *Hearst's International Magazine*. La revista *College Humor*, especializada en animaciones satíricas al estilo de humoristas como Groucho Marx, también se puso en contacto con el escritor con el fin de hacerse con los derechos de *The Great Gatsby*.

Sin dudarlo, Fitzgerald rechazó rotundamente la oferta al considerar que la vinculación de sus obras con ese tipo de revistas podría afectar su ya debilitada imagen, como consecuencia de sus estrafalarias fiestas y consecuentes borracheras. No obstante, una vez elegida *Liberty* como mejor opción, la revista declinó publicar la novela en diciembre de 1924 argumentando que "it is too ripe for us… We could not publish this story with as many mistresses and as much adultery as there is in it" (qtd. en *Some Sort of Epic Grandeur* 234). Finalmente, *The Great Gatsby* no se publicó por entregas en ninguna revista antes de que saliera a la venta la novela al completo, como veremos más adelante.

En cuanto al título, fueron muchas las dudas que asaltaron al autor hasta los momentos previos a su publicación. En noviembre de 1924, le mandaba a su editor una carta con otras alternativas a *The Great Gatsby*: *Trimalchio in West Egg*, *Trimalchio*, *On the Road to West Egg*, *Gatsby*, *Gold Hatted Gatsby* y *The High-Bouncing Lover* (estos dos últimos títulos estaban ya descartados). Previamente, durante el verano de ese mismo año, el título provisional de la novela había sido *Among Ash Heaps and Millionaires*. A su editor le parecía un título con poca fuerza y le recomendó que se decantara por *The Great Gatsby*, evocador y efectivo.

Dos de las alternativas que Fitzgerald estuvo barajando fueron tomadas del epígrafe del libro: "Till she cry 'Lover, gold-hatted, high-bouncing lover, I must have you!'". También Zelda se inclinaba por el título de *The Great Gatsby*, opción que finalmente elegiría, aunque Fitzgerald prefería *Trimalchio*[20] o *Trimalchio in West Egg*. Fueron muchos, entre ellos el escritor y amigo de Fitzgerald, Ring Lardner, los que le convencieron de que gran parte del público desconocería la historia de Trimalción, y por lo tanto el paralelismo con Gatsby, además de las dificultades que supondría la pronunciación de un nombre en latín. La noticia de la elección final se la transmitió a Perkins en enero de 1925 en una carta que demuestra que todavía tenía muchas dudas y poca convicción en el acierto del título, pero se da por vencido tras muchos descartes: "[…] *The Great Gatsby* is weak because there's no emphasis even ironically on his greatness or lack of it. However let it pass" (*A Life in Letters* 95).

Las ventas de sus escritos seguían atormentando a Fitzgerald, como demuestra el siguiente fragmento tomado de una carta a su editor: "If my book is a big success or a great failure (financial—no other sort can be imagined, I hope) I don't want to publish stories in the fall" (93). Aquí Fitzgerald muestra seguridad en la calidad de la novela y espera no tener que escribir más relatos durante una temporada, como le dice a Perkins en esa misma carta: "I'll do short stories for money (I now get $2000.00 a story but I hate worse than hell to do them)" (90). Los préstamos recibidos de su editor eran constantes y eso hacía que la angustia por vender más libros fuera mayor: "Thanks enormously for making up the $5000.00. I know I don't technically deserve it considering I've had $3000.00 or $4000.00 for as long as I can remember. I hope to Christ you get 10 times it back on Gatsby—and I think perhaps you will" (90). En otra carta a Perkins, el autor añade: "My guess is that it [*The Great Gatsby*] will sell about 80,000 copies but I may be wrong" (95).

Durante su temporada estival en la costa francesa, el humor de Fitzgerald parecía sereno y apacible; estaba satisfecho con el progreso de su novela y tenía grandes expectativas depositadas en ella. Su tono festivo se refleja en otra de las muchas cartas enviadas a Perkins: "I think my novel is about the best American novel ever written" (80). En septiembre de 1924, una vez terminada *The Great Gatsby*, Fitzgerald se dedicó a la revisión y corrección del texto. Corrigió y alteró el texto y su estructura hasta muy cerca de la fecha de publicación. Hizo tantas correcciones que prácticamente reescribió la mitad de la historia. El borrador de la novela se lo envió a Perkins a finales de octubre (dicho documento no se ha conservado pero el manuscrito sí, gracias a su hija Scottie). Perkins no tardó en responderle expresando sus primeras impresiones del texto.

Como puntos fuertes subraya la fluidez de palabras y la cohesión narrativa de la historia, además de alabar la figura del narrador como espectador más que participante en la historia. De entre los personajes, es Tom Buchanan el que capta su atención por su minuciosa y precisa caracterización. Sin embargo, es el personaje principal, Jay Gatsby, del que nacen los puntos débiles, según Perkins. Por lo tanto, le hace varias recomendaciones a Fitzgerald para conseguir que la novela sea perfecta. Entre ellas, hace hincapié en la falta de detalles sobre la vida de Gatsby, especialmente de la proveniencia de su riqueza, y de su aspecto físico. Para darle más credibilidad al personaje, cree Perkins, Gatsby debería ser descrito tan claramente como los personajes de Tom y Daisy. Esta idea la expresa de la siguiente forma en su carta:

> "The total lack of an explanation through so large a part of the story does seem to me a defect;—or not of an explanation, but of the suggestion of an explanation [...] Couldn't he [Gatsby] be physically described as distinctly as the others" (*A Life in Letters* 87).

A pesar de hacer críticas de algunos aspectos de la novela, Perkins fue siempre uno de los grandes admiradores y defensores de la narrativa de Fitzgerald y era muy frecuente que abundaran en sus cartas palabras alentadoras, como las siguientes:

> The general brilliant quality of the book makes me ashamed to make even these criticisms […] You once told me you were not a natural writer—my God! You have plainly mastered the craft, of course, but you needed far more than craftsmanship for this (88).

En noviembre, una vez recibida la respuesta de Max Perkins, Fitzgerald, guiado por algunas de las recomendaciones de su editor, llevó a cabo más cambios: volvió a diseñar la estructura de la historia, revisando especialmente los capítulos VI y VII, eliminó pasajes que ralentizaban el ritmo e intentó cambiar aquellas palabras que le resultaban más irrelevantes. Durante la prueba de galera, estadio en que una novela ya no suele ser revisada, Fitzgerald continuó con la ardua tarea de corrección.

Entre los cambios más llamativos se encuentra el pasar a un segundo plano la relación entre el narrador, Nick, y Jordan, personaje basado en una jugadora de golf amiga de su anterior amante Ginevra King, a quien llamó Edith Cummings. Siguiendo el consejo de Perkins, la vida de Gatsby pasó a ser presentada en breves fragmentos a lo largo de los primeros capítulos, en vez de toda en el capítulo octavo. La ostentosa fiesta de Gatsby descrita originalmente en el segundo capítulo pasó al tercer capítulo para envolver en más suspense e intriga al personaje. Otro pasaje que es revisado es el de la confrontación entre Tom, Gatsby y Daisy. Inicialmente ocurría durante un partido de béisbol, después en Central Park, y, finalmente, en el Hotel Plaza de Nueva York.

La reflexión final del narrador sobre los marineros holandeses ("fresh, green breast of the new world") aparecía en el primer capítulo. El cambio de dicha reflexión al final del libro cierra el círculo de la simbólica luz verde, ya que en las primeras páginas de la historia esta luz simboliza la visión romántica de Daisy de Estados Unidos. Además, la frase insignia de la novela sufre un cambio del singular "a boat" al plural "boats", quedando de la siguiente manera: "So we beat on, boats against the current, borne back ceaselessly into the past". Tras muchas correcciones y consultas, Fitzgerald se decanta por el plural para otorgarle un sentido de colectividad, para así hacer referencia al conjunto de todos los americanos, mientras que el singular parece que subraya más la individualidad.

Por otro lado, Fitzgerald mantuvo algunas palabras y frases que, a pesar de ser poco apropiadas para la época, daban el carácter y sentido buscados por el autor. Por ejemplo, mantuvo la frase "her left breast was swinging loose like a flap" para describir con más viveza el estado en el que quedó Myrtle Wilson tras ser trágicamente atropellada por el coche conducido por Daisy. Max Perkins sostenía que la crudeza de las palabras era excesiva, al igual que la palabra "orgastic" era demasiado obscena para el público, a lo cual Fitzgerald le respondió: "'Orgastic' is the adjective from 'orgasm' and it expresses exactly the intended ecstasy. It's not a bit dirty" (*A Life In Letters* 94). Fitzgerald, ingenioso y habilidoso en el uso de las palabras, acierta al apostar por "orgastic", creando una de las frases más poderosas de la novela:

> "Gatsby believed in the green light, the orgastic future that year by year recedes before us. It eluded us then, but that's no matter—tomorrow we will run faster, stretch out our arms farther... And one fine morning..." (*The Great Gatsby* 145).

Haciendo un breve análisis de la evolución estilística de Fitzgerald durante esta etapa, se puede afirmar que ese proceso de maduración comenzado en *This Side of Paradise* llega a su culmen en *The Great Gatsby*: Fitzgerald ofrece una narrativa segura y estable y es ya claramente visible la línea selectiva que adopta, en detrimento de la de saturación. Los tres autores más influyentes, seguidores de una narrativa más escueta y precisa, fueron Henry James, Joseph Conrad y Willa Cather[21]. De hecho, muchos críticos compararon la técnica empleada en *The Great Gatsby* con la de Henry James, como, por ejemplo, refleja el siguiente crítico en una reseña para *The New York Times Book Review*: "In the method of telling, *The Great Gatsby* is reminiscent of Henry James's *Turn of the Screw*" (qtd. en *His Art and Technique* 84). Carl Van Vechten escribió en *The Nation*: "This character [Gatsby], and the theme of the book in general, would have appealed to Henry James... Mr. Fitzgerald has chosen, as James so frequently chose, to see his story through the eyes of a spectator" (qtd. en *His Art and Technique* 83).

Ya en la cita usada para comenzar el presente libro, T.S. Eliot unía el nombre de Fitzgerald al de Henry James. El propio Fitzgerald expone las normas narrativas que pone en práctica en su tercera novela de la siguiente forma:

> My third novel... is just finished and quite different from the other two in that it is an attempt at form and refrains carefully from trying to "hit anything off." [...] The writer, if he has any aspirations toward art, should try to convey the feel of his scenes, places and people directly—as Conrad does, as a few Americans (notably Willa Cather) are already trying to do (86).

En *The Great Gatsby* hay un claro paralelismo con la novela de Willa Cather *A Lost Lady* (1923) en el uso de un personaje (Nick Carraway y Nick Herbert, respectivamente) a través del cual el lector es partícipe de los cambios más significativos de los protagonistas, Jay Gatsby y Marian Forrester. Ambos actúan como testigos y narradores de los acontecimientos. Fitzgerald nunca escondió su admiración por el estilo de Willa Cather, como se ha mencionado anteriormente, y los temas tratados en *A Lost Lady* siempre apasionaron al autor: la exploración del paso del tiempo y las consecuencias, a veces catastróficas, de no saber aceptarlo.

Sin embargo, cuando Fitzgerald fue acusado de plagiar un fragmento de *A Lost Lady*, no dudó en ponerse en contacto con la escritora a finales de marzo de 1925. La cita en cuestión, donde Willa Cather describe a su protagonista con bellas y sugerentes palabras, es la siguiente: "Her eyes, when they laughed for a moment into one's own, seemed to promise a wild delight that he had not found in life". Fitzgerald, maravillado ante la capacidad evocadora del fragmento, se hace eco de ella en una de las descripciones de Daisy Buchanan:

> [...] there was an excitement in her voice that men who had cared for her found difficult to forget: [...] a promise that she had done gay, exciting things just a while since and that there were gay, exciting things hovering in the next hour (*The Great Gatsby* 7).

Para mostrar que su única intención era tomar como modelo esas líneas para describir el encanto de Daisy, Fitzgerald le adjuntó en la carta dos páginas del borrador de la novela, escrito antes de que *A Lost Lady* se publicara. El escritor no quería que ninguna acusación pudiera dañar su reputación a poco tiempo de la publicación de *The Great Gatsby*. En su respuesta, la reputada escritora le quitó importancia a lo ocurrido afirmando que era parte del enriquecimiento de un escritor el absorber las experiencias compartidas por otros autores y sus formas de expresarlas.

El día de la publicación de *The Great Gatsby*, el 10 de abril de 1925, un inquieto y temeroso Fiztegerald ["all my confidence is gone" (*A Life in Letters* 105)] le escribía una carta a Perkins expresando sus dos principales preocupaciones: el público femenino (el cual había crecido visiblemente en los últimos años), ya que no había ninguna mujer protagonista, y el hecho de que fuera una historia sobre ricos "and contained no peasants" (105) y, por lo tanto, pudiera ser tachada de burguesa. Otro motivo preocupante era que la novela fuera promocionada como otro documento más sobre la vida de los desenfrenados años 20 y del siguiente modo lo expresaba Fitzgerald:

> [...] I wondered if we could think of some way to advertise it so that people who are perhaps weary of assertive jazz and society novels not dismiss it as "just another book like his others" [...] avoid such phrases as "a picture of New York life" or "modern society" (106).

El 24 de abril Fizgerald recibe un cubo de agua fría cuando lee el siguiente telegrama de Perkins: "Sales situation doubtful. Excellent reviews" (106). Fue la primera toma de contacto con la cruda realidad: *The Great Gatsby* era, y sería durante la vida de Fitzgerald, un fracaso comercial. En una carta a Perkins escrita ese mismo día, un abatido Fitzgerald ["Your telegram depressed me [...] Yours in great depression" (107)] hace cábalas de cuáles podían ser las causas de unas ventas tan pobres: en primer lugar, Fitzgerald seguía convencido de que el título ["rather bad than good" (107)] no favorecía ni hacía justicia a su obra y, en segundo lugar, volvía a recalcar la falta de personajes femeninos, hecho que, según él, podría desanimar a las mujeres a leer la novela, tal y como le dice a Perkins: "And most important—the book contains no important woman character and women controll [sic] the fiction market at present. I don't think the unhappy end matters particularly" (107).

En otra ocasión, siguiendo la misma línea, señaló: "it may hurt the book's popularity that its [sic] a man's book" (qtd. en Corrigan 167). En su desesperada búsqueda de una explicación al fracaso de la novela, Fitzgerald seguía detectando posibles defectos como, por ejemplo, la brevedad de la historia; una historia contada en 50.000 palabras divididas en nueve capítulos (en la edición de tapa blanda publicada por Scribner's, la novela consta de 189 páginas). Por otro lado, a Edmund Wilson le aseguraba que el mayor error fue que no se había adentrado en "the emotional relations between Gatsby and Daisy from the time of their reunion to the catastrophe" (167). Fuera por el motivo que fuera, este inesperado revés en las ventas de *The Great Gatsby* dejó mermada la ya frágil confianza del escritor en sus capacidades literarias.

Previo a la publicación de *The Great Gatsby*, Fitzgerald, habiendo enviado una copia de la novela a varios amigos y conocidos de su círculo literario, empezó a recibir las primeras impresiones, entre las que se encuentra la de Edith Wharton[22], que reforzaba la creencia de Fitzgerald en cuanto a la turbiedad del personaje de Gatsby. Su respuesta fue la siguiente:

> My present quarrel with you is only this: that to make Gatsby really Great, you ought to have given us his early career… instead of a short resume of it. That would have situated him, & made his final tragedy a tragedy instead of a "fait divers" for the morning papers (Corrigan 173,174).

La mayoría de las opiniones de sus amigos escritores coincidían en que era su mejor obra hasta el moment, pero pensaban que su obra maestra estaba todavía por llegar. Edmund Wilson le escribía una carta un día después de la publicación de *The Great Gatsby* y le hacía los siguientes comentarios:

> It is undoubtedly in some ways the best thing you have done [...] The only bad feature of it is that the characters are mostly so unpleasant in themselves that the

story becomes rather a bitter dose before one has finished with it [...] I congratulate you—you have succeeded here in doing most of the things that people have always scolded you for not doing (qtd. en *Some Sort of Epic Grandeur* 221).

Aquello por lo que Fitzgerald había sido criticado anteriormente era la falta de estructuración y coherencia de la historia, puntos débiles que ya había conseguido solventar en esta novela. La influyente Gertrude Stein añadió: "I like the melody of your dedication—it shows that you have a background of beauty and tenderness" (qtd. en *His Art and Technique* 115). Ambos escritores resaltan la belleza, delicadeza y melodía de la narrativa de Fitzgerald, mucho más pulida y estructurada que en sus anteriores trabajos. El crítico y periodista H.L. Mencken escribió una extensa crítica (publicada primero en *Baltimore Evening Sun* y más tarde en *Boston Herald*) en la que también admiraba la evolución estilística de Fitzgerald: "What gives the story distinction is [...] the charm and beauty of the writing [...] The sentences roll along smoothly, sparklingly, variously. There is evidence in every line of hard and intelligent effort" (qtd. en *Some Sort of Epic Grandeur* 221).

Sin embargo, fueron muchos los que criticaron los personajes: a Gatsby por falta de claridad y precisión (según John Peale Bishop, Gatsby era "blurred and patchy"), y el resto por ser superficiales, tal y como se puede apreciar en la crítica de Edmund Wilson, y en la del ya mencionado Mencken. Sus palabras al respecto fueron: "What ails it [the story], fundamentally, is the plain fact that it is simply a story— that Fitzgerald seems to be far more interested in maintaining its suspense than in getting under the skins of its people" (221).

Por otro lado, muchas de las críticas profetizaban el final de la carrera de Fitzgerald, como hizo el crítico Edward "Ted" Robinson en la revista *Plain Dealers* (la columna se titulaba "F. Scott Fitzgerald Pens New but Not Great Novel"), quien dijo: "[...] the end of his career will be preceded by the end of his fame" (*Some Sort of Epic Grandeur* 222). Otras, poco acertadas, hablaban de un estancamiento del escritor, como las publicadas en *New Orleans Times*: "Mr. Fitzgerald is still where he was five years ago" (qtd. en Corrigan 130), y en *Springfield Sunday Republican*: "A little slack, a little soft, more than a little artificial, *The Great Gatsby* falls into the class of negligible novels. It is readable [...] but not rereadable" (131).

Ante la lluvia de críticas negativas, Fitzgerald, decepcionado con la recepción de la novela, le escribió a Edmund Wilson en mayo de 1925 diciéndole que "of all the reviews, even the most entheusiast [sic], not one had the slightest idea what the book was about" (*A Life in Letters* 109). A todas las cartas recibidas sobre su novela, Fitzgerald contestaba con la humildad de un escritor con pocas ventas. Un ejemplo es su respuesta a H.L. Mencken, en la que admite que "in comparison to *My* Ántonia and *The Lost Lady* it is a failure in what it tries to do […] At any rate I have learned a lot from writing it" (110, 111).

Fitzgerald era un escritor que necesitaba el reconocimiento y apreciación de los demás; por lo tanto, era muy agradecido con las críticas positivas. A las palabras del crítico James Branck Cabell "you have written a solidly and sharply excellent book", Fitzgerald respondió: "Thank you for writing me such a nice letter about my novel… I'm afraid the book isn't a popular success but two or three letters, of which yours is one, have made it a success for me" (123).

Hacia finales de 1925 las ventas de *The Great Gatsby* cayeron en picado. La primera tirada consistió en 20.870 ejemplares de tapa dura y la segunda tirada (en agosto de 1925) de 3.000 ejemplares. El libro desapareció rápido de las librerías. De hecho, para conseguir un ejemplar había que pedirlo directamente a la editorial Scribner's. El propio Fitzgerald ya tenía asumido la pobre acogida de la novela y en mayo le escribía a H.L. Mencken: "I think the book is so far a commercial failure—at least it was two weeks after publication—hadn't reached 20,000 yet" (*A Life in Letters* 111). Fitzgerald únicamente ganó 7.000 dólares con las dos primeras tiradas, por lo que pronto se arrepintió de haber rechazado 15.000 dólares por los derechos de la publicación por entregas. Fue ya en 1926 cuando la revista *Famous Story Magazine* publicó en entregas *The Great Gatsby* de abril a agosto por veinticinco céntimos cada ejemplar.

Con respecto a las críticas recibidas fuera de Estados Unidos, Fitzgerald era considerado demasiado "norteamericano" y su reputación nunca estuvo a la altura de otros escritores como Hemingway o Faulkner. Fueron muchos críticos europeos los que tildaron a Fitzgerald de poco intelectual y superficial. Los únicos países que tradujeron *The Great Gatsby* nada más ser publicado fueron Noruega y Suecia. Reino Unido y Francia lo publicaron en 1926 y Alemania en 1928 (en España no se traduciría hasta 1953, como veremos más adelante). En febrero de 1926 fue llevada a los escenarios del New York's Ambassador Theatre por George Cukor y llegaron a representarse ciento trece funciones con críticas favorables.

Por último, en 1934, *The Great Gatsby* fue reeditado con un prólogo de Fitzgerald, pero las ventas volvieron a ser escasas; tan solo se publicaron 5.000 ejemplares. *The Great Gatsby* fue durante muchos años una de las obras menos vendidas en la historia de Modern Library[23]. No obstante, en 1998 ocupó el segundo lugar de la lista de la misma editorial, por detrás de *Ulysses*, de James Joyce. Ya en el año 2013, tras el lanzamiento de la versión cinematográfica protagonizada por el aclamado actor Leonardo DiCaprio, *The Great Gatsby* superó el millón de ejemplares vendidos, situándola, por fin, en su merecido lugar, entre las mejores novelas norteamericanas de la historia, y dándole la razón al escritor, casi un siglo más tarde, quien dijo en mayo de 1925: "I think all the reviews I've seen, except two, have been absolutely stupid and lowsy [sic]. Someday they'll eat grass, by God!" (*A Life in Letters* 113).

1.2.4. *Tender Is the Night*

A pesar de las interminables fiestas y repetidas discusiones con Zelda, Fitzgerald consiguió publicar en sus primeros seis años de carrera literaria tres novelas, una obra de teatro, cuarenta y un relatos y veintisiete artículos y ensayos, lo que convirtió este periodo en los más productivos de su vida.

A partir de 1925 las muchas distracciones que envolvían su ajetreada vida social complicaron su exclusiva dedicación a la escritura. Él mismo resumió ese año con estas palabras: "The year of Zelda's sickness and resulting depression. Drink, loafing + the Murphys" (qtd. en *Some Sort of Epic Grandeur* 244). Cuando estaba todavía recuperándose de la decepcionante acogida de *The Great Gatsby*, Fitzgerald ya estaba concibiendo su siguiente novela. El 1 de mayo de 1925 le mandaba a Maxwell Perkins una carta con tono optimista ante el nuevo proyecto en el que estaba a punto de embarcarse: "The happiest thought I have is of my new novel—it is something really NEW in form, idea, structure—the model for the age that Joyce and Stein are searching for, that Conrad didn't find" (*Some Sort of Epic Grandeur* 231). De estas palabras podemos deducir la importancia que Fitzgerald le daba a encontrar nuevas formas a su narrativa para llegar a ser comparado, o incluso superar, a los grandes escritores de su época.

El título provisional de este nuevo proyecto era *Our Type* y el argumento inicial narraba el viaje a Francia de un joven californiano con su exigente madre, a la que planea asesinar a sangre fría. Ya en verano le volvía a escribir una carta a su editor informándole de que "*Our Type* is about [...] Zelda + me + the hysteria of last May + June in Paris (confidential)" (*Some Sort of Epic Grandeur* 242). Otras fuentes de inspiración fueron el caso real de Dorothy Ellingson, quien asesinó a su madre en 1925, y la novela *An American Tragedy*[24], de Theodore Dreiser.

En abril de 1926, un ilusionado Fitzgerald le escribía a su agente Harold Ober que su nueva novela "will be delivered for possible serialization about January 1st. It will be about 75,000 words long, divided into 12 chapters, concerning tho [sic] this is absolutely confidential such a case as that girl who shot her mother on the Pacific coast last year" (*Some Sort of Epic Grandeur* 248). Esta posible fecha de entrega sería aplazada en muchas otras ocasiones; de hecho, Fitzgerald escribió tantas cartas a su editor y a su agente repletas de incumplidas promesas que su credibilidad y convicción disminuían con cada una de ellas. Desde el verano hasta el otoño de ese mismo año Fitzgerald se dedicó a la revisión de tan solo el comienzo de la historia trazada originalmente. El verano de 1926 supuso un período inestable e impredecible fruto del desmesurado consumo de alcohol durante su estancia en la Riviera francesa.

El año 1927 continuó en una línea muy similar al anterior: muchas promesas y muy poco avance en su novela (contempló la posibilidad de cambiar el título provisional a *The Boy Who Killed His Mother*, aunque finalmente desestimó la idea). En su primer viaje a Hollywood durante ese mismo año conoció a la actriz Lois Moran, a quien tomó de modelo para el personaje de Rosemary Hoyt. Fitzgerald resumió el año de la siguiente forma: "Total loss at beginning. A lot of fun. Work begins again" (*Some Sort of Epic Grandeur* 263).

La falta de constancia estaba pasando factura a su estado anímico y un año más tarde, en septiembre de 1928, sus conclusiones mostraban su desánimo y desesperación ante una situación de la que no era capaz de salir: "Perhaps its [sic] the Thirties but I can't even be very depressed about it" (269). Desde que anunciara su intención de escribir un nuevo trabajo hasta octubre de 1929 habían transcurrido cuatro años en los que Fitzgerald solo había conseguido completar los dos primeros capítulos. Sus intermitentes viajes a Europa y Hollywood, más sus correspondientes fiestas, el estado de salud de Zelda, cada vez más debilitado, y sus constantes deudas, que le obligaban a seguir publicando relatos en revistas, eran algunos de los motivos que obstaculizaban el avance de la novela. Tras muchas promesas, en mayo de 1930, Fitzgerald le escribió una carta a su agente Harold Ober explicando las razones de su incumplimiento:

> At one time I was about to send four chapters out of eight done to you […] I know you're losing faith in me + Max too […] I could have published four lowsy [sic], half baked books in the last five years + people would have thought I was at least a worthy young man not drinking myself to pieces in the south seas—but I'd be dead as [those] who think they can trick the world with the hurried and the second rate. These *Post* stories in the *Post* are […] honest and if their form is stereotyped people know what to expect when they pick up the *Post* (293, 294).

Fitzgerald muestra que era consciente, por un lado, de no estar a la altura de lo que su agente y su editor, referido como "Max" en la carta, esperaban de él después de haber apostado por su trabajo desde 1920 y, por otro lado, de la engañosa imagen que daba al público: la de un escritor informal y juerguista que, tras el éxito fulgurante de su primera novela, se había dejado seducir por los excesos propios de los ricos. También deja de manifiesto la gran presión que sentía por escribir una novela mejor que *The Great Gatsby* para poder justificar la tardanza entre una y otra.

El año 1932 marca un punto de inflexión en tan irregular período literario[25], y personal, del autor: finalmente era capaz de escribir la novela ininterrumpidamente. Como resultado, y tras muchas revisiones, Fitzgerald decidió cambiar el argumento inicial de forma radical, aunque mantuvo secciones de sus borradores anteriores. Dejando atrás al joven psicópata y a su condenada madre, la historia ahora gira en torno a un prometedor psicoanalista, Dick Diver, y su mujer, Nicole, quien había sido una de sus pacientes. Ambientada principalmente en Europa, Fitzgerald tomó gran parte del material, como ya hiciera en sus anteriores novelas, de sus experiencias personales, dolorosas en muchas ocasiones: sus viajes a Europa, las numerosas crisis nerviosas de Zelda y sus consecuentes hospitalizaciones[26], y el deterioro personal del escritor.

La novela sería el intento de Fitzgerald por hacer entender al lector cómo había llegado al punto de perder todo lo que había querido y conseguido doce años atrás. Hacia finales de ese año Fitzgerald tenía diseñado un plan de dieciséis páginas donde expone, *grosso modo*, el argumento, la caracterización de los personajes y los horarios de trabajo que debía seguir. Fitzgerald se prometía a sí mismo mantener ese ritmo de trabajo, como se puede observar en una de sus muchas reflexiones recogidas en su libro de cuentas: "The novel now plotted + planned, never more to be permanently interrupted" (*Some Sort of Epic Grandeur* 335).

Las novelas de Fitzgerald no pueden ser consideradas un *roman à clef*, ya que sus personajes y sus acciones no están basados en su totalidad en la realidad. Lo que sí dominaba con asombrosa desenvoltura era la técnica de mezclar y sumar las cualidades de las personas que le rodeaban hasta crear personalidades poderosas y atrayentes.

En el caso de los personajes de *Tender Is the Night*, se pueden trazar las siguientes correspondencias con personas reales: Abe North está basado en el escritor y amigo Ring Lardner; Tommy Barban en Ernest Hemingway, amigo y, a veces, contrincante, al menos desde el punto de vista de este último [Fitzgerald, en cambio, quien dio el salto a la fama años antes que Hemingway, siempre intentó ayudarle, alegrándose de sus éxitos, como le decía a Perkins en una carta en 1930: "Delighted with the success of Ernest's book [*A Farewell to Arms*]" (*A Life in Letters* 173)]; Baby Warren en la hermana de Sara Murphy[27]; Hoyt (aunque su nombre se lo dio al personaje de Rosemary Hoyt) y Rosemary Hoyt en la actriz Lois Moran. El hecho de que la dedicación de la novela leyera "TO GERALD AND SARA. MANY FÊTES" llevó a muchos críticos a pensar que los Diver, el matrimonio protagonista, estaban basados en los Murphy. Pero si los Diver son analizados minuciosamente, se puede observar que tienen más similitudes con los Fitzgerald que con los Murphy.

El título provisional del manuscrito durante el verano de 1926 fue *The Drunkard's Holiday*, aunque hacia finales de año llamó a la copia original *Doctor Diver's Holiday: A Romance* y al duplicado *Tender is the Night: A Romance*. El término romance, según Fitzgerald, debe ser entendido como un documento donde se exponen experiencias y emociones reales, siguiendo el concepto y las ideas del escritor romántico Nathaniel Hawthorne. El título *Tender Is the Night* lo tomó del poema "Ode to a Nightingale" de John Keats, poema que siempre hacía llorar a Fitzgerald. Los versos son los siguientes:

> Away! away! for I will fly to thee,
>
> Not charioted by Bacchus and his pards,
>
> But on the viewless wings of Poesy,
>
> Though the dull brain perplexes and retards:
>
> Already with thee! Tender is the night,
>
> And haply the Queen-Moon is on her throne,
>
> Clustered around by all her starry Fays;
>
> But here there is no light,
>
> Save what from heaven is with the breezes blown
>
> Through verdurous glooms and winding mossy ways (*The Complete Poetical Works* 252).

Como posibles conexiones entre la novela de Fitzgerald y el poema podríamos señalar el paralelismo entre Nicole Diver, representante de la riqueza y elegancia, y el ruiseñor, hermosa ave con garbo; Dick Diver, quien sufre la muerte alegórica de su identidad y su ser; y el sombrío mundo imaginario creado por Keats donde la muerte aguarda cautelosamente. Los versos finales ("Was it a vision, or a waking dream? / Fled is that music: —Do I wake or sleep?") pueden ser relacionados con el espíritu de derrota y sensación de pérdida que invaden a Dick al final de la novela.

En un principio, Fitzgerald tuvo que convencer a su editor de que *Tender Is the Night* era un título que expresaba con eficacia el mensaje de la historia: evoca sentimientos de desilusión, desencanto y pérdida de ideales. Finalmente fue aceptado y a finales de 1933 la novela llegaba a sus últimos estadios. En octubre Fitzgerald mandó el manuscrito revisado a Scribners y de enero a abril se publicó la novela por entregas en la revista *Scribner's Magazine*. El texto publicado en la revista constaba de doce largos capítulos, tal y como había planeado Fitzgerald en 1932. La historia fue dividida en tres partes (Book I, Book II y Book III): la primera contaba con veinticinco capítulos, la segunda veintitrés y la tercera trece. Fitzgerald fue categórico desde un principio en que sería él el único encargado de hacer cambios al texto y así se lo hizo saber a su editor en varias ocasiones. En septiembre de 1933 le escribía:

I would expect your own proof readers to check up on blatant errors, but would want to talk over with you any small changes that would have to be made for magazine publication—in any case to make them myself […] Unlike Ernest [Hemingway] I am perfectly agreeable to making any necessary cuts for serial publication but naturally insist that I shall do them myself (*A Life in Letters* 236, 237).

Desde octubre hasta enero, Fitzgerald se dedicó exclusivamente a la revisión y modificación del texto que sería publicado por entregas, llegando a eliminar escenas completas. El escritor se mostraba optimista ante la inminente publicación de su novela en *Scribner's Magazine*, como demuestran sus palabras a Perkins en enero de 1934: "Anyhow I think this serial publication will give it the best chance it can possibly have because it is a book that only gives its full effect on its second Reading. Almost every part of it now has been revised and thought out from three to six times" (*A Life in Letters* 245). Estas últimas palabras definen perfectamente el tipo de escritor que era Fitzgerald, tal y como le decía él mismo a su editor: "Max, I am a plodder" (248). Corrector incansable, siempre en busca de la palabra perfecta, Fitzgerald no paraba hasta no dar con la estructura deseada. En esa misma carta, de marzo de 1934, compara su estilo, minucioso, con el de Hemingway, espontáneo y directo:

[…] I was the tortoise and he [Hemingway] was the hare […] that everything I have ever attained has been through long and persistent struggle while it is Ernest who has a touch of genius which enables him to bring off extraordinary things with facility. I have no facility […] these points of proofreading, etc., are of tremendous importance to me (249).

Sin embargo, la publicación por entregas, y el hecho de que la estructura original fuera modificada, no tuvo el éxito esperado, pudiendo, incluso, haber perjudicado las posteriores ventas del libro. Un preocupado Fitzgerald escribió a Edmund Wilson un mes antes de que la novela se publicara explicando que:

Any attempt by an author to explain away a partial failure in a work is of course doomed to absurdity—yet I could wish that you, and others, had read the book version rather than the mag. version which in spots was hastily put together (250).

Mientras que la versión para la revista incluía seis escenas cortas que habían sido eliminadas de la novela, esta última ofrecía contenido sexual censurado por la revista, como, por ejemplo, un fragmento sobre la confesión más detallada del padre de Nicole y su incestuosa relación con su hija. Otro aspecto que bajo ningún concepto quería Fitzgerald que los editores modificaran era el formato de sus palabras. En marzo de

1934 le escribía a Perkins: "I wish you could get some word to the printers that they should not interfere with my use of italics […] I know exactly what I am doing, and I want to use italics for emphasis" (248). Fitzgerald era un escritor que le daba mucha importancia a la edición de sus textos y, por lo tanto, quería él ser el responsable de todo cambio posible.

En cuanto a la promoción de la novela, y tal y como le ocurrió con la publicación de *The Great Gatsby*, Fitzgerald quería evitar que se le relacionara con la imagen de un autor frívolo y superficial. Por este motivo, le hacía hincapié a su editor en que palabras como "Riviera" o "gay resorts" fueran eliminadas de los anuncios publicitarios ya que podían llevar al lector a malinterpretar la novela, tomándola por una historia insustancial, reminiscente de aquellos, ya pasados, felices años veinte. De esta forma se lo comunicaba a Perkins el 5 de febrero de 1934.

> Please do not use the phrase "Riviera" or "gay resorts". Not only does it sound like the triviality of which I am often accused, but […] its very mention invokes a feeling of unreality and unsubstantiality […] I don't approve of great ballyhoo advertisements […] The public is very, very, very weary of being sold bogus goods (*A Life in Letters* 247).

Desde que su reputación fuera rápidamente ligada a la de un escritor poco culto e intelectual, Fitzgerald siempre se mostró receloso de posibles conexiones con el mundo de la farándula y la fiesta (en cierto modo, era casi imposible no hacerlo dada su asiduidad a todas las fiestas a un lado y al otro del océano Atlántico). La publicación de *Tender Is the Night* suponía no solo demostrar al público, a los críticos y a sí mismo que era capaz de escribir una obra maestra, sino también una ocasión para saldar, siquiera temporalmente, sus sofocantes deudas o "get out of this financial hole" (*A Life in Letters* 248), expresión usada por Fitzgerald en un telegrama enviado a su agente en febrero de 1934.

Tender Is the Night fue publicada el 12 de abril de 1934 por 2,50 dólares el ejemplar. Habían transcurrido nueve años desde la publicación de *The Great Gatsby*. Fitzgerald explicaba de la siguiente manera en un prólogo el porqué de tan largo período de gestación:

> This is the first novel the writer have [sic] published in nine years. Since then there has scarcely a week when some party didn't ask me the state of its progress and the probable time of its publication. For awhile I told what I believed to be the truth "this fall", "next spring", "next year". Then growing weary I lied and lied, announced that I had given up or that it was now a million words long […] When I finished my last novel at the end of 1924 I felt pretty empty […] I had formulated a new idea and during 1926 I began work on it very slowly indeed. I picked it up and dropped it (qtd. en *Some Sort of Epic Grandeur* 368).

Por lo que respecta a su recepción, las ventas no fueron bajas para una novela publicada después del crac del 29, año que marcó el inicio de la Gran Depresión. Por tanto, que la novela vendiera la tirada de 7.600 ejemplares en un corto período de tiempo y que hubiera dos tiradas más durante la primavera, una de 5.075 y otra de 2.520, demuestra que tuvo una acogida más que aceptable. Pero para las expectativas de Fitzgerald las ventas no fueron satisfactorias. A pesar de ocupar el décimo puesto en la lista de *best sellers* de la revista *Publishers Weekly* durante los meses de abril a mayo, las ganancias recibidas, 5.104 dólares en total, no fueron suficientes para saldar las deudas del autor, desvaneciéndose así su esperanza de no estar eternamente en deuda con su editorial.

No obstante, las críticas no tardaron en llegar; estas no eran particularmente duras, pero tampoco mostraban la satisfacción del lector que ha encontrado lo que estaba buscando. Incluso las críticas más favorables estaban teñidas del color amargo de la decepción: tras tan larga espera la expectación era altísima; nadie estaba dispuesto a dar por buena una obra que no fuera superior a sus anteriores trabajos. Fueron muchos los críticos que coincidieron en subrayar que la historia no conseguía crear un efecto poderoso, desbordante; quien se suponía debía transmitir más emociones, su protagonista Dick Diver, se diluía en las escenas que presentaban su paulatino deterioro y que, como consecuencia, no resultaba un personaje convincente o cercano. Su estrepitosa caída en desgracia no produce en el lector efecto alguno, proseguían algunos críticos, ya que tanto la personalidad de Dick como las causas que lo llevan a su destrucción son vagas y confusas. Por otro lado, otros críticos señalaron que la organización era inconexa, creando una falta de estructuración en la historia.

En la edición del 13 de abril del periódico *Times*, el crítico John Chamberlain escribía que tras la ausencia de Rosemary Hoyt a partir del libro II "none could almost guarantee that *Tender Is the Night* is going to be a failure. But, as a matter of fact, the novel does not really begin until Rosemary is more or less out of the way" (*Some Sort of Epic Grandeur* 369). Este sería uno de los puntos débiles más comentados por parte de la crítica: el punto de vista presentado en el libro I, el de la joven Rosemary Hoyt, personaje central que domina la historia y la narrativa hasta ese momento, deja su lugar al de Dick Diver a partir del libro II.

La técnica de usar un personaje como guía de la historia la había ya usado Fitzgerald en *The Great Gatsby*, por medio de Nick Carraway, de manera eficaz. Sin embargo, en *Tender is the Night*, Rosemary Hoyt, quien empieza siendo el eje central de la narración, desaparece bruscamente a finales del libro I. Una de las muchas críticas publicadas sobre la novela analiza este cambio inesperado, que desestabiliza al lector, de la siguiente forma:

> In the critical terminology of Kenneth Burke, Mr. Fitzgerald has violated a 'categorical expectancy'. He has caused the arrows of attention to point toward Rosemary. Then, like a broken field runner reversing his field, he shifts suddenly and those who have been chasing him fall figuratively on their noses as Mr. Fitzgerald is off on a new track[28] (qtd. en *His Art and Technique* 133).

Años más tarde, en 1938, Fitzgerald le confesaba a Maxwell Perkins que el gran error de *Tender Is the Night* "is that the true beginning—the young psychiatrist in Switzerland—is tucked away in the middle of the book" (*His Art and Technique* 134).

El escritor Malcolm Cowley[29] escribió una crítica, meses después de su publicación, en la que resaltaba la habilidad de Fitzgerald de posicionarse en sus novelas tanto de observador como de participante, insertando sus propias ideas y juicios sobre los personajes y sus acciones. El siguiente fragmento comenta esta idea:

> Part of him has been a little boy peeping in through the window and being thrilled by the music and the beautifully dressed women—a romantic but hardheaded Little boy who stops every once in a while to wonder how much it all cost and where the money comes from (qtd. en *Some Sort of Epic Grandeur* 369).

En su crítica, Cowley también ofrece una posible explicación a los errores técnicos en *Tender Is the Night*; principalmente se deben, según el crítico, a los largos intervalos de tiempo que transcurren entre las diferentes partes de la novela, por lo que no hay una clara conexión entre la primera y la última. Si bien es cierto que Fitzgerald estuvo trabajando durante ocho años en tres versiones distintas de la historia, esta observación de Cowley puede ser debatida ya que la versión final, la publicada, fue escrita en poco más de un año. Sabedor de las críticas que su novela estaba recibiendo, once días después de que *Tender Is the Night* viera la luz, Fitzgerald argumentaba del siguiente modo la concepción de la historia, y sus posibles defectos, en una carta enviada al escritor y crítico H.L. Mencken:

> The first part, the romantic introduction, was too long and too elaborated, largely because of the fact that it had been written over a series of years with varying plans, but everything else in the book conformed to a definite intention [...] That is what most of the critics fail to understand [...] that the motif of the "dying fall" was absolutely deliberate and did not come from any diminution of vitality, but from a definite plan (*A Life in Letters* 256).

Durante los años de creación de *The Great Gatsby*, Fitzgerald aprendió lo importante que era la organización y estructuración de la narrativa, pero los borradores infructíferos a lo largo de los años de *Tender Is the Night* pasan factura a la organización de la historia, desajustando en parte el control de la misma. El propio autor le comentaba a un periodista: "The man who started the novel is not the man who finished it" (*Some Sort of Epic Grandeur* 369).

Tender Is the Night también recibió palabras de halago, como las del crítico Gilbert Seldes para el periódico *New York Evening Journal*: "He has gone behind generations, old or new, and created his own image of human beings. And in doing so has stepped again to his natural place at the head of the American writers of our time" (*Some Sort of Epic Grandeur* 370); o las de Frank Daniel para *The Atlanta Journal* en mayo de 1934: "It is a superb piece of literary work, intricately executed, flashing and richly colored in its variety of moods and pictures". Todavía había lectores y críticos que apreciaban y valoraban el talento literario de Fitzgerald, posicionándolo entre los mejores escritores norteamericanos del momento.

Las impresiones de Ernest Hemingway, plasmadas en una carta a Fitzgerald en mayo de 1934, siguen esta línea de halago hacia las altas capacidades, mejoradas visiblemente según él, de Fitzgerald. Estas palabras reforzaban, y llenaban de orgullo, la confianza del escritor, quien siempre admiró públicamente a Hemingway y tuvo en alta estima su opinión [como prueba la breve carta que le envió días antes de la de Hemingway, en la que decía: "Did you like the book? I just want to get a few intelligent slants at it to get some of the reviewers jargon out of my head" (*A Life in Letters* 259)], a pesar de que este último no siempre le dedicara palabras tan amables. La carta dice así: "[…] but Scott good writers always come back. Always. You are twice as good now as you were at the time you think you were so marvellous […] All you need to do is write truly and not care about what the fate of it is" (*Some Sort of Epic Grandeur* 378). Otra crítica alentadora la recibió de Archibald MacLeish,[30] quien escribió: "Great God Scott you can write. You can write better than ever. You are a fine writer. Believe it. Believe It—not me" (qtd. en *Some Sort of Epic Grandeur* 379).

A posteriori, exactamente en el año 1938, Fitzgerald seguía reflexionando sobre cómo podía mejorar la versión final de *Tender Is the Night*. Ante una posible publicación de la novela por parte de *Modern Library Series*, Fitzgerald llevó a cabo cambios drásticos en la estructuración, cambiando y moviendo pasajes enteros. Cambió el orden de presentación de los hechos, siguiendo ahora un orden cronológico (empezando con la presentación de los Diver en 1917, en vez de directamente empezar por el año 1925). Fitzgerald escribió en el interior de la tapa del borrador: "this is the final versión of the book as I would like it" (qtd. en *His Art and Technique* 133).

Finalmente, fue en 1951 cuando esta nueva versión fue editada por Malcolm Cowley y publicada por la editorial Scribners, años después de la muerte del escritor. En 1935, momento en el que solo se comunicaban a través de intermediarios, Hemingway le enviaba un mensaje a Fitzgerald, en este caso a través de Maxwell Perkins, en el que cavilaba sobre cómo *Tender Is the Night*, y se podría añadir, todas las obras de Fitzgerald, mejoraba con cada lectura. Hemingway expresaba esta conclusión de la siguiente forma: "A strange thing is that in retrospect his *Tender Is the Night* gets better and better" (qtd. en *Some Sort of Epic Grandeur* 378).

1.3. Relatos: edición y recepción

Ya en 1909, cuando Fitzgerald contaba con tan solo trece años, fue publicado su primer relato, titulado "The Mystery of the Raymond Mortgage", en el número de octubre de la revista literaria *Now and Then* de St. Paul Academy. Aunque a lo largo de su carrera combinó novelas y relatos, F. Scott Fitzgerald siempre se consideró un escritor de novelas, llegando a afirmar: "I hate writing short stories… and only do six a year to have the leisure to write my novels" (qtd. en Kuehl 4).

En los veinte años como escritor profesional, Fitzgerald publicó un total de ciento setenta y ocho relatos con una recaudación de 260.000 dólares, lo que equivaldría actualmente a más de dos millones de dólares. Fitzgerald dejó siempre muy claro que escribía relatos para las revistas comerciales exclusivamente por dinero; dinero fácil y rápido para un escritor acostumbrado a un nivel de vida propio de los más ricos y para poder dedicar más tiempo a sus novelas, como le hacía saber a su agente Harold Ober en 1920: "This *Post* money comes in very handy—my idea is to go south—probably New Orleans and write my second novel [*The Beautiful and Damned*]" (*A Life in Letters* 36).

En muchos casos Fitzgerald no se sentía orgulloso de la calidad de esas breves historias, escritas en pocas horas y desprovistas de la meticulosa planificación a la que el autor sometía a sus novelas. En una ocasión le dijo a Edmund Wilson: "Have sold three or four cheap stories to American magazines" (qtd. en *His Art and Technique* 51). En sus numerosas cartas a editores y amigos abundan palabras como la ya mencionada "cheap", "horrible junk" y "trash" para describir aquellos relatos escritos tan velozmente, que, en muchos casos, como bien sabía el autor, no pasaban de mediocres. Él se lo reconocía así, de nuevo, a Wilson, en 1924: "I really worked hard as hell last winter—but it was all trash and it nearly broke my heart" (qtd. en Kuehl 142).

Sin embargo, el talento y la capacidad imaginativa y evocadora de Fitzgerald relucen en muchos de estos relatos, genialmente hilados y conducidos por personajes cuya perfecta caracterización hace de ellos obras de arte. De entre todos, se podrían destacar "May Day" y "The Diamond as Big as the Ritz", ambos incluidos en la colección *Tales of the Jazz Age* (1922); "Winter Dreams", "Absolution" y "The Rich Boy", recogidos en *All the Sad Young Men* (1926); y "Babylon Revisited", incluido en *Taps at Reveille* (1935).

En general, muchos de los relatos estaban mejor organizados y las ideas mejor enlazadas que en sus primeras novelas, *This Side of Paradise* y *The Beautiful and Damned*, y son un claro ejemplo de los principios que debe cumplir un relato según Edgar Allan Poe, y que posteriormente fueron secundados por H.G. Wells. Este último definió el relato de la siguiente manera:

> Edgar Allan Poe was very definite upon the point that the short story should be finished at a sitting […] A short story is, or should be, a single thing; it aims at producing one single, vivid effect; it has to seize the attention at the outset, and never relaxing, gather it together more and more until the climax is reached (qtd. en *His Art and Technique* 51).

Desde sus comienzos, Fitzgerald era consciente de la diferencia entre escribir una novela y un relato, no solo en cuanto a la técnica sino también a la temática, como sentenció H.G. Wells, "the novel and the short story are two entirely different things" (51). Sus novelas tienden más a ser "cynical and pessimistic" (*A Life in Letters* 36), mientras que sus relatos tienen una tonalidad más "young + joyful" (292), palabras empleadas por el propio Fitzgerald.

La mayoría de los relatos fueron publicados en la revista *Saturday Evening Post*. En dicha revista se publicaron sesenta y cinco relatos de Fitzgerald desde 1920 hasta mediados de los años treinta. Estas publicaciones hicieron que Fitzgerald se convirtiera en uno de los escritores mejor pagados de los años veinte, llegando a cobrar por "A Millionaire's Girl" 4.000 dólares en 1929. En 1934 publicó por primera vez en la revista *Esquire*, donde casi todos los escritores importantes de la época habían sido publicados, entre ellos Hemingway, el colaborador más frecuente. Esta revista moderna y exitosa le dio a Fitzgerald oxígeno económico (aunque ganaba doscientos cincuenta dólares por relato, una bajada considerable con respecto a sus ganancias en *The Saturday Evening Post*) en los años más oscuros de su carrera, hasta su muerte en diciembre de 1940. Fitzgerald vendió a *Esquire* un total de cuarenta y cuatro artículos y relatos, ocho de los cuales fueron publicados después de su muerte, en 1941.

Durante la década de los años veinte y treinta una práctica muy común por parte de las editoriales era publicar colecciones de relatos entre una novela y otra. Siguiendo este modelo editorial, Scribner's publicó cuatro colecciones de relatos de Fitzgerald: *Flappers and Philosophers*, publicada en septiembre de 1920 tras *This Side of Paradise*, marzo de 1920; *Tales of the Jazz Age*, septiembre de 1922, después de *The Beautiful and Damned*, marzo de 1922; *All the Sad Young Men*, febrero de 1926, tras *The Great Gatsby*, abril de 1925; y *Taps at Reveille*, marzo de 1935, publicada después de la última novela completa de Fitzgerald, *Tender Is the Night*, abril de 1934. En este libro centraremos la atención en las primeras ediciones de las colecciones o relatos individuales que fueron publicados en España durante la etapa franquista y la Transición. Por lo tanto, se analizará *Flappers and Philosophers*, publicada bajo el nombre de *Jovencitas y filósofos* en 1969, la serie de relatos de Pat Hobby y sus tres ensayos recogidos posteriormente como *The Crack-Up* (1945), todos publicados en *Esquire*.

1.3.1. *Flappers and Philosophers*

La primera colección de relatos de Fitzgerald fue publicada por Scribner's el 10 de septiembre de 1920, tan solo unos meses después de la exitosa ópera prima del autor, *This Side of Paradise*. La colección recoge ocho relatos de gran variedad estilística, reflejo de la inexperiencia e inmadurez de un joven Fitzgerald influenciado en sus años universitarios por autores de diversa índole, como fueron Compton Mackenzie o John Keats. Estos relatos, envueltos en un glamur frívolo y excesivo, tuvieron una buena acogida, debido, en parte, a la fascinación que suscitaba entre los lectores el deslumbrante mundo de las estilosas *flappers* y los filósofos millonarios.

En su primera etapa Fitzgerald publicó sus relatos en dos revistas principalmente: *The Saturday Evening Post* y *Metropolitan*. Esta última publicó cinco relatos en total a novecientos dólares cada uno, antes de que la revista quebrara. Todos ellos fueron incluidos finalmente en *Tales of the Jazz Age*, segundo volumen de relatos del escritor. Por tanto, el resto de relatos los publicó *Post*, como se referiría más tarde Fitzgerald a la que sería su revista fetiche durante más de una década.

Flappers and Philosophers, dedicada a su ya esposa Zelda (Fitzgerald y Zelda contrajeron matrimonio el 3 de abril de 1920), cuenta con los siguientes relatos: "The Offshore Pirate", "The Ice Palace", "Head and Shoulders", "The Cut-Glass Bowl", "Bernice Bobs Her Hair", "Benediction", "Dalyrimple Goes Wrong" y "The Four Fists". Hubo seis relatos que se barajaron y que finalmente fueron eliminados de la colección: "We are Seven", "Bittersweet", "Table D'hote", "A La Carte", "Journeys and Journey's End" y "Shortcake". A pesar de las buenas ventas obtenidas (15.325 ejemplares vendidos en los dos primeros años desde su publicación), solo tres relatos son considerados de primera categoría. Estos son: "The Offshore Pirate", "Bernice Bobs Her Hair" y "Ice Palace". Los otros cinco muestran todavía una falta de precisión estructural y una temática poco convincente y repetitiva.

Las críticas no tardaron en llegar y fueron muchos los críticos que se sintieron decepcionados tras el buen sabor de boca dejado por *This Side of Paradise*. H.L. Mencken fue de los primeros en señalar la clara distinción entre las dos caras de Fitzgerald: por un lado, el escritor serio de novelas y, por otro, el escritor superficial de relatos de entretenimiento. Así reflejó su opinión al respecto en *The Smart Set*:

Fitzgerald is curiously ambidextrous. Will he proceed via the first part of *This Side of Paradise* to the cold groves of beautiful letters, or will he proceed via "Head and Shoulders" into the sunshine that warms Robert W. Chambers and Harold McGrath?[31] (qtd. en *Some Sort of Epic Grandeur* 147).

Esta crítica a la dualidad de Fitzgerald, escritor serio y escritor comercial, le persiguió durante toda su carrera profesional pero sus constantes deudas con editores le obligaban a escribir obras de menor calidad que le repercutieron de forma negativa en su reputación.

Previo a la publicación de *Flappers and Philosophers*, Fitzgerald recibió una carta de John Grier Hibben, presidente de la Universidad de Princeton, en la que le expresaba su preocupación por la imagen que *This Side of Paradise* daba de la universidad al mismo tiempo que elogiaba el relato "The Four Fists", publicado inicialmente en junio de 1920 en *Scribner's Magazine*. La respuesta de Fitzgerald del 3 de junio es la siguiente:

I don't mean at all that Princeton is not the happiest time in most boys [sic] lives. It is of course—I simply say it wasn't the happiest time in mine [...] "The Four Fists" latest of my stories to be published was the first to be written. I wrote it in desperation one evening because I had a three pinch pile of rejection slips and it was financially nessesary [sic] for me to give the magazines what they wanted. The appreciation it has received has amazed me (*A Life in Letters* 40).

Esta vez es el propio Fitzgerald, ingenuo y sincero, el que admite el escribir relatos adecuados a las peticiones de las revistas a cambio de un cheque rápido y su consiguiente sorpresa ante la buena aceptación de tales relatos.

1.3.2. Los ensayos: "The Crack-Up", "Pasting it Together" y "Handle with Care"

Los años treinta marcaron el comienzo de unos de los períodos económicos más difíciles de la historia: la Gran Depresión. Estos años grises y decadentes fueron a compás del estado de ánimo de Fitzgerald. A finales de los años veinte, el escritor entró en una interminable espiral de alcohol y depresiones que desembocó en tres ensayos personales donde muestra una honestidad y vulnerabilidad como nunca antes había hecho.

En noviembre de 1935, Fitzgerald viajó de Baltimore a Hendersonville, ciudad en Carolina del Norte, muy cercana a Asheville, donde Zelda estaba ingresada. Allí escribió el primero, y más conocido, de los tres ensayos, "The Crack-Up", como refleja la siguiente carta a su agente en esas fechas: "(7) Emergency *Esquire* article for $200 (finished today)" (*A Life in Letters* 292), (la palabra "emergency" ya indicaba el estado crítico, económico y psicológico, en el que se encontraba Fitzgerald en aquellos años). A este ensayo le siguieron "Pasting it Together" y "Handle with Care", los tres publicados en *Esquire* en los números de febrero, marzo y abril, respectivamente, de 1936. En 1945 Edmund Wilson los editó y recogió en un solo volumen titulado *The Crack-Up*, cambiando el orden del segundo y tercer ensayo.

Estos ensayos fueron muy bien acogidos por los lectores de la revista. En ellos, Fitzgerald se sincera y describe su estado emocional con un tono irónico: habla de su vacío tras años de frenética actividad tanto literaria como de ocio; las personas y lugares que le habían rodeado durante los últimos años y que le habían servido de inspiración para sus trabajos literarios ya no le incitaban a seguir escribiendo. Fitzgerald afirmó haberse agotado tras "mortgaging myself physically and spiritually up to the hilt" (qtd. en *Some Sort of Epic Grandeur* 405).

Después de años de excesos Fitzgerald sentía que no tenía más ideas ni historias que contar, quedándose sin un objetivo claro al que aferrarse. Sin embargo, estas confesiones que tan buena recepción tuvieron por gran parte del público, tuvieron un efecto negativo en los editores literarios y agentes cinematográficos a los que había posibilidad de venderle sus obras: ahora lo veían como un escritor acabado que no tenía nada nuevo que aportar a la literatura. Su círculo cercano se quedó atónito ante lo que consideraron una autodestrucción, un regocijo en su propio declive. El escritor John Dos Passos, con el que Fitzgerald siempre mantuvo una buena relación, le reprochó el tono lastimero y compasivo adoptado en los ensayos de la siguiente forma:

> I've been wanting to see you, naturally, to argue about your *Esquire* articles—Christ, man, how do you find time in the middle of the general conflagration to worry about all that stuff? If you dont [sic] want to do stuff on your own, why not get a reporting job somewhere… We're living in one of the damndest tragic moments in history—if you want to go to pieces I think its [sic] absolutely o.k. but I think you ought to write a first rate novel about it (and you probably will) instead of spilling it in little pieces for Arnold Gingrich[32] (*Some Sort of Epic Grandeur* 405).

No fue solo Dos Passos el que pensaba que Fitzgerald se estaba vendiendo por unos cuantos dólares, Maxwell Perkins y Ernest Hemingway encontraban los ensayos vergonzosos y cobardes. No obstante, la opinión de sus amigos distaba mucho de la del editor de *Esquire*, quien usó palabras muy distintas a las de Dos Passos para referirse a la publicación de "The Crack-Up":

> […] we were never wronger than when we told Scott Fitzgerald, upon receipt of his first article in "The Crack-Up" series, that we thought the whole idea of the series of self-revelatory sketches was lacking in general interest. Seldom has as much interest been aroused by anything printed in our pages (qtd. en Kuehl 104).

1.3.3. *The Pat Hobby Stories*

Pat Hobby fue uno de los personajes a los que Fitzgerald le dedicó más historias y uno de los últimos creados por el escritor. La serie completa, de diecisiete relatos en total, fue publicada en *Esquire* entre enero de 1940 y mayo de 1941. Las últimas cinco entregas fueron publicadas ya de forma póstuma. Con la serie completa Fitzgerald ganó 4.500 dólares. Los relatos no fueron recogidos en una sola colección hasta 1962, cuando la editorial Scribner's y Arnold Gingrich decidieron editarlos bajo el nombre de *The Pat Hobby Stories*. En el prólogo Gingrich ofrece la siguiente explicación sobre dicha colección:

> But this volume is more than a collection of previously uncollected stories. For while its several episodes were originally published as a series of separate sketches, Fitzgerald began thinking of them […] as a collective entity […] The revisions were in some instances caused by considerations of the interdependence of the various parts in constituting the overall delineation of the character of Pat Hobby.

Estos relatos narran la historia de Pat Hobby, un guionista de Hollywood venido a menos. El panorama competitivo y, a veces, desolador del mundo del cine va consumiendo paulatinamente a Hobby, reduciéndolo a la sombra de lo que un día llegó a ser. Fitzgerald vuelve a hacer uso de sus vivencias, volcando sobre sus relatos su desilusión y decepción con el duro mundo empresarial y consigo mismo. Las historias tienen como escenario principal los estudios de Hollywood y los personajes que acompañan a su protagonista son productores, directores, actores, escritores, agentes y secretarias. Poco de estos personajes son recurrentes, ya que la mayoría son personajes de paso, representando así la fugacidad del implacable Hollywood.

Según el profesor de literatura norteamericana Sergio Perosa, las *Historias de Pat Hobby* carecen de la frescura y originalidad de los mejores relatos de Fitzgerald, incluso llega a definirlos como una "repetition of a few basic actions, similar in substance and often predictable, in a limited context of different situations" (Kuehl 119).

Estas historias escritas de forma rápida y mecánica son el resultado de la desesperación de Fitzgerald por salir finalmente del pozo en el que se encontraba. Del lujo y extravagancias de su primera colección de relatos, Fitzgerald pasa a la decadencia y declive de un protagonista inmerso en el alcohol, el juego y las rupturas sentimentales en su última serie de relatos, dejando en evidencia su propia tumultuosa vida personal, ya expuesta al público en sus ensayos de 1936.

Pat Hobby está muy alejado delególatra dandi rodeado de riquezas que tantas historias protagonizó en el mundo ficticio de Fitzgerald; ahora su protagonista viste de forma descuidada, pide prestado dinero, conduce un coche pasado de moda y vive en un modesto apartamento. El relato titulado "A Patriotic Short", posiblemente uno de los mejores de la serie, expone esta oposición entre el frenético y glamuroso pasado y el vulgar y aburrido presente. La voz del narrador en este relato nos dice de Hobby: "He bent down over his desk, his shoulders shaking as he thought of that happy day when he had a swimming pool" (123).

La carta a Harold Ober en diciembre de 1935 sobre su día a día muestra el paralelismo entre Fitzgerald y su personaje Pat Hobby:

> Money again rears its ugly head. I am getting accustomed to poverty and bankruptcy (in fact for myself I rather enjoy washing my own clothes + eating 20 cent meals twice a day, after so many years in the flesh pots) (*A Life in Letters* 293).

Su creciente desesperación ante su situación económica la puso de manifiesto Fitzgerald en su ensayo "Handle with Care", escrito en abril de 1936, el cual lo concluyó de la siguiente manera: "I will try to be a correct animal though, and if you throw me a bone with enough meat on it I may even lick your hand" (84).

Un año más tarde, en 1937, persistía su desánimo, como se puede apreciar en esta cita extraída del ensayo "Early Success" (1937), recogido en *The Crack-Up* (1945), donde Fitzgerald describía con una precisión punzante cómo su sueño americano se le había escapado de las manos:

> [...] I was him again [el joven Fitzgerald]—for an instant I had the good fortune to share his dreams, I who had no more dreams of my own. And there are still times when I creep up on him, surprise him on an autumn morning in New York or a spring night in Carolina when it is so quiet that you can hear a dog barking in the next county. But never again as during all that too short period when he and I were one person, when the fulfilled future and the wistful past were mingled in a single gorgeous moment—when life was literally a dream (90).

En 1939, el dinero seguiría atormentando a Fitzgerald, quien mandaba numerosas cartas al editor de *Esquire* (en esa época ya había roto su vínculo con quien fuera su agente durante quince años, Harold Ober, precisamente por una cuestión económica) solicitándole préstamos por adelantado (los préstamos y las consiguientes deudas eran la estrategia más empleada por la mayoría de las revistas para asegurarse la continuidad de un escritor). La breve carta de Fitzgerald del 14 de octubre fue escrita tras haberle enviado la primera entrega de la serie llamada "Pat Hobby's Christmas Wish", publicada en *Esquire* en enero de 1940. La carta decía así: "Again the old ache of money. Again will you wire me, if you like it" (*A Life in Letters* 415). Esta fue la dinámica de las últimas correspondencias entre Fitzgerald y Gingrich; por cada una de las historias enviadas, el editor recibía la petición expresa de los doscientos cincuenta dólares con los que Fitzgerald intentaba sobrevivir durante su último año de vida.

Fitzgerald falleció el 21 de diciembre de 1940 en su apartamento de Los Ángeles a consecuencia de un infarto. La prensa estadounidense le dedicó frías palabras en noticias breves, haciendo principalmente hincapié en el olvido de los últimos años, como, por ejemplo, "F. Scott Fitzgerald To Be Buried in Baltimore" (*Fort Worth Star Telegram*, 1940), o "F. Scott Fitzgerald, Once the Ideal Topic for College Youths, Now Dead" (*The Akron Beacon Journal*, 1940); o en el potencial malgastado de un escritor talentoso venido a menos, como refleja el siguiente fragmento extraído del diario texano *The Grand Island Daily Independent*, publicado tres días después de su muerte:

> It may have been that Fitzgerald went at his task too rapidly, and that he wore himself out young. If that is so, it is a great pity, for no writer of this generation ever started out with more promise to become one of the historic American novelists (6).

Sin embargo, tan solo bastaron alrededor de dos años para que esa misma prensa indiferente comenzara a interesarse y a valorar el trabajo de Fitzgerald, debido, en parte, a la publicación póstuma de *The Last Tycoon* (1941) y *The Crack-Up* (1945), ambas editadas por su amigo Edmund Wilson. Sin embargo, un gran número de expertos, entre ellos Matthew J. Bruccoli, señalaron como uno de los motivos más importantes de ese redescubrimiento el hecho de que *The Great Gatsby* fuera una de las novelas elegidas por The Council on Books in Wartime[33] durante la Segunda Guerra Mundial para ser distribuida entre los soldados norteamericanos (se distribuyeron más de 120.000 ejemplares, frente a los apenas 40.000 vendidos de la primera edición). En el periódico *The Montgomery Advertiser* de Alabama encontramos una reseña, "The Last Novel of Scott Fitzgerald: A Great, Unfinished Masterpiece", publicada en enero de 1942, donde su autor, Ray Gould, muestra su entusiasmo por la obra de Fitzgerald de manera contundente, evidenciando el creciente interés por el escritor:

> Certainly without fear of contradiction it can be said that F. Scott Fitzgerald is one of the greatest literary artists of our age [...] Fundamentally Scott Fitzgerald's endeavors are the works of a genius [...] F. Scott Fitzgerald was able to give us, in spite of his critics, literature which will live forever ("The Last Novel of Scott Fitzgerald" 30).

Tres años más tarde, en 1945 y con motivo de la publicación de *The Crack-Up*, el mismo crítico la reseñó manifestando, de nuevo, su admiración por el escritor y haciéndose eco de la rápida revalorización de su obra en los Estados Unidos de los años cuarenta, expresándolo del siguiente modo:

> The greatest biographer of the flaming 1920's [sic] will receive acclaim which is long overdue. The revival of interest in his great works is good to see. A prediction which this reviewer has repeatedly made is coming true; that a brilliant literary craftsman will again come into his own, this time to remain among America's greatest writers ("Tragic Life of F. Scott Fitzgerald" 30).

En efecto, el crítico estaba en lo cierto, ya que a partir de los años cuarenta, la reputación de Fitzgerald iría en aumento en Estados Unidos y se propagaría a otros países (a España, como veremos más adelante, llegaría de forma tardía, hacia finales de la década de los sesenta), posicionándolo entre los mejores novelistas norteamericanos del siglo XX.

CAPÍTULO II
Recepción de Fitzgerald en España (I): contexto

CAPÍTULO II RECEPCIÓN DE FITZGERALD EN ESPAÑA (I): CONTEXTO

En este apartado se hará un breve recorrido por los aspectos más relevantes del contexto histórico-cultural de la España franquista y los años posteriores a la muerte de Franco hasta 1982, que corresponden a la Transición, y que están más directamente relacionados con la recepción de nuestro autor. En primer lugar, se analizarán los cambios sufridos en España tras la Guerra Civil, las principales editoriales de la época y los muchos obstáculos encontrados a la hora de publicar obras para, posteriormente, ofrecer un resumido análisis de la narrativa española de posguerra al igual que de la narrativa extranjera en España.

2.1. Contexto histórico-cultural (1953-1982)

2.1.1. La Dictadura (1953-1975)

Tras la Guerra Civil (1936-1939) la sociedad española experimentó una profunda fragmentación interna. España se convertía en un país caracterizado por una división radical entre vencedores y vencidos. En 1938, el general Franco se atribuía "la suprema potestad de dictar normas jurídicas de carácter general" (Juliá 131), teniendo tanto el poder ejecutivo como el legislativo. Franco se convertía así en el dirigente de una nueva España y pasó a ser llamado el "caudillo", el "guerrero invicto" o incluso el "enviado de Dios". La España de los años cuarenta, por su parte, se hallaba sumida en la escasez y en el racionamiento, a la vez que aislada del exterior y con una severa crisis en el sector industrial, la cual provocaría un importante atraso económico en los años posteriores. Del mismo modo que sufriría una represión cultural y política, una política basada en la tradición antiliberal de la extrema derecha española apoyada en las ideologías fascistas, haría que a la crisis económica se sumara una crisis en todos los ámbitos sociales.

Dentro del Nuevo Estado, palabras como "erradicar", "depurar", "purgar", "liquidar", "quemar", "borrar", "destruir", "abominar", "arrumbar" y "suprimir", entre otras similares, cobraron especial relevancia, en concreto en los documentos oficiales, en las leyes y en la prensa, la cual experimentó una regresión radical. La ley del 22 de abril de 1938 (en vigor hasta 1966) regulaba esta nueva prensa coartada que perdió muchos periódicos, liberales o republicanos, prohibidos por el Régimen. Esta ley reservó al Estado incluso el derecho a designar los directores de todos los medios de comunicación, públicos o privados, derecho que se ejercitó hasta con grandes periódicos independientes como *ABC*, *Ya* (Madrid) y *La Vanguardia* (Barcelona); a este último incluso se le obligó a rebautizarse como *La Vanguardia Española*. Para solventar esta pérdida de prensa, fueron muchos los diarios que se crearon en esta nueva etapa, dando lugar así a la llamada prensa del Movimiento, que contaba con periódicos como *Arriba*, *Pueblo* y *Marca*.

Además, toda connotación intelectualista era reprimida pues, según el Estado, la gran mayoría de los intelectuales tendían al comunismo. Sin embargo, algunas revistas literarias e intelectuales, de distintas ideologías, consiguieron crearse y salir a la luz, como es el caso de las siguientes: *Escorial, Juventud, Cisneros, Azor, Arbor, Cerbatana, Ínsula, Cuadernos Hispanoamericanos, Cuadernos de Literatura, Garcilaso, Espadaña, La Estafeta Literaria, Acanto, Cántico* e *Índice*. Aun así, muchas de las editoriales que surgieron durante la República desaparecieron tras el final de la Guerra Civil, de ahí que la reanudación de la actividad editorial fuera ardua y lenta. Algunos de los aspectos que desfavorecían la edición en aquellos primeros años del Franquismo fueron la falta de iniciativa, el exilio de muchos intelectuales y la censura, tema que se irá tratando a lo largo de este apartado.

En estos años las editoriales intentaban sobrevivir con la publicación de libros populares de bajo coste, al haber escasez de materiales y de un público interesado en la lectura. La literatura popular consistía en novelas cortas del oeste (el género más popular en aquellos años), de aventuras, de terror, románticas y policíacas, principalmente. Estas novelas eran el perfecto exponente de la rígida moral de la época, donde los argumentos simples, muy alejados de cualquier temática social o política que pudiera resultar provocativa, ofrecían al lector un final donde el bien siempre triunfaba.

La asturiana Corín Tellado (1927-2009) es una de las escritoras más representativas y prolíficas de esta literatura popular, en su caso novelas románticas, género del que llegó a publicar hasta 5.000 textos, con más de 400.000.000 ejemplares vendidos (por lo que figura en el *Libro Guinness de Récords* de 1994 como la escritora más vendida en lengua castellana).

Algunas de las editoriales más importantes encargadas de publicar estas novelas populares fueron Bruguera (1940), Clíper (1943), Rollán (1949) y la Editorial Molino (1933). Esta última editaba dos colecciones que gozaron de gran popularidad en los años treinta y cuarenta, llamadas "Hombres Audaces" y "Biblioteca Oro", la cual estaba dividida en tres series: la "Serie Roja", de novelas históricas, la "Serie Azul", de novelas de aventuras exóticas y la "Serie Amarilla", de novelas policíacas inglesas, como las de Agatha Christie, y norteamericanas. Pero esta última serie era muy a menudo, al ser literatura extranjera, objeto de la censura; novelas como *Farewell, my Lovely* (1940) del norteamericano Raymond Chandler, traducida como *Detective por correspondencia*, sufrieron la eliminación de muchos pasajes (especialmente aquellos donde la policía es criticada), resultando en una novela mucho más corta que la original.

Por otro lado, también es importante mencionar el Instituto Nacional del Libro Español (INLE), fundado en 1941 y que expandía el Instituto del Libro, creado en 1939. Entre muchas de las funciones del INLE se encontraban la de vigilar los planes editoriales, regular el cupo del papel destinado a los editores, impulsar la difusión del libro español en España y presionar para la producción de obras en lengua castellana.

En general, los años cuarenta fueron unos años difíciles para la edición española, por lo que muchas editoriales se vieron obligadas a dirigirse al mercado hispanoamericano. Algunas de las circunstancias que beneficiaron el desarrollo de la actividad editorial en Latinoamérica y que frenaron la edición en España fueron las siguientes: la extraordinaria aportación de los exiliados españoles republicanos, la opresiva censura franquista y la falta de disponibilidad de divisas para el pago de los derechos a autores extranjeros por parte de los editores españoles.

Ya durante la guerra se crearon varias editoriales en América, en especial en México y Argentina. Estos dos países acogieron a gran parte de los intelectuales exiliados que buscaron en la edición una forma de sobrevivir. En Buenos Aires, algunas de las editoriales fundadas por intelectuales españoles fueron Losada, creada en 1938 por Gonzalo Losada, Sudamericana, creada en 1939 por Antonio López Llausàs[34] y Emecé, también creada en 1939 por el gallego Mariano Medina del Río. En México, el catalán Joan Grijalbo fundó Atlante en 1939.

También en el ámbito de la traducción estos intelectuales exiliados tuvieron un papel importante, como fueron los casos de Jordi Arbonés y Francisco Ayala. En muchas ocasiones, las obras escritas originalmente en inglés eran traducidas al castellano en Argentina o Chile para ser más tarde comercializadas en países de habla hispana, además de que eran muchos los autores extranjeros que se decantaban por las traducciones de las editoriales hispanoamericanas para así evitar la censura española, sin ser conscientes de que igualmente tendrían que pasar los duros controles censorios una vez el libro fuera exportado a España.

Un dato importante es que desde estos países americanos llegaban a España ediciones clandestinas de libros censurados que circulaban por los rincones más secretos del país. La censura propició este tipo de actividad secreta que alimentó el interés en obras que probablemente hubieran pasado inadvertidas de no haber sido prohibidas. Todos los escritos publicados, especialmente en los años cuarenta, pasaban por los filtros de la férrea censura del Régimen para que no llegaran a los españoles ideas foráneas o revolucionarias. Esta censura estuvo vigente hasta 1976 pero, como veremos más adelante, fue más laxa en los años sesenta y setenta. A continuación expondremos brevemente los distintos organismos que se ocupaban de la censura durante el Régimen:

- 1939-1941: Ministerio de Interior
- 1941-1945: Vicesecretaría de Educación Popular de Falange
- 1945-1951: Ministerio de Educación
- 1951- 1976: Ministerio de Información y Turismo

En 1944, la Asociación del Libro Español estableció que el papel del editor era el de publicar libros siempre y cuando se adecuaran a la ética franquista. El siguiente fragmento expone esta idea:

> Los editores vienen obligados por un imperativo nacional a contribuir por todos los medios a su alcance al enaltecimiento y prestigio de los valores espirituales tradicionales del pueblo español, debiendo no sólo acatar y cumplir lealmente cuantas disposiciones se dicten en orden a la difusión de doctrinas religiosas, morales y políticas, sino también ejercer espontáneamente su industria como un altísimo magisterio (qtd. en Moret 24).

La Ley de Protección del Libro Español de 1946 supuso un impulso para la industria editorial, ya que ofrecía una serie de ventajas económicas entre las que figuraban la exención de tributos y la devolución de los impuestos de consumo sobre el papel usado en libros dirigidos a la exportación. Por todo ello, los años cuarenta, a pesar de la censura, vivieron la creación de algunas de las editoriales más importantes de hoy en día. En Madrid las dos más notables fueron Espasa-Calpe y Aguilar.

La editorial Espasa-Calpe nació en 1925 de la unión de dos editoriales: Calpe, fundada en 1918 por Nicolás María de Urgoiti[35], y Espasa, fundada en 1860 por Pablo y José Espasa Anguera. Al fusionarse las dos editoriales, Espasa-Calpe quedó bajo el control de la empresa La Papelera Española y continuó la producción de la famosa *Enciclopedia Espasa*, que pasó a llamarse *Enciclopedia Espasa-Calpe* tras fusionarse. Además, la editorial abrió en Madrid en 1923 la conocida librería Casa del Libro y amplió sus actividades hasta Suramérica, situando su sede en Buenos Aires, para más tarde expandirse a Chile, Uruguay, Perú, México o Cuba.

Por su parte, la editorial Aguilar fue fundada en 1923 por Manuel Aguilar Muñoz en Madrid. En 1946 se expandió a Latinoamérica, donde creó una filial en Buenos Aires. Poco después siguió su producción en Bogotá, Montevideo, Ciudad de México y Caracas, entro otras ciudades latinoamericanas. La editorial Aguilar publicó a escritores españoles como Benito Pérez Galdós, Jacinto Benavente y los libros de *Celia*, el famoso personaje de Elena Fortún. En cuanto a los autores extranjeros, se hizo con los derechos de una lista bastante extensa de escritores para una época cerrada a la cultura extranjera, entre los que se encontraban George Bernard Shaw, H.G. Wells, Edgar Wallace, William Shakespeare u Oscar Wilde.

Barcelona no se quedaba atrás en su labor editorial y a las ya existentes Salvat, Juventud, Labor o Sopena, se unieron Argos-Vergara, Ariel (fundada en 1942 y especializada en los campos del ensayo, la edición académica y la divulgación) y las prestigiosas Destino (fundada en 1942 y creadora del Premio Nadal)[36] y Planeta. Esta última fue fundada en 1945 por José Manuel Lara en Barcelona y pocos años después, en 1952, se instauró el Premio Planeta, otorgado a la mejor novela inédita (la primera ganadora fue *En la noche no hay caminos*, de Juan José Mira). El éxito de la editorial residió principalmente en la diversidad de sus publicaciones, entre las que se incluía un amplio catálogo de traducciones de títulos de autores extranjeros, como, por ejemplo, los norteamericanos Pearl Buck y Frank Yerby, con su exitosa novela *Mientras la ciudad duerme* (1946), o el británico Somerset Maugham.

Las editoriales catalanas se caracterizaron por llevar a cabo la importante labor de traducir las grandes obras de la literatura extranjera, lo que les ocasionó ser duramente reprobadas por la censura franquista. En 1942, Miguel Herrero, jefe de la sección de Ordenación Bibliográfica del INLE, inició una campaña contra las traducciones diciendo que "hay que evitar que la ventana abierta se convierta en puerta cochera" (qtd. en Moret 64).

La Feria del Libro, celebrada por primera vez en Madrid en 1933, también contribuyó a la expansión y propagación del libro en España. Fue suspendida durante la Guerra Civil y reanudada en 1944, cuando pasó a llamarse Feria Nacional del Libro. En años sucesivos la feria viajó a distintas ciudades españolas, cosechando grandes éxitos (en 1946 y 1952 a Barcelona y en 1948 a Sevilla) por lo que, progresivamente, en la década de los sesenta, el resto de ciudades crearon ferias del libro propias, a imagen de la de Madrid.

El año 1946 fue especialmente prolífico en la ciudad de Barcelona ya que se celebró por primera vez la Feria Nacional del Libro y fue cuando el editor Antoni López Llausàs regresó a España de Buenos Aires para fundar la Editora y Distribuidora Hispano-Americana, S.A (Edhasa). Los primeros títulos publicados por esta editorial fueron obras ya editadas en Argentina y se imprimieron y distribuyeron bajo licencia de la Editorial Sudamericana.

Más adelante, también funcionó como distribuidora de otros fondos editoriales como, por ejemplo, Emecé Editores (Buenos Aires), Fondo de Cultura Económica (México) o Editorial Hermes (México). Además, introdujo dos novedades en el mundo editorial del momento: por un lado, contribuyó a la irrupción de un género que gozaría de una gran popularidad, la ciencia ficción, gracias a su colección "Nebulae",[37] y, por otro lado, consiguió la aprobación de la censura y pudo publicar el *Diccionario de Pompeu Fabra* (contra todo pronóstico, ya que estaba en lengua catalana). Edhasa, que publicaba tanto escritores españoles como hispanoamericanos, se convirtió en la primera editorial en actuar como puente entre España y Latinoamérica, creando lazos que se fueron estrechando en los años posteriores. Otro editor catalán de gran relevancia fue el versátil José Janés[38], a quien la edición española tanto le debe. En 1940 creó su empresa editora Josep Janés y en 1947 instituyó el Premio Internacional de Primera Novela, el cual impulsó y propagó las obras de jóvenes escritores.

La España cerrada de la posguerra comenzó a abrirse camino en los años cincuenta con el restablecimiento de las relaciones con Estados Unidos y la apertura de mercados internacionales. Hacia mediados de 1956, año de agitaciones de los estudiantes contra el Estado, había surgido una nueva generación que comenzaba a organizarse como oposición al régimen sin que importaran sus diferentes creencias políticas y con el propósito "de reconciliarnos con España y con nosotros mismos" (qtd. en Juliá 184). Democratacristianos, monárquicos, neoliberales, falangistas disidentes, socialistas, comunistas, proclamaban la reconciliación del país y sus ciudadanos y el dejar atrás para siempre la sangrienta Guerra Civil.

Por su parte, la cultura, y especialmente la universidad, jugaron un papel fundamental en la erosión de los fundamentos ideológicos del Franquismo y en crear las nuevas ideas y valores en los que se basaría la futura democracia del país. Las artes en general desprendían un espíritu de protesta, de crítica y de ruptura con las asfixiantes ideologías franquistas; tomaron, en cambio, rumbo hacia pensamientos liberales y reivindicativos que les ofrecían, tanto a los artistas como a la sociedad española, nuevas esperanzas en las que creer y por las que luchar.

En este ambiente cultural menos rígido, las editoriales clásicas se afianzaron y las recién creadas se expandieron, como fue el caso de la Editorial Gredos[39], que expandió sus colecciones y creó su famosa colección Biblioteca Románica Hispánica. Además, en esta década se abrieron nuevas vías de comercialización y se pudo finalmente contar con el apoyo de las instituciones, siempre y cuando se tuviera el beneplácito de la censura y la Iglesia.

Una figura que ganó gran prestigio en el panorama editorial en los años cincuenta fue Luis de Caralt[40], quien ya había comenzado su andadura en la edición a finales de los años treinta. Las primeras publicaciones de Caralt eran fundamentalmente de autores que daban testimonios de los acontecimientos acaecidos durante la Guerra Civil, por ejemplo, *Mis amigas eran espías* (1943), de Luis Antonio de Vega, o *No éramos así* (1942), de José María Rodríguez. Sin embargo, hacia 1943 nacieron colecciones como Gigante, Cultura Histórica o Vida Vivida, donde abundaban los autores extranjeros porque, según Caralt, "los autores españoles estaban muy atrapados por algunas editoriales" (qtd. en Moret 349).

En su catálogo se puede encontrar una larga lista de autores de diversas nacionalidades, entre los que destacan William Faulkner, F. Scott Fitzgerald, James Cain, Virginia Woolf, Herman Hesse, Thomas Mann, Georges Bernanos, Jorge Amado y Yasar Kemal. Luis de Caralt también tiene el mérito de haber promulgado el género policíaco y haber sido el primer editor en España de Graham Greene, de quien publicó varios volúmenes con sus obras completas en 1958.

En los años sesenta las agitaciones sociales comenzadas en la década anterior se fueron haciendo más evidentes. La sociedad se rebelaba contra la represión a la que se veía sometida desde hacía ya más de veinte años. Era ya una sociedad que vivía una rápida transformación, tanto agraria como urbana, en este último caso multiplicando sus habitantes en la ciudad como consecuencia del éxodo del proletariado rural (4,5 millones de personas dejaron la España rural entre 1960 y 1972). De esta forma, la sociedad fue objeto de la industrialización que hizo que incrementara velozmente el número de obreros de la industria y los servicios. Esta urbanización supuso también la escolarización de un alto número de niños y, por lo tanto, una reducción del analfabetismo y un aumento de la demanda de libros (la Ley de Educación de 1970 impulsó definitivamente el libro escolar); este aumento en la oferta de libros se debió también a la configuración de una sociedad de consumo que estaba teniendo lugar en esos años.

En el ámbito de la cultura, las restricciones y la opresión por parte del Estado tras la Guerra Civil habían tenido consecuencias devastadoras: se había llevado a cabo el desmantelamiento de instituciones culturales (ateneos, casas de pueblo, bibliotecas), habían desaparecido movimientos educativos avanzados y se había forzado el exilio de un gran número de intelectuales. También el Estado se apropió de medios de expresión populares a la vez que no admitía ni críticas ni manifestaciones ideológicas democráticas.

Los temas que podían ser tratados eran muy limitados y fueron tabúes los asociados con la Guerra Civil (acontecimiento que tenía que ser llamado "glorioso Alzamiento Nacional"), las ideas políticas contrarias al Régimen, y todos aquellos aspectos morales relacionados con la sexualidad, el suicidio o la blasfemia. Aun así, hubo un gran crecimiento de las empresas editoriales a lo largo de la década de los sesenta, doblándose casi el número en diez años: de las 583 existentes en 1960 a las 927 de 1970.

Por otro lado, los nuevos instrumentos de promoción y distribución usados por las editoriales estaban surtiendo efecto. Algunos de estos instrumentos eran la venta de libros a plazos, los premios literarios, las ediciones de bolsillo (más económicas), la distribución en quioscos y la publicidad. La literatura dirigida al público femenino seguía teniendo gran difusión y altas tiradas y se podían encontrar en el mercado una gran variedad de revistas, como las catalanas *El Hogar y la Moda*, *Garbo* y *Lecturas*, la madrileña *Diez Minutos* y la vasca *Mujer*. En términos generales, la prensa empezó a recuperar cifras de difusión cercanas a las registradas en el período republicano y entre los diarios más vendidos se encontraban *ABC*, *Pueblo*[41] y *Ya* en Madrid, y *La Vanguardia Española* en Barcelona.

El 10 de julio de 1962, Manuel Fraga Iribarne[42] sustituyó en el Ministerio de Información y Turismo (MIT)[43] a Gabriel Arias-Salgado, primer y único encargado del puesto hasta la fecha. En 1966 Manuel Fraga presentó la Ley de Prensa e Imprenta, que tenía como objetivo ofrecer una imagen de tolerancia y de superación del dirigismo cultural que había existido hasta entonces. La ley propició la aparición de revistas y publicaciones que no pertenecían a la prensa del Movimiento, como las progresistas *Triunfo*, *Cuadernos para el Diálogo* o el diario *Madrid*. Comenzaba así la "primavera Fraga" o la primera "apertura" de España al mundo exterior y a sí misma.

En teoría, la ley reconocía la libertad de expresión, libertad de empresa y libre designación del director, recayendo el control en las empresas y reduciendo así el poder de la censura. Sin embargo, la libertad de expresión no se normalizó y la censura, a pesar de ser regulada, siguió ejerciendo un papel importante en las publicaciones. La libertad era vigilada y limitada, tal y como exponía el prolijo artículo segundo de la ley:

> La libertad de expresión y el derecho a la difusión de información, reconocidas en el artículo primero, no tendrán más limitaciones que las impuestas por las leyes. Son limitaciones: el respeto a la verdad y a la moral; el acatamiento a la Ley de Principios del Movimiento Nacional y demás Leyes Fundamentales; las exigencias de la defensa Nacional, de la seguridad del Estado y del mantenimiento del orden público interior y la paz exterior; el debido respeto a las instituciones y a las personas en la crítica de la acción política y administrativa; la independencia de los Tribunales y la salvaguardia de la intimidad y del honor personal y familiar (qtd. en Martínez Martín 754).

En efecto, la Ley de Prensa reconocía al editor "el derecho a imprimir" pero el MIT continuaba dando libertad a los censores para suprimir o modificar lo que consideraran poco apropiado e incluso llegaron a amenazar a muchos editores por la publicación de ciertas obras poco ortodoxas. Entre estas publicaciones se encontraban aquellas relacionadas con temas marxistas (excepto obras teóricas clásicas de Marx y

Engels que no hicieran referencia a la presente realidad española), con el régimen político vigente (por ejemplo, la palabra Guernica y lo que representaba fueron negados), con el anarquismo o con la sexualidad.

La censura fue especialmente estricta con los libros escritos en cualquiera de los tres idiomas que coexistían con el castellano, acentuándose en el caso del catalán. Estas restricciones también se impusieron con los libros de importación. En solo dos años (entre 1963 y 1965) se prohibió la importación de más de cien títulos de la editorial mexicana Fondo de Cultura Económica. Este proteccionismo comercial provocó graves problemas económicos con los países hispanoamericanos, lo que siguió favoreciendo la importación clandestina por parte de muchas editoriales españolas. En estos años de supuesta "apertura" al exterior, la relación entre los libros importados y los exportados era de uno importado por cada siete que se vendían al exterior. El MIT incluso intentó hacerse con el control absoluto de varias editoriales de vanguardia, llegando a prohibir la publicación de obras a la Editorial ZYX, fundada en 1963 por militantes obreros en contra del Régimen.

Dentro de la edición de los años sesenta, destaca Carlos Barral.[44] Al tomar el mando de la editorial Seix Barral, consiguió convertirla en una de las de referencia en España y América. Editó clásicos de la cultura progresista de los años cincuenta, sesenta y setenta. Apoyó especialmente el realismo social español y el "boom" latinoamericano, dando a conocer en España a escritores como Mario Vargas Llosa, Alfredo Bryce Echenique o Julio Cortázar (aunque rechazó editar *Cien años de soledad*, de Gabriel García Márquez).

En 1955 lanzó la colección "Biblioteca Breve", abierta a las vanguardias europeas y a líneas más experimentales. Tres años más tarde, en 1958, creó el Premio Biblioteca Breve (el primero fue otorgado a Luis Goytisolo por *Las afueras*) y en 1961 el Premio Formentor (se interrumpió en 1967 y no se retomó hasta 2011), que surgió de la organización de Carlos Barral de encuentros de autores y editores internacionales en Mallorca, ayudando a salir del aislamiento a la edición española. Previamente a la labor editorial de Seix Barral, la mayoría de los escritores extranjeros llegaban a España a través de ediciones hispanoamericanas, pero, a partir de los años sesenta, y gracias a Barral, estos autores encontraron editoriales que los publicaran directamente en España. No obstante, dichas editoriales tuvieron que seguir sorteando la tenaz censura, calificada por Carlos Barral como:

> hidra repulsiva que contaminaba a sus víctimas por el solo hecho de existir, de estar presente [...] De los obstáculos que enumeré, de las constantes dificultades que se oponían a la fácil realización de nuestros proyectos, solo uno no tiene rescate ni disminuye con la perspectiva del tiempo: la irritante imbecilidad de la censura previa (qtd. en Moret 208).

Otra editorial catalana de gran influencia y prestigio fue Edicions 62, nacida el día de Sant Jordi de 1962 cuando apareció el primer libro de la empresa, *Nosotros, los valencianos* de Joan Fuster. Esta editorial, centrada inicialmente en el ensayo y libros de cultura popular catalana, expandió su catálogo con la incorporación de escritores contemporáneos de todos los campos y nacionalidades. También promovería la difusión de los clásicos universales de la literatura y los clásicos de la literatura catalana a través de elaboradas colecciones.

En Madrid, hubo dos editoriales que cosecharon grandes éxitos y contribuyeron a la propagación de la literatura en España: Alfaguara y Alianza. Por un lado, Alfaguara fue fundada en 1964 por el escritor Camilo José Cela. Publicó las obras de muchos escritores del momento y también un gran número de clásicos extranjeros como Laurence Sterne, Charles Dickens o William Faulkner. Dos años más tarde, ya en 1966, José Ortega Spottorno[45] fundó Alianza Editorial, a quien se le debe la popularización del moderno libro de bolsillo que permitió cambiar los hábitos de lectura, permitiendo leer en cualquier lugar y, además, a un bajo coste.

Alianza Editorial contaba en su catálogo con autores como Jorge Luis Borges, Marcel Proust, Albert Camus, Hesse o Franz Kafka, colaborando en la introducción en España de nuevos pensamientos y culturas. En resumen, los años sesenta vivieron un fenómeno editorial de vanguardia, como las editoriales ya mencionadas, y otras menos populares, pero igual de importantes en la difusión de ideas vanguardistas, como las catalanas Nova Terra y Fontanella (cristianas progresistas) y Ediciones Ariel (que también contaba con una edición de bolsillo), así como la madrileña Ciencia Nueva (publicó entre 1965 y 1970), dedicada a libros de corte político y de ideología disidente.

Las convulsiones sociales, las luchas obreras y las manifestaciones marcaron el final de los sesenta y comienzos de los setenta. Haciendo un breve recorrido por el panorama político, nos encontramos con grandes acontecimientos: la llegada masiva de los tecnócratas del Opus Dei al Gobierno en 1969, el asesinato por parte de la banda terrorista ETA de Luis Carrero Blanco en 1973 y, lo que marcó el final de una etapa, la muerte de Franco el 20 de noviembre de 1975. La sociedad también venía sufriendo cambios importantes: la nueva clase obrera había formado sindicatos que apoyaran y defendieran sus derechos y las huelgas representaron el renacer del movimiento obrero interrumpido por la Guerra Civil.

De todas las organizaciones sindicales clandestinas organizadas en los sesenta por los obreros, la de mayor fuerza fue Comisiones Obreras, que agrupó a trabajadores de diferentes tendencias ideológicas (católicos, socialistas y comunistas), llegando a construir una organización de ámbito nacional con especial arraigo en Madrid, Barcelona y Sevilla. Estos movimientos sindicales no solo buscaban la revolución social sino también lograr libertades democráticas; paulatinamente, la nueva clase media, que contaba con un nivel más alto de educación y tolerancia, fue consiguiendo la incorporación de valores democráticos y, así, estar más cerca de la plural y democrática Europa.

Con la apertura informativa y cultural iniciada a finales de 1973, España vivió una revolución cultural: la estricta censura fue sustituida por estrategias de negociación y diálogo. Los protagonistas de este "aperturismo" fueron principalmente los políticos Ricardo de la Cierva, quien fue director general de Cultura Popular en el MIT, y cuya función fue la de promover el libro; y Pío Cabanillas, ministro del MIT a partir de 1974. Entre ellos dos intentaron gestionar la censura y la libertad de expresión de una manera más liberal y convincente. De ahí que en 1975 Pío Cabanillas aprobara la Ley del Libro, que tenía como objetivo principal regular y atender a todos los sectores involucrados: autores, distribuidores, editores, libreros, representaciones sindicales y la industria gráfica. Esta ley sentaba las bases de la relación entre autor y editor y regulaba aspectos como los derechos del autor al firmar el contrato de edición o los plazos en que este debía entregar su obra al editor.

Con estas regulaciones y concesiones del MIT, aunque todavía insuficientes, la producción del libro llegó a los 162 millones de ejemplares a mediados de los años setenta. Del total producido por una editorial, era frecuente que el 50% fuera exportado, principalmente a las Américas. El volumen de la actividad editorial se multiplicó y muchas editoriales se fusionaron, absorbieron o crearon conglomerados financieros. La gran mayoría de estas fueron creadas en Madrid o Barcelona y, por consiguiente, casi la totalidad de las obras publicadas se originaba en alguna de ambas ciudades: el 48% del total de títulos publicados habían salido de editoriales de Barcelona, mientras que de Madrid el 34%.

A pesar de estos avances en el mundo editorial, la lista de libros prohibidos, con supresiones, "desaconsejados" o con importación denegada (los procedentes de la Editorial Siglo XXI, fundamentalmente) seguía siendo muy extensa. Algunos ejemplos son *El sexo en la historia* (1969), de Norman Mailer, *Diccionario filosófico* (1969), de Voltaire, *El primer sexo* (1974), de E.G. Davis, y *A este lado del paraíso*, de F. Scott Fitzgerald, cuya edición de 1967 por Edicions 62 sufrió varias supresiones.

En conclusión, se podría decir que, tras la Guerra Civil, España quedó dividida, rota, sin identidad y sin educación, aislada del mundo exterior y oprimida por una Dictadura. Durante los últimos años del Franquismo, sin embargo, la sociedad española, más plural y reivindicativa, experimentó grandes cambios económicos, sociales y culturales, pasando a ser su principal preocupación la llegada de la ansiada democracia. Un instrumento que resultó ser fundamental en la lucha por ella fue la cultura, que actuó como "una fuerza modernizadora, europeizadora [...] La cultura española había recobrado [...] el pulso de la modernidad: había sido, además, esencial en la recuperación de la conciencia democrática del país" (Fusi 88).

2.1.2. La transición de la Dictadura a la democracia (1975-1982)

La muerte de Franco dio paso a un período de progresión política, social y cultural, tras años de inestabilidad y de una profunda crisis económica. La Transición española se iniciaba tras la proclamación de Juan Carlos I como Rey de España el 22 de noviembre de 1975.

A pesar de que el primer gobierno de la Monarquía tenía aún similitudes con el último de la Dictadura, tenía claro el objetivo de las reformas que se llevarían a cabo: adaptar a los nuevos tiempos el modelo autoritario de los últimos años. Para ello, era necesario concentrar sus fuerzas en convencer y neutralizar a los sectores más inmovilistas, además de desmantelar las instituciones de la Dictadura. Una de las figuras clave de estos primeros años de transición fue Adolfo Suárez, quien, como presidente del Gobierno, llevó a cabo medidas fundamentales para la democracia, como fueron la eliminación de las instituciones franquistas y la legalización de decenas de grupos políticos (en 1977 había hasta 111 partidos, de los cuales 78 fueron legalizados), permitiendo mayor pluralidad en el ámbito político.

El gobierno, consciente de la frustración general de la sociedad, no dudó en transmitir sus objetivos para consolidar la democracia en el país. Primero, era esencial remodelar los pilares fundamentales sociales, es decir, la sanidad, la seguridad social y la educación, para alcanzar una sociedad más justa e igualitaria. Por otro lado, era necesario, tras el desmantelamiento de las antiguas instituciones, modernizar la administración del Estado, al igual que promover y difundir mensajes a favor de la defensa de las libertades. Por último, se propusieron nuevas políticas internacionales para incluir a España en el resto del mundo y salir así por completo del aislamiento social, político y cultural al que estuvo sometida durante gran parte de la Dictadura. En conclusión, el gobierno se comprometía a llevar a cabo un cambio radical con el objeto de regenerar el Estado y la sociedad.

Un paso importante hacia la apertura internacional fue la solicitud de ingreso de España en la Comunidad Económica Europea (CEE) en 1977, marcando un claro distanciamiento con las antiguas políticas franquistas, aunque la adhesión a las Comunidades Europeas tanto de España como de Portugal no llegaría hasta 1985.

La Constitución de 1978 fue aprobada el 31 de octubre y publicada en el *Boletín Oficial del Estado* el 29 de diciembre de ese mismo año. Este hecho marcó la culminación de la transición a la democracia, propugnando valores como la libertad, la justicia, la igualdad y el pluralismo político. Con la Constitución se establecía la monarquía parlamentaria como forma de gobierno, se afianzaba la soberanía nacional y se derogaban las Leyes Fundamentales del Reino, que concentraba todos los poderes en el jefe de Estado, aprobadas en 1938, aunque modificadas en diversas ocasiones.

Este nuevo panorama político influyó profundamente en todos los ámbitos de la sociedad. Aunque ya a finales de los años sesenta se avistaban cambios en la cultura española, no fue hasta este período de transición que por fin recobraba el nivel de modernidad y calidad de los que gozó antes de la Dictadura.

La restauración de la democracia propagó esta nueva cultura renovada y modernizada. Como apunta Juan Pablo Fusi[46], los factores más importantes para el impulso de la cultura durante la Transición fue la cristalización de la edición, prensa, teatro, cinematografía y bellas artes, unido al resurgimiento de las culturas de las comunidades autónomas, como consecuencia del reconocimiento oficial por parte del Estado de su pluralidad cultural y lingüística. Así pues, la cultura vive una transformación notable al disponer de la difusión, libertad y apoyo necesarios para volver a florecer y ofrecer a la sociedad un amplio abanico de posibilidades culturales.

Otro acontecimiento positivo para la proliferación de las distintas manifestaciones culturales fue la desaparición del Ministerio de Información, órgano de control de la información y cultura durante la Dictadura, que tantas limitaciones y prohibiciones impuso a la cultura. No solo desaparecía este ministerio, con él también desaparecían periódicos franquistas célebres, como, por ejemplo, *Arriba*, *Pueblo* o *El Alcázar*, y, en el caso de *Triunfo* y *Cuadernos para el Diálogo*, por motivos económicos.

Como compensación a estos cierres, entre 1975 y 1982 la prensa española vivió uno de los resurgimientos más importantes de su historia: desapareció la prensa franquista, dejando su lugar a numerosos periódicos nuevos y modernizados (con novedosos formatos y gamas de colores). De entre estas nuevas apariciones destacan *El Periódico*, *Diario 16*, *Avui*, *Navarra hoy*, y, el que puede ser considerado el más influyente en los años de la Transición, *El País*.

El País, creado el 4 de mayo de 1976 por José Ortega Spottorno, supuso un vehículo fundamental para la divulgación de la cultura en España. Consiguiendo un éxito fulminante, se encargó de difundir información al igual que promovió la expresión de ideas liberales y de izquierda. Su núcleo estaba compuesto por un selecto grupo de periodistas e intelectuales, entre los que se encontraban Javier Pradera, Vicente Verdú, Francisco Umbral, Maruja Torres, Rosa Montero, Manuel Vincent o Juan Cueto.

No solo la prensa proliferó, también se vio enormemente beneficiada la radio tras el final de la Dictadura. En 1976 había autorizadas 334 emisoras en España y todavía no se había llegado a la explosión que vivió este medio en los años ochenta, impulsada principalmente tras el papel que desempeñó durante el intento de golpe de estado militar del 23 de febrero de 1981. El papel de la radio fue tan importante ese día que pasó a denominarse la "noche de los transistores".

En términos generales, se puede decir que a partir de 1975, y hasta 1995 aproximadamente, España fue testigo de una revolución de sus medios de comunicación. A la vez que se suprimía la censura en los espectáculos (películas como *Cambio de sexo* (1976), de Vicente Aranda, o *Los placeres ocultos* (1977), de Eloy de la Iglesia, trataban la sexualidad abiertamente), se creó el Ministerio de Cultura en 1977, fundado por Adolfo Suárez, que constituyó una pieza clave para la renovación de la cultura española. Este ministerio estaba enfocado a la divulgación y financiación de libros, bibliotecas, música, cine, exposiciones, y museos, entre otras entidades culturales. Además, fue el impulsor de la Orquesta Nacional de España, el Centro Dramático Nacional, el Centro Nacional de Nuevas Tendencias Escénicas, el Ballet Nacional y de la Compañía de Teatro Clásico (esta fue creada en 1985). Los principios de la cultura en la Transición se basaban en la neutralidad del Estado y en el reconocimiento del pluralismo cultural de la sociedad civil, lo que proporcionó todas estas nuevas oportunidades culturales al país y sus artistas.

Ya fuera desde el gobierno central o desde los gobiernos regionales y locales, se potenciaron los festivales de música y teatro, como los ya existentes de San Sebastián, Santander, Granada y Mérida, o la creación de nuevos, como fue el caso del Festival de Teatro Clásico de Almagro, creado en 1978. Este hecho impulsó la asistencia masiva, a partir de 1975, a actos culturales, lo que supuso la reanudación del fomento y consumo de cultura en España. Con este panorama tan favorecedor, muchos autores contrarios al régimen franquista pudieron expresar de nuevo con libertad sus ideas y gozar del reconocimiento público, como fue el caso del poeta Vicente Aleixandre, quien, tras años de "exilio interior", fue concedido el Premio Nobel de Literatura en 1977.

Como conclusión, Fusi señala dos hechos que fueron determinantes en la evolución cultural de nuestro país: en primer lugar, la convivencia en la España de la Transición de varias generaciones (la de posguerra, la de los cincuenta, la de los sesenta, la de los setenta y las primeras generaciones de la Transición y postransición), enriqueció y propulsó antiguas y nuevas formas culturales; y, en segundo lugar, esta cultura española en evolución se nutrió de la pluralidad y diversidad de sus manifestaciones literarias y artísticas tras años de limitaciones y censuras. Precisamente, esta coexistencia generacional permitió una convivencia de tendencias donde no predominaba ningún pensamiento, sino más bien, se promovían nuevas formas de expresiones culturales. La vida intelectual española, continúa Fusi, estaba definida por la pluralidad, la fragmentación y el eclecticismo, dando lugar a una sociedad de la Transición más plural y abierta.

Sin duda, a España le quedaba todavía un largo camino por recorrer y muchos obstáculos por superar, como la ya debilitada pero presente censura, pero, en general, había un clima de optimismo ante la nueva situación política, tanto dentro como fuera del país, y así lo reflejaba Ramón J. Sender en un artículo publicado en *ABC* en 1977: "La experiencia española está siendo observada por el mundo entero con una curiosidad febril. Los obstáculos que se podrían presentar no son graves, porque todos sabemos cuáles son y dónde están".

2.2. Contexto literario: la narrativa en España (1953-1982)

2.2.1. La narrativa española

Las generaciones literarias españolas de la posguerra se pueden clasificar, según el crítico literario Ángel Basanta[47], en las tres siguientes:

- Generación del 36: a este grupo pertenecen aquellos escritores nacidos entre 1907 y 1922. Entre los más destacables encontramos a Camilo José Cela, Miguel Delibes, Carmen Laforet, Ignacio Agustí, Manuel Andújar, Ramiro Pinilla, Pedro de Lorenzo, Elena Quiroga y Alonso Zamora Vicente.
- Generación del 50 o del medio siglo: a este grupo pertenecen aquellos escritores nacidos entre 1922 y 1936. De esta generación podemos resaltar a Juan Benet, Juan García Hortelano, Juan y Luis Goytisolo, Juan Marsé, Carmen Martín Gaite, Luis Martín Santos, Rafael Sánchez Ferlosio, Esther Tusquets, Francisco Umbral y Manuel Vincent.
- Generación del 68: a este grupo pertenecen aquellos escritores nacidos entre 1937 y 1951. A este último grupo pertenecen escritores como Juan Cruz Ruiz, Ricardo Doménech, Miguel Espinosa, Félix Grande, Javier Marías, Eduardo Mendoza, Ana María Moix, Germán Sánchez Espeso y Manuel Vázquez Montalbán.

Como hemos visto anteriormente, el año 1939 marcó un antes y un después en la historia de España. La sociedad, la política, la economía y la cultura se vieron afectadas tras la Guerra Civil. Por lo tanto, la literatura también sufriría las consecuencias de la guerra y de la victoria franquista. En primer lugar, esta empobreció debido, en gran medida, a las circunstancias que vivieron los intelectuales contrarios al Régimen, muchos de los cuales se vieron obligados al exilio. Algunos de los escritores que se exiliaron en estos años fueron Ramón J. Sender, Ramón Pérez de Ayala, Segundo Serrano Poncela y Francisco Ayala, todos ellos pertenecientes a la generación de la preguerra. Esta narrativa del exilio no se pudo publicar en España ya que la mayoría de las obras trataban temas poco favorables a la Dictadura como el pasado de España y una añoranza por volver a él, la Guerra Civil o nuevos lugares de residencia donde se gozaba de mayor libertad que en su país natal.

Sin embargo, aquellos escritores que permanecieron no corrieron mejor suerte, al no serles permitido expresar sus ideas abiertamente. Ellos no se exiliaron, pero vivieron un exilio interior, como indica Basanta. El país vivía en un aislamiento político y cultural. Durante estos años la literatura popular y de evasión fue la única promovida por el Gobierno, y aquella que no se adecuaba a los patrones impuestos era censurada o prohibida. Fue una censura arbitraria que asfixió a muchas de las jóvenes promesas de la literatura española, como fue el caso de Camilo José Cela y su ópera prima *La familia de Pascual Duarte* (1942), cuya publicación fue prohibida inicialmente en España. Esta arbitrariedad se refleja en la censura incluso de novelas favorables al Franquismo, como es el caso de la novela de Rafael García Serrano *La fiel infantería* (1943).

En esos años de proliferación de una literatura nacionalista y glorificadora del Régimen era muy común también la prohibición de las obras extranjeras más importantes, incluyendo aquellas de los grandes renovadores de la novela contemporánea, como James Joyce, Franz Kafka o Marcel Proust. No obstante, sí eran admitidas y fomentadas obras de novelistas extranjeros poco reconocidos y, generalmente, de poca calidad, que en muchos casos eran mal traducidas. A estas traducciones mediocres hay que añadirle críticas literarias parciales y mediatizadas, llevadas a cabo por críticos poco preparados que expresaban juicios regulados por las políticas franquistas.

La narrativa española de los años cuarenta se convirtió en un testimonio, explícito o implícito, de los horrores de las guerras, ya fuera la Guerra Civil o la Segunda Guerra Mundial, y sus devastadoras consecuencias. La tradición de la novela realista de preguerra dio paso a una nueva narrativa llamada "existencial", la cual comenzó a integrar las novedosas técnicas de escritores como Marcel Proust, Henry James, William Faulkner o John Dos Passos. Además, los jóvenes escritores españoles también recurrieron a la tradición realista de la novela picaresca del siglo XIX, que se convirtió en una herramienta fundamental para expresar la nueva realidad. Actualmente se considera que las obras que mejor y más fielmente reflejaron las miserias y frustraciones de la sociedad española fueron *La familia de Pascual Duarte* (1942), de Camilo José Cela, y que fue la pionera en la restauración de la novela en nuestro país, *Nada* (1945), de Carmen Laforet, por la cual su autora ganó el Premio Nadal en ese mismo año, y *La sombra del ciprés es alargada* (1947), de Miguel Delibes, ganadora del Premio Nadal en 1947.

Estos tres escritores, los cuales se incluyen dentro del grupo de novelistas existencialistas, fueron los pioneros del renacimiento y desarrollo de la novela española de posguerra. También forman parte de la llamada generación del 36, ese grupo de jóvenes escritores que, a través de un nuevo lenguaje y unas nuevas técnicas, presentaban a los lectores, a menudo con tono crítico, duros testimonios sobre la vida de posguerra. Se caracterizaban por una especial crudeza en el tratamiento de la trama y los personajes y por usar un lenguaje desgarrado y duro, cuya producción se encuadraba dentro del llamado "tremendismo", con *La familia de Pascual Duarte* como una de las novelas más representativas de esta estética. Se trataba de una narrativa muy alejada de la novela nacionalista y su artificial mundo de glorias y triunfos. Atrás quedaban escritores consagrados pero en decadencia literaria como Pío Baroja o Azorín, o aquellos que por su temática o bien demasiado tradicional o evasiva no conseguían captar la realidad del momento, como son los casos de Lorenzo Villalonga y Wenceslao Fernández Flórez.

Ya en los años cincuenta España empezó a liberarse de la férrea opresión que la autarquía ejercía sobre la sociedad y su cultura. La renovación de la novela comenzada por los escritores de la generación del 36 llegó a su consolidación en esta nueva década. España se abría al extranjero tras más de diez años de aislamiento, con su incorporación a organismos internacionales (en 1952 entró en la ONU), el establecimiento de importantes relaciones con Estados Unidos a través de los Pactos de Madrid de 1953 y la consolidación de una política de defensa común mediante las bases norteamericanas en nuestro suelo, y, además, la censura se fue flexibilizando.

A pesar de que esta continuó con su característica arbitrariedad, se empezaban a vislumbrar leves indicios de tolerancia, excepto en aspectos políticos o de moralidad sexual, que seguirían siendo temas tabú durante un largo período. A ello sin duda contribuyó la apertura a la cultura popular estadounidense que la amistad con Estados Unidos favorecería, en especial el cine y, en menor medida, el teatro. Gracias a ambos la sociedad española comenzaría a normalizar ciertos comportamientos y a relajar actitudes morales algo caducas.

La colmena, de Camilo José Cela, editada en 1951 en Argentina (en España no fue publicada hasta 1955 por oposición de la censura), es el primer exponente de la renovación formal de la novela española. Su prosa rítmica, e incluso lírica en ocasiones, rica en paralelismos y repeticiones, le ofrece al lector en un tono brusco y directo la realidad de la España de 1943, concretamente la de su capital. *La colmena* es un ejemplo de las nuevas perspectivas de la novela española en la que se funden la tradición realista de escritores como Pío Baroja (quien decía que "la novela debe reflejar la vida") y las técnicas renovadoras de los novelistas contemporáneos. A este último grupo pertenecen los escritores y cineastas neorrealistas italianos, como Pavese, Vittorini o Rossellini, la generación perdida norteamericana, que cuenta con escritores como Hemingway, Dos Passos, Faulkner o F. Scott Fitzgerald, los existencialistas franceses, como Sartre o Camus, y los escritores de la *nouveau roman*, donde están incluidos Robbe-Grillet (considerado el fundador del movimiento), Michel Butor o Nathalie Sarraute. También fueron muy influyentes por su complejidad estructural y temática James Joyce, Virginia Woolf, Marcel Proust, Thomas Mann o Aldous Huxley. Todos ellos contribuyeron a la difusión de nuevas técnicas narrativas y de una visión más introspectiva de la realidad.

Son muchos los estudios críticos que proponen que este conjunto de innovaciones apreciadas en la novela de Camilo José Cela influiría en los novelistas de la llamada generación del 50 o generación del medio siglo. Esta nueva generación de escritores contó con una formación literaria y cultural escasa y extremadamente influenciada por las doctrinas franquistas, las cuales obstaculizaron un amplio desarrollo intelectual, impidiendo la consulta de muchas fuentes académicas o culturales contrarias a ellas.

La única vía posible para acceder a estas fuentes, en muchos casos relativas a la cultura exterior, era la clandestina. De este modo, a los intelectuales no les quedó otra opción que intentar eludir las restricciones impuestas por el Estado y conseguir acceso a documentos censurados o prohibidos que les proporcionaban un mayor conocimiento del mundo exterior y del suyo propio. En estas circunstancias poco dadas al avance y la exploración, los escritores expresaban en sus relatos su frustración y desgarro espiritual, lo que los llevó a tener como objetivo humanizar la novela; es decir, a mostrar de la manera más honesta los problemas humanos y sociales y su compromiso con la realidad.

La corriente dominante en los años cincuenta es la del realismo social, también conocido como neorrealismo o realismo crítico, cuyas características principales se podrían resumir en las siguientes: la novela como testimonio directo del momento histórico y como instrumento de denuncia social y política (novela comprometida); objetivismo en la exposición de los hechos sin comentarios ni valoraciones personales; estructura sencilla y narración lineal, importancia fundamental del diálogo (era la única forma de expresar los pensamientos y sentimientos de los personajes); un protagonista representativo de una clase social (personaje colectivo); y transcurso de la acción durante un corto espacio de tiempo (por ejemplo, en *La colmena* el espacio temporal es de tres días, y en *El Jarama*, que trataremos más adelante, de tan solo doce horas). Los temas más recurrentes se pueden resumir en el mundo del trabajo (obreros, campesinos, mineros) y su marginación social, el chabolismo, la emigración, la desigualdad social y la denuncia de la burguesía. En cuanto a la técnica, algunas novelas neorrealistas siguieron la línea de la *nouveau roman* francesa y la generación perdida norteamericana y, como consecuencia, mostraron especial interés en la elaboración lingüística, en la técnica formal y en la coherencia artística; sin embargo, eran muchos los autores que se decantaban por un lenguaje más sencillo y sin artificios para que fuera más accesible al gran público.

Otros rasgos característicos serían una técnica objetivista, una elaboración literaria que diera voz a las miserias de los suburbios y del mundo obrero y campesino, y una riqueza de descripciones para reproducir con más viveza los detalles de la vida diaria. Estas historias, que se convierten en testimonios sociales, tienen como principal objetivo la denuncia, que fue en muchas ocasiones en detrimento de la coherencia formal y expresión lingüística. El concepto de la novela como instrumento de protesta limitaba el ámbito de la obra de estos escritores, y ellos, en su afán por exponer de forma minuciosa la realidad, asumieron las funciones informativas y críticas que en otra sociedad hubieran desempeñado los órganos informativos.

Entre los escritores más representativos de esta corriente encontramos a Jesús Fernández Santos y su novela *Los bravos* (1954), Ignacio Aldecoa y *El fulgor y la sangre* (1954), con la que fue finalista del Premio Planeta en 1954, y Rafael Sánchez Ferlosio y la que fue, junto con *La colmena*, la novela emblemática del realismo social, *El Jarama* (1956), ganadora del Premio Nadal en 1955. En ella, Ferlosio, a través de un escrupuloso objetivismo y largos diálogos, muestra el vacío vital de un grupo de jóvenes que actúan como protagonista colectivo: son la representación de una juventud española cansada y desilusionada.

También se alzó con el Premio Nadal *Entre visillos* (1957), de la salmantina Carmen Martín Gaite, novela que se convirtió en referente del realismo objetivista de la época. Por otro lado, Miguel Delibes, quien no siguió directamente las directrices del realismo social, publicó algunas de sus novelas más conocidas en aquella década, como *El camino* (1950) o *Mi idolatrado hijo Sisí* (1953), una crítica a la burguesía provinciana.

Aparte de la narrativa, las revistas literarias también tuvieron un papel importante en la difusión y propagación del realismo social y crítico. Publicaciones como *Acento Cultural*, *Ínsula*, *La Revista Española*, *Índice*, *El Ciervo* o *La Estafeta Literaria* exponían críticas de las injusticias sociales y, además, fueron el refugio de muchos escritores que, de no haber sido por estas revistas, no hubieran podido publicar algunas de sus obras y seguir en contacto con sus lectores. Por otro lado, la mayoría de estas revistas fueron efímeras, con la excepción de Ínsula y *Revista de Occidente*, al no contar ni con un gran número de lectores ni con el apoyo del Régimen, que más bien trató de obstaculizar su labor.

A lo largo de la década de los sesenta, al mismo tiempo que se fue produciendo un rechazo creciente de la novela social, tuvo lugar un proceso de renovación narrativa que iba acorde con el país. España estaba experimentando grandes cambios: el turismo y los intercambios culturales estaban en auge, el país seguía avanzando en su apertura al extranjero y, gracias a una mayor flexibilidad de la censura (debido en parte a la nueva Ley de Prensa de 1966), había mayor libertad de expresión, aunque todavía muchas obras fueron prohibidas y tuvieron que ser publicadas por editoriales extranjeras.

Aun así, las editoriales se expandieron en estos años y muchas tuvieron la oportunidad de hacer llegar a los lectores grandes clásicos extranjeros, la nueva novela hispanoamericana (se estaba viviendo el llamado "boom" de la literatura hispanoamericana) y recuperar obras de los exiliados tras la Guerra Civil.

Asimismo, los escritores españoles empezaron a poner en práctica las nuevas técnicas tomadas de escritores hispanoamericanos como Mario Vargas Llosa o Gabriel García Márquez y sus influyentes *La ciudad y los perros* (1962) y *Cien años de soledad* (1967) respectivamente, y de novelistas europeos y norteamericanos, como los pertenecientes a la conocida generación *beat*, en la que encontramos, por ejemplo, a Jack Kerouac o William S. Burroughs. Esta nueva generación de escritores contaba con una formación cultural más sólida que la anterior, ya que sus predecesores les habían aportado una riqueza cultural con sus obras experimentales y con nuevos conocimientos de las teorías de la lingüística.

No obstante, los jóvenes escritores acusaban a los novelistas sociales de los cincuenta de la inutilidad de su concepción de la literatura como instrumento de cambio social y del modo en que habían renunciado a la calidad artística. Por lo tanto, buscaron formas de distanciarse de ellos cultivando un estilo menos literal y apareció así la novela experimental, más preocupada por los aspectos formales y lingüísticos del relato que por la reproducción objetiva de la realidad: el cómo se cuenta tiene tanto interés como lo que se cuenta.

Otro factor importante en el cambio de rumbo de la narrativa, además de los mencionados anteriormente, fue la publicación en 1962 de *Tiempo de silencio*, de Luis Martín Santos, obra que señala el comienzo de una nueva etapa de la novela española. La mayor novedad se encuentra no en el contenido sino en la forma: en su estructura, técnica y lenguaje. Los temas seguían girando en torno a la sordidez y miseria de la vida española, pero la brillante originalidad de su forma contrastaba con la convención de la narrativa de descripción directa. *Tiempo de silencio* es una novela social, pero muestra una realidad fragmentada envuelta en una exuberancia artística y una confianza en sí misma muy alejada de la sobria narrativa de la novela de posguerra. La habilidad verbal y estilística del autor hace de esta novela una obra estimulante y de gran fuerza imaginativa con rasgos reminiscentes de la tradicional sátira grotesca de la prosa española.

Por otra parte, los escritores de la generación del 36 y la generación del medio siglo seguían en activo y adaptándose a los nuevos tiempos. Miguel Delibes y Camilo José Cela fueron especialmente prolíficos en los años sesenta, década en la que publicaron obras tan importantes como *Las ratas* (1962), *Cinco horas con Mario* (1966) y *Parábola del náufrago* (1969), de Delibes, y *Vísperas, festividad y octava de San Camilo del año 1936 en Madrid* (1969), novela dividida en tres capítulos, de Camilo José Cela. De entre las obras de los escritores de la generación del medio siglo destacan Últimas tardes con Teresa (1966), de Juan Marsé; *Señas de identidad* (1966), incluida en la trilogía *España sagrada*, de Juan Goytisolo; y *Corte de corteza* (1969), de Daniel Sueiro.

La década de los setenta puede denominarse de transiciones y cambios. Como vimos en el apartado anterior, estos años supusieron unos tiempos de crisis económica y social; la aparición de una sociedad que estaba cada vez más inmersa en el consumismo; la realización de importantes reformas políticas, incluida la censura, que tomaron un rumbo más tolerante y flexible, especialmente tras la muerte de Franco en 1975.

En lo relativo a la narrativa, continuaron proliferando los experimentos formales y la ruptura con el tiempo lineal y los análisis morales del individuo. En los años setenta las tendencias narrativas podrían ser clasificadas en tres grupos: el experimentalismo, movimiento transgresor y rupturista; el tradicionalismo, apreciación de las costumbres y normas del pasado; y, por último, la renovación, cambio radical de la estructura y la técnica. La nueva generación de narradores originada en estos años tomó su nombre de las protestas de los estudiantes franceses del conocido "mayo del 68", naciendo así la generación del 68 o "los novísimos". Estos escritores, nacidos entre 1937 y 1951, vivieron su niñez y desarrollo intelectual bajo la Dictadura franquista, por lo que tuvieron que luchar desde sus comienzos contra una opresión cultural y política, formando revueltas universitarias siguiendo el ejemplo de Francia.

Los novelistas más representativos de esta generación fueron José Leyva, autor experimentalista y de historias de difícil interpretación como, por ejemplo, *Leitmotiv* (1972), que refleja la creciente degradación humana con reminiscencias kafkianas. *Laberinto levítico* (1972), de Germán Sánchez Espeso, está escrita con un lenguaje denso y detallista a través del cual su autor alienta al lector a buscar sentido a la vida entre las tinieblas de la soledad y la inadaptación social. Por último, Eduardo Mendoza, con su clasicismo narrativo, explora las distintas dimensiones sociales y políticas en su obra *La verdad sobre el caso Savolta* (1975), sin dejar de lado cuestiones existencialistas que hacen que el lector reflexione sobre la sociedad y el sistema político del momento.

De las generaciones anteriores, Miguel Delibes continuó su aportación a las letras españolas con su novela *El príncipe destronado* (1973), al igual que hizo Camilo José Cela con *Oficio de tinieblas* (1973), que supuso la culminación del tremendismo. Otras novelas representativas de autores de la generación del medio siglo son: *Las europeas* (1970), de Francisco Umbral; *Recuento* (1973), de Luis Goytisolo; *Si te dicen que caí* (1973), de Juan Marsé; *Retahílas* (1974), de Carmen Martín Gaite (autora que llegó a su consagración en esta década); *Juan sin tierra* (1975), de Juan Goytisolo; *En el estado* (1977), de Juan Benet; y *La que no tiene hambre* (1977), de Jesús Fernández Santos.

Por último, para analizar la novela durante los años de la Transición nos basaremos principalmente en el artículo "Novela en la transición, transición en la novela (1975-1980)", de Santos Alonso[48], publicado en *Cuadernos Hispanoamericanos* en

1980. En este artículo Alonso ofrece una panorámica de la evolución de la novela española desde 1975 hasta 1980.

El punto de partida es la novela de la generación del 75, que, según Alonso, estaba a merced del mercantilismo de las grandes editoriales, y que es definida por el crítico como "digestiva, en el sentido de que 'se come, se digiere y se evacúa'" (86). Esta novela se aleja del experimentalismo de los años anteriores, cuando los escritores se afanaban en poner en práctica el mayor número de modernas técnicas narrativas; estas las enumera Alonso de la siguiente forma: "el monólogo interior, perspectivismo encarnado en múltiples puntos de vista, contrapunto, estructura caleidoscópica, saltos temporales en el desarrollo discontinuo de la acción, etc." (86).

Como le pasara a otros géneros, como al realismo social de los años cincuenta, la novela experimental se desgastó en unos años y dio paso a la vuelta a los orígenes de la narrativa española, es decir, al realismo, pero incorporando géneros nuevos o poco desarrollados hasta el momento, como, por ejemplo, la novela negra o la erótica. Por lo tanto, el objetivo principal no reside en el compromiso con la realidad política o social, predominantes en la narrativa española durante los años cincuenta y sesenta y que tanta insatisfacción produjo en el lector, sino en el compromiso con el lenguaje: los escritores aspiraban a reflejar la sociedad cambiante del momento con un lenguaje cuidado y preciso. Como indica Alonso, "empeñados andan nuestros creadores en la búsqueda de venturosos caminos que maduren las potencialidades expresivas y referenciales" (89).

Otro aspecto que merece ser resaltado es lo difícil que era publicar en esos años, debido a la crisis económica de las editoriales; estas no se atrevían a asumir riesgos y se decantaban por publicar aquellas obras de autores reconocidos o reeditar obras de éxito. En tal circunstancia, los perjudicados fueron los escritores jóvenes e inéditos, ya que no contaban con el respaldo de la mayoría de las editoriales. No obstante, la narrativa proliferó en estos años, aunque no se pueda hablar con rigor de una novela de la transición, sino más bien de "continuismo en muchos sentidos" (89). Según Alonso, "estos han sido años de depuraciones y clarificaciones [...], tomando nuevos valores las tradicionales fórmulas narrativas como el diálogo, la linealidad, la complejidad anecdótica, la parodia, el humor" (89).

De entre los géneros más destacados en este período, Alonso señala la novela paródica, la novela intelectual, la novela negra, la novela erótica y la novela objetivo-realista. La novela paródica está caracterizada por tener un carácter paródico y caricaturesco y por utilizar un cuidado lenguaje, donde el monólogo interior da paso al diálogo para contar o esclarecer la trama. Algunas novelas representativas de este género son *La verdad sobre el caso Savolta* (1975), de Eduardo Mendoza, ya mencionada anteriormente; *Fragmentos de Apocalipsis* (1977), de Torrente Ballester, una parodia histórica; *Narciso* (1979), de Germán Sánchez Espeso (con la ganó el Premio Nadal), como ejemplo de parodia culturalista; *Visión del ahogado* (1977), de Juan José Millán; *Los invitados* (1978), de Alfonso Grosso; o *Los mares del sur* (1979), de Vázquez Montalbán.

En cuanto a las novelas intelectuales o culturalistas, Alonso afirma que "estamos ante novelas intelectuales impuras en las que se producen interferencias de los más variados orígenes: realismo, experimentalismo, barroquismo, esperpentismo, crónica periodística", sin llegar ninguna de ellas a "la categoría de obra maestra". De esta categoría el crítico destaca *Saúl ante Samuel* (1980), de Juan Benet, "con un lenguaje pleno de barroquismo"; *Lectura insólita de 'El Capital'* (1977), de Raúl Guerra Garrido y galardonada con el Premio Nadal, y que presenta una "auténtica novela intelectual y una verdadera agudeza política"; y dos obras de Francisco Umbral, *Mortal y rosa* (1975) y *Las ninfas* (1976), ambas ejemplos de "novela-ensayo cultural/literario/intelectual/filosófico/científico, a su manera" (90).

De la novela policíaca Alonso comenta que "España no ha sido tierra de cultivo" de este género pero que "ahora se puede decir que el interés por ella es enorme", siendo muchas "las novelas, las películas y las series televisivas que han llegado de fuera y han espoleado el interés por el género". En efecto, este género se vio enormemente influenciado por los autores Dashiell Hammett y Raymond Chandler, del cual en España su máximo exponente fue Vázquez Montalbán y su detective ficticio Pepe Caravalho, con novelas como *Los mares del sur* (1979) o *Asesinato en el Comité Central* (1981). Otros autores que cultivaron la novela negra fueron Alfonso Grosso y sus novelas *La buena muerte* (1977) y *Los invitados* (1978), según Alonso, "productos dirigidos al Premio Planeta"; Lourdes Ortiz y su *Picadura mortal* (1979); o Ramón Hernández, cuya novela *Pido la muerte al rey* (1979) es calificada por el crítico de "reiterativa, redundante, tremendista (a lo Cela) y de realización apresurada" (91).

La supresión de la censura y la mayor publicación de obras extranjeras jugaron un papel importante en el resurgir de la novela erótica en España. Aunque sin obras de gran calidad, hubo editoriales, como, por ejemplo, Tusquets, que apostaron por el género y autores como Leopoldo Azancot, con *La novia judía* (1977) y José Jara, con *Mater amantissima* (1980) gozaron de un moderado éxito en ese género.

Como ya hemos adelantado, la novela a partir de 1975 echó la mirada atrás hacia el realismo de sus clásicos e intentó adecuar el lenguaje a los tiempos que corrían. Alonso destaca de "entre los jóvenes valores" a Juan José Millás, que adoptó un tono "realista-objetivo" en *Visión del ahogado* (1977), donde las calles de Madrid "adquieren un protagonismo semejante al de las novelas galdosianas" (91).

También son dignos de mención los ya consagrados Fernández Santos y Delibes, que siguieron "fieles a su propio mundo". En *Extramuros* (1979) Fernández Santos se presenta "realista, objetivo, lineal, exquisito en el lenguaje" (91), lenguaje que funciona de mecanismo "para novelar la agonía dialéctica entre el personaje y el medio", mientras que Delibes, en el medio rural, ofrece un realismo completo, en términos de contemporaneidad, narración y diálogo, en *El diputado voto del señor Cayo* (1978). Otras novelas incluidas en este género son *El cuarto de atrás* (1978), de Carmen Martín Gaite; *La muchacha de las bragas de oro* (1978), de Juan Marsé; *Autobiografía de Federico Sánchez* (1977), de Jorge Semprún; o *Barrio de maravillas* (1976), de Rosa Chacel.

En suma, se podría concluir que en los años de la Transición no existían tendencias literarias dominantes. La narrativa española, al liberarse de compromisos políticos y sociales, se centró en el mero hecho del placer de la escritura imaginativa y entretenida, de la creación lingüística y literaria, ofreciendo así al lector una amplia diversidad de estilos, temas y formas literarias. Aunque, como apuntaba Alonso al final del artículo, la novela española necesitaba todavía una "depuración de elementos superfluos" (91), y reflexiona sobre esta idea del siguiente modo:

> No hay, pues, caminos cerrados; hay caminos por madurar. Convendría que los novelistas olvidaran la obsesión de los premios o las concesiones ante las exigencias comerciales de las editoriales; de seguir así, a la novela española le será difícil salir de la confusión en que se encuentra. Al final, esperanza (91).

2.2.2. La narrativa extranjera

Una vez realizado un breve análisis de la narrativa española pasaremos a estudiar el papel que tuvo la narrativa extranjera en España. En este apartado, es fundamental detenernos en la figura del catalán José Janés, principal promotor de la publicación de obras no gratas para el Régimen y, en especial, de obras extranjeras.

Josep Janés i Olivé (Barcelona, 1913-1959) fue un editor, periodista, poeta, crítico literario y traductor en lengua catalana, recordado hoy en día principalmente por su valiosa contribución al mundo editorial (llegó a publicar más de 1.600 títulos en menos de veinte años) y por su entrega a la divulgación de la literatura en distintas lenguas, sobre todo en castellano, catalán e inglés, en un país totalmente opuesto a la circulación de nuevas ideas, culturas y lenguas que no fueran el castellano. Entre los autores extranjeros publicados por Janés se encuentran Jonathan Swift, Joseph Conrad, Oscar Wilde, Virginia Woolf, Aldous Huxley, Edgar Allan Poe, Mark Twain, Ernest Hemingway y F. Scott Fitzgerald, entre muchos otros.

En los años treinta, Janés ya editaba para dos periódicos, era el director de un tercero, había fundado una empresa editorial (llamada Edicions de la Rosa dels Vents), había inaugurado una revista literaria (*Quaderns Literaris*) y, además, seguía cultivando su faceta de poeta. En 1940, José Janés fue el editor de los pequeños volúmenes de la editorial Grano de Arena. Allí publicó las obras de los británicos Robert L. Stevenson, Aldous Huxley y John Galsworthy, entre otros, y del irlandés James Joyce, de quien publicó el cuento "Los muertos", extraído de la colección de relatos *Dubliners* (1914).

Aparte de esta editorial, Janés también dirigió las cuatro colecciones Constelación de las Ediciones de la Gacela y editó para Ediciones Ánfora y Ediciones Lauro. En la mayoría de los casos, Janés contaba con traductores e ilustradores catalanes, aunque para las traducciones de obras en inglés los principales encargados fueron el periodista madrileño Antonio Espina y el crítico literario logroñés Antonio Marichalar.

En estos años Janés se encontró con dos grandes obstáculos para la edición: la falta de papel y la dificultad de conseguir las obras literarias. Afortunadamente, Janés conoció a Walter Starkie[49] en una de sus tertulias en el Café León de Oro en Madrid, y congeniaron gracias a la pasión de ambos por la literatura. Por lo tanto, fue a través de Starkie cómo Janés estableció un vínculo con Inglaterra, lo que le permitió publicar y traducir novelas inglesas, ya que Starkie le facilitaba los textos originales. Algunos ejemplos son *Leyenda* (1942), de Clemence Dane, *Invitación al vals* (1942), de Rosamond Lehmann y *Retrato en un espejo* (1957), de Charles Morgan. Janés también se ayudó del sistema elaborado por el Consejo Británico, el Book Export Scheme, creado para promocionar el libro inglés en las librerías del extranjero, ya que ofrecía un servicio de intermediación entre editores extranjeros y las editoriales inglesas.

Por consiguiente, uno de los objetivos principales de la unión entre Janés y Starkie durante los años cuarenta fue la de promover la literatura inglesa en España: una literatura mucho más directa y libre que la española, y de ahí que muchas obras fueran imposibles de publicar en España por su contenido polémico, como *The Well of Loneliness* (1928), de R. Hall, *Boy* (1935), de James Hanley, o *Lady Chatterley's Lover* (1928), de D.H. Lawrence. Aun así, Janés, en su empeño por abrir la cultura española al exterior, consiguió publicar a muchos autores británicos poco ortodoxos, como los casos de Virginia Woolf, Aldous Huxley y Evelyn Waugh.

Por otro lado, Janés siempre se mostró cuidadoso y minucioso en el formato de sus ediciones; no solo apreciaba el contenido de una obra sino también su valor estético, por lo que sus ediciones tenían un aire distintivo de artesanía. Sus cuidadas colecciones, de portadas elegantes y títulos evocadores, alentaban al lector a disfrutar de las lecturas y lo acercaban al modernismo intelectual europeo.

Entre las colecciones publicadas por Janés en los años cincuenta encontramos: Los Maestros de la Novela, Antologías Poéticas, La obra Perdurable, Colección Lauro de Grandes Premios, Los Premios Pulitzer de la Novela, Los Premios Goncourt de

Novela y El Libro del Mes. También llevó a cabo la publicación de colecciones más asequibles, que seguían contando con grandes escritores como William Faulkner, Thomas Mann, Marcel Proust o Virginia Woolf.

En pleno rendimiento editorial, Janés se topó con la campaña de 1942 de Miguel Herrero, jefe de la Sección de Ordenación Bibliográfica del INLE y censor, en contra del exceso de traducciones. Los censores advertían del gran número de traducciones que se estaban llevando a cabo, especialmente por editoriales barcelonesas, y señalaron a Janés como uno de los principales promotores, convirtiéndose así en *enfant terrible*.

El editor Luis de Caralt lamentó las acciones tomadas por el Gobierno en contra de las traducciones y las defendió, diciendo que "son necesarias y no dañan al autor español" (qtd. en Hurtley 184); con esto, hace referencia a uno de los argumentos sostenidos por muchos escritores españoles en contra de los escritores extranjeros y su traducción a nuestra lengua. El escritor Cecilio Benítez de Castro, quien se trasladó a Buenos Aires en 1948, calificó a los lectores españoles en los siguientes términos: "[…] un público vuelto al Extranjero [sic] que respeta poco las divagaciones y altos vuelos de las plumas nacionales" (qtd. en Hurtley 189).

Los autores extranjeros eran considerados una amenaza para la literatura española, no solo porque podían desbancar a los escritores nacionales en ventas, sino por la introducción de nuevas ideas y pensamientos desfavorables para el Régimen. Tras la muerte de Janés en un accidente de tráfico en 1959, la Editorial Plaza, fundada por Germán Plaza, adquirió la de Janés y creó Plaza & Janés, que continuó el importantísimo trabajo comenzado por este, traduciendo y editando tanto a autores consagrados como a jóvenes promesas. El editor Rafael Borrás escribió de José Janés las siguientes palabras:

> Fue un artista que cuidaba hasta el menor detalle tipográfico de sus ediciones, y que luego no podía permitirse el lujo de retirarse dos semanas a terminar un libro de poemas. Janés ha sido una de las personas que más ventanas ha abierto a la vida cultural española (qtd. en Sánchez Vigil 219)

Como se ha podido ver en los apartados anteriores, hubo otras muchas editoriales que tradujeron autores extranjeros. El rígido catolicismo frenó la entrada de más obras en España y, hasta los años sesenta, las traducciones fueron escasas. Así pues, estos trabajos de traducción fueron realizados con mucha más regularidad por editoriales hispanoamericanas, aunque con frecuencia de baja calidad. Los escritores más traducidos y menos afectados por la censura fueron aquellos de ideologías similares a la del Régimen: así, escritores católicos como Maurice Baring, G.K. Chesterton o Graham Greene fueron extensamente traducidos.

Alguna obra poco ortodoxa podía llegar a las librerías españolas, aunque eran muy poco los casos, como las de las autoras Winifred Holby y Radclyffe Hall, que ofrecían visiones feministas poco compatibles con las ideas de la España de los años cuarenta. Otras eran modificadas, como la obra publicada por Janés *Invitación al vals* (1942), de Rosamond Lehman, cuyas referencias religiosas y sexuales fueron cambiadas por expresiones más apropiadas, como "sex-life" por "vida" o "sex-appeal" por "encanto femenino"; y otras fueron directamente suprimidas, como "small shapely breasts". *El velo pintado* (1925), de Somerset Maugham, fue tachada de "vulgar" y, por lo tanto, se le prohibió su publicación a la Editorial Tartessos cuando solicitó autorización en 1942. La respuesta que recibió la editorial fue la siguiente: "[…] es francamente inmoral y pornográfica. Su concepto de la familia, del honor, de la religión, etc., son inadmisibles" (qtd. en Hurtley 267). La novela fue finalmente publicada en 1945, tras varias tentativas, y gracias a las modificaciones introducidas en la censura al terminar la Segunda Guerra Mundial.

Las décadas posteriores fueron abriéndose con mayor velocidad y facilidad a la literatura extranjera. A medida que la sociedad española iba avanzando, sus gustos literarios se iban expandiendo y buscaban alternativas más allá del mercado español, que a su vez experimentaba con técnicas y temáticas distintas, muchas de ellas tomadas de autores extranjeros. Es a finales de los años sesenta y principios de los setenta cuando muchos grandes escritores como Fitzgerald irrumpieron en el panorama literario español y el lector empezó a apreciar nuevos mundos y vivencias desconocidos hasta entonces.

Afortunadamente, también hubo algunas revistas progresistas que tradujeron y dedicaron artículos a escritores extranjeros. Antes de la Guerra Civil, la *Revista de Occidente* (su primer período en activo fue de 1923 a 1936, hasta su restauración en 1963) era la principal en la divulgación de autores e ideas extranjeras. Contaba con colaboradores de la talla de Ramón Gómez de la Serna, Antonio Espina, Francisco Ayala, Rosa Chacel y Ramiro Ledesma Ramos, y había dedicado artículos a Bernard Shaw, James Joyce, Virginia Woolf, además de la publicación de relatos de Katherine Mansfield, D.H. Lawrence, Aldous Huxley y Joseph Conrad.

La Gaceta Literaria también aportó artículos sobre autores extranjeros como el publicado en el número 21 de 1927, titulado "La nueva literatura inglesa: James Joyce", de Iván Goll. Ya en los años cuarenta, las revistas *El Español*, *La Estafeta Literaria* o *Escorial* dedicaban algunos pasajes a la literatura extranjera. En los años posteriores las revistas y diarios que más secciones dedicaron a otras literaturas fueron *Destino*, *La Vanguardia Española*, *ABC*, *El Libro Español*, *La Noche* o *Ínsula*.

Para terminar esta etapa, la Dictadura franquista supuso un freno, y en muchos casos retroceso, en muchos ámbitos. La literatura y, especialmente la extranjera, se vio gravemente perjudicada por las restricciones censoras, pero gracias al exhaustivo trabajo de los editores y su deseo de divulgar lo que se escribía también fuera de las fronteras españolas, el lector español pudo disfrutar de algunas de las grandes obras de la literatura universal. El escritor Domingo Pérez Minik, en su libro *La novela extranjera en España* (1973), expuso su satisfacción por la proliferación de traducciones y sus beneficios de la siguiente forma:

> Este dinamismo tan imponderable, imprevisible pero feraz, ha hecho posible que las artes, la literatura y la filosofía […] estén superando las viejas formas de convivir domésticas, patrióticas o jerárquicas, tan perjudiciales, infecciosas y corrosivas. Nada abre tanto las fronteras, deshace los consumos y envejece los cañones como el conocimiento del extranjero a través de la lectura, del espectáculo, de la conferencia […] Iguales o distintos los hombres siguen enredados en la historia […] Pero desde ahora hay algo capaz de unirlos: su pretensión vocacional de una apertura de formas que los lleva a un nuevo conocimiento de esa realidad que necesitan transformar (17).

Al comienzo de la Transición, como el resto de ámbitos de la sociedad, la literatura se vio beneficiada, especialmente tras la Constitución de 1978, con la cual se instaura la libertad de expresión, poniendo fin a la censura oficial, aunque se mantuvo vigente durante algunos años más la presentación de los libros en la Administración antes de ser publicados. Por consiguiente, en estos años de Transición no hubo un cambio tan radical en la publicación y traducción de obras como se esperaba, sino que más bien fue progresando paulatinamente.

Ciertamente, desde 1975, y especialmente ya entrados los años ochenta, se vio incrementado el número de publicaciones de jóvenes escritores españoles al igual que extranjeros, aunque, como ya se ha mencionado en el apartado anterior, las editoriales se decantaban por publicar principalmente a autores ya consagrados. Además, en los setenta España ocupaba de los primeros lugares entre los países traductores para así nutrir los catálogos editoriales, y, como veremos más adelante, las ediciones españolas de las novelas de escritores como Fitzgerald se verán multiplicadas hacia finales de esta década. Otro ejemplo de este avance en la publicación de obras extranjeras es la de la célebre novela de J.D. Salinger, *El guardián entre el centeno*, publicada por la Editorial Alianza por primera vez en 1978, reeditada posteriormente numerosas veces y traducida también al catalán, gallego y euskera.

Con la entrada de la democracia, pues, se produjo una nueva ola traductora motivada por el deseo de poner no solo en español sino también en las restantes lenguas del país a todos los autores posibles. Sin duda, aunque todavía con restricciones, este hecho contribuyó, como se ha tratado anteriormente, a un mayor número de publicaciones de géneros tradicionalmente más secundarios en la literatura española, como, por ejemplo, la novela negra, la de terror o la de ciencia ficción, y, por tanto, favoreció a la diversidad y proliferación, tanto de autores como de temáticas, en el panorama literario español.

2.3. Otros autores de la generación perdida y su recepción en España

En este apartado abordaremos brevemente la recepción de los otros componentes más significativos de la generación perdida entre los años 50 y 80 en España, con el fin de contrastarla con la pobre recepción obtenida por Fitzgerald en las primeras ediciones españolas de su obra. Los autores que se tratarán, en orden cronológico según su fecha de nacimiento, son John Dos Passos, William Faulkner, Ernest Hemingway y John Steinbeck. Del extensísimo material disponible relativo a estos autores, se han seleccionado algunas reseñas y artículos que arrojan luz sobre cómo fue recibida su obra en la España franquista y de la Transición.

En *Historia crítica de la novela norteamericana*, José Antonio Gurpegui expone de la siguiente forma los rasgos principales de la novela modernista norteamericana y de algunos de sus componentes:

> Desde Gatsby a los héroes hemingwayanos asistimos a una completa galería de símbolos, de figuras humanas que van más allá de la mera referencia semántica convencional y que, como héroes novelescos al fin y a la postre, deben, de algún modo, representar a todos los humanos y a todos los lectores […] Vemos en los escritores modernistas sus figuras humanas como símbolos que se realimentan de sus correlatos de ficción: Fitzgerald entre el brillo y la caída, Hemingway fanfarrón y machista, desafiando a las fieras y acabando en una partida de caza mayor contra sí mismo, Faulkner consumido por el alcohol, siendo un campesino que encerraba un potencial fabulador inmerso como aquellos de sus personajes que intentaban recomponer las cosmogonías y mitogonías de un mundo miserable y polvoriento (220, 221).

Años antes, en 1960, Juan Luis Alborg[50] dedicó en *La Estafeta Literaria* un extenso artículo a la novela norteamericana bajo el nombre de "Proyección social y personalidad en la novela norteamericana", en el que reflexiona sobre la evolución de la narrativa en Estados Unidos y analiza a sus principales representantes. De la novela americana afirma que, aunque "el módulo de vida americano y las técnicas narrativas propias de la prensa y del reportaje han podido influir en la forja de un estilo más magro y recortado", sustancialmente no se diferencia de lo que "genéricamente se denomina 'novela europea'". Alborg sentencia que la novela norteamericana es "todo menos un arte exento y desinteresado, narcisista, de mero contenido anecdótico". En cambio, esta tiene como propósito el ser "la voz alerta cargada de ímpetus acusadores, fermento moral activo y responsable de la vida de su país", constituyendo "su insistente preocupación social […] una nota característica distintiva y peculiar de la novela norteamericana".

Según el crítico, el siglo XX "desencadena el cambio" y la novela pasa de narrar "la anécdota aventurera de la conquista de la tierra" al "estado de plenitud americana" y "madurez" en el que "sus voces más representativas asumen el papel de vigías de la realidad social". Es entonces cuando la narrativa es catapultada a la cabeza de los géneros literarios por esos escritores dispuestos a "denunciar los errores" de su sociedad y a "hacer eficaz esa protesta", adquiriendo así la novela un carácter de crítica de la sociedad y llegando a convertirse, en muchos casos, en "documento social". Alborg define de la siguiente forma el papel que asumió el escritor norteamericano a principios del siglo XX:

> El escritor americano comprendió que solo se justificaba ante el mundo si se convertía en el pintor y definidor de una sociedad nueva, y que, a su vez, solo se justificaba a sí mismo si se convertía en el flagelador de esa sociedad, apartándose por completo de componer piezas entretenidas para divertir a los ociosos.

En cuanto a las figuras más representativas, el crítico ofrece un esbozo de cada uno de ellos, en esta ocasión nos centraremos en los escritores que aquí nos atañen. De Fitzgerald destaca su habilidad para representar "aquella juventud rebelde y divertida", la cual escondía debajo "de una superficie de aparente intrascendencia […] un impecable análisis […] de aquella generación desconectada de toda tradición anterior, fracasada y rápidamente gastada"; la obra de Steinbeck, "el gran paisajista lírico", está impregnada "de una fina y aguda sensibilidad, pronta a captar cualquier vibración dolorosa", donde "sus héroes humildes y pintorescos" son "sencillamente humanos"; en cambio, el "polifacético" Dos Passos presenta en sus libros "una crónica de la vida americana en toda su complejidad, en la que se mezcla la fantasía del novelista con la observación del *reporter*"; Faulkner, "de inconfundible personalidad literaria", no se limita a reflejar el mundo decadente de la sociedad tradicionalista sureña sino que "lo exagera y deforma a través de su propia fuerza creadora", bullendo en sus historias "un mundo de horror y de vileza, de desesperación y locura, […] de violencias y crueldades sin límite"; por último, "el popular Hemingway" representa "la plenitud de la personalidad", produciendo la "obra más diversa e irreductible entre todos los escritores destacados de la novela norteamericana" y cuya "poderosa personalidad […] da unidad, valor y transcendencia a todas sus novelas".

Para finalizar este breve recorrido por algunas percepciones de la novela norteamericana y las figuras que tuvieron más repercusión en su divulgación, trataremos a la influyente escritora y crítica Gertrude Stein, pieza fundamental en la concepción de la prosa norteamericana de principios de siglo, y analizaremos sucintamente las ideas de Robert Saladrigas[51] expuestas en el artículo "Gertrude Stein: un retrato no emotivo", publicado en *La Vanguardia* en abril de 1980 a propósito de la publicación en español de *Everybody's Autobiography* (1937), traducida como *Autobiografía de todo el mundo* por la editorial Tusquets.

Según el crítico, Gertrude Stein, "aparentemente, una sombra vaporosa restringida", "va perfilando con mayor claridad sus rasgos literarios, dejándose ver". En efecto, la obra de Gertrude Stein había pasado casi desapercibida desde su muerte en 1946, aunque en España en los últimos años se habían publicado tres obras suyas, *Autobiografía de Alice B. Toklas* (Lumen, 1967), *Retratos* (Tusquets, 1974) y *Ser americanos* (Barral Editores, 1974). Aunque su obra no haya tenido el impacto que la de otros escritores de su generación, es innegable la gran influencia que la escritora ejerció en su época, especialmente durante sus años en París, donde reunía asiduamente a artistas en los célebres cenáculos celebrados en su casa número 27 de la Rue de Fleurus. Su "credo literario" lo desarrolló y pulió "hasta la pura obsesión", tratando de "reflejar literariamente, con exactitud matemática, todo cuanto 've' y desde todos los ángulos susceptibles de situar su mirada humana". Ciertamente "la Stein", añade Saladrigas, "preconizaba una literatura exacta, desnuda, concentrada, eficaz y honesta", sometiéndose "únicamente a los imperativos de un feroz realismo".

Estas máximas literarias tuvieron efecto en la prosa de los componentes de la generación perdida, aunque de forma más directa en F. Scott Fitzgerald y, sobre todo, en Ernest Hemingway, quien, siguiendo el ejemplo de Stein, trataba de despojar "la prosa de toda 'asociación emotiva'". A pesar de que la escritora "llegó a lamentar sinceramente que Hemingway no hubiera seguido sus consejos hasta las últimas consecuencias", "el acento repetitivo de su estilo, la parquedad de imágenes, la dosificación de adjetivos" son sin lugar a dudas "fruto de la preceptiva de Gertrude Stein". Por otra parte, según Saladrigas, "Scott Fitzgerald […] supo asimilar mucho mejor estos principios y los hizo suyos de una forma natural, sin importarle lo más mínimo si chocarían o no con la sensibilidad del lector de entreguerras" y, añade, "es suficiente leer *El Gran Gatsby* para identificar la herencia recogida de Miss Stein". Gertrude Stein no solo estuvo vinculada a la literatura, también "había vivido con intensidad el nacimiento y la implantación del cubismo", y "tuvo incluso mucho que ver con su formulación teórica", llegando a ser tildada por algunos críticos de "escritora cubista". Además, a lo largo de sus años en París entabló amistad con numerosos artistas, entre los que se encontraban Matisse, Picasso, Juan Gris, Braque y Apollinaire.

Por último, Saladrigas afirma que Stein "sabía que su propia obra tardaría en imponerse y que le sería regateado el reconocimiento con tenacidad", por lo que "aprendió a esperar". No obstante, se muestra sorprendido de "que las nuevas horna-das de novelistas anglosajones se abstengan de reconocer lo mucho que deben a la Stein, cuando lo cierto es que las innovaciones por ella introducidas constituyen los orígenes de su prosa". El crítico concluye el artículo elaborando esta idea y recalcando la importancia de Gertrude Stein en la narrativa norteamericana:

> De la misma forma que resulta insólito […] comprobar hasta qué punto aquella mujer hombruna, inteligente, sutil […] se anticipó a todos los movimientos renovadores que hoy componen nuestra herencia inmediata y sus obras se mantienen frescas, aguardando a que se las "descubra" de veras, se las analice y aproveche, porque todo en ellas sabe a nuevo y es literalmente aprovechable.

2.3.1. John Dos Passos

A continuación, compendiaremos cómo fueron recibidos en España los escritores mencionados al inicio de este apartado de forma individual, con objeto de arrojar luz sobre las distintas recepciones y las posibles razones de estas. Siguiendo un orden cronológico, comenzamos por John Dos Passos, nacido en 1896, el mismo año que Fitzgerald, y quien mantuvo a lo largo de su vida un vínculo estrecho con España.

Sus andaduras por el país comenzaron en 1916, cuando, animado por su pa-dre, el abogado John Randolph Dos Passos, se trasladó a Madrid para estudiar arqui-tectura. Habiendo cursado estudios de literatura española en la Universidad de Har-vard, el joven Dos Passos aprovechó la ocasión para profundizar sus conocimientos y mejorar su español. A partir de ese momento, Dos Passos visitaría España en diversas ocasiones movido por una fascinación por su cultura e ideas políticas. Según las ideas expuestas por la profesora Piñero Gil en el artículo que citamos en la bibliografía, las influencias de la literatura española, en especial de los autores de la generación del 98 y Miguel de Cervantes y su *Don Quijote de la Mancha*, son más que evidentes en su novela *Rosinante to the Road Again* (1922).

A diferencia de la obra de Fitzgerald (recordemos que la primera novela en editarse en España fue *The Great Gatsby* en 1953), la de Dos Passos se editó en nuestro país a los pocos años de la original, como son los casos de las publicadas por la edito-rial madrileña Cenit, *Manhattan Transfer* en 1929 (la original es de 1922), *Rosinante to the Road Again* (1922), traducida como *Rocinante vuelve al camino* y publicada en 1930, o *Three Soldiers* (1922), editada por José Janés en 1948 como *Tres soldados*. Esta temprana aceptación de la obra de Dos Passos se puede deber, según señala Piñero Gil, entre otros motivos, a su conexión con España y a su ideología anarquista y co-munista, más cercana a la de la España de la Segunda República.

Como muestra de la recepción de John Dos Passos en España, expondremos algunas ideas tomadas de artículos de periódicos y revistas desde los años sesenta hasta los ochenta. En primer lugar, el crítico Eduardo Tijeras,[52] en el artículo "El olor de Nueva York" en *ABC* de 1961, alaba la técnica del escritor, una "técnica noveladora" que consiste en "el empleo de la simultaneidad narrativa o de su técnica contrapuntística", dándole "la ventaja de poder referir, en unidad temporal, la totalidad de la experiencia humana"; es decir, Dos Passos "no se entrega a un protagonista", sino que son muchos "personajes prototípicos, y cada uno vive su aventura en varios y distintos estadios sociales".

Tijeras describe a Dos Passos como un escritor sensitivo, con una narrativa donde "late [...] una preocupación obsesiva, tremenda, por los olores". De hecho, "el olor en la obra de John Dos Passos es un gas a ratos corrosivo, cordial, masticable, físico, sutil [...] es el olor del siglo XX en una populosa urbe". Es a través del olor que Dos Passos recrea en sus historias, de "valor histórico y documental", que los "venideros estudiosos" podrán establecer los lugares y personas que pueblan la prosa del autor norteamericano. El crítico destaca la objetividad "malsana" de este escritor "áspero y amargo", quien, como si de una "cámara cinematográfica" se tratara, refleja la "exultación, industrialización, y democracia" de la sociedad norteamericana de principios del siglo XX.

El 28 de septiembre de 1970 falleció John Dos Passos, y fueron multitud de periódicos y revistas los que se hicieron eco de la noticia, dedicándole al escritor extensos artículos y columnas en las secciones culturales y literarias. *La Vanguardia Española* avanzaba la noticia al día siguiente, por medio de diversos artículos, entre titulares como "Era uno de los mejores novelistas norteamericanos de todas las épocas" o "El precursor de la literatura 'comprometida'". No obstante, uno de los críticos, quien firma con las iniciales A.Z., afirma que "John Dos Passos, el último superviviente de la "generación perdida" [...] hacía tiempo que había muerto, si consideramos su vida como escritor", aunque "es de esperar que hoy le dediquen los periódicos un último tributo de acuerdo a su valía".

Más adelante, añade que "personalmente, era persona muy agradable, abierto y con la preocupación evidente de haber visto fracasar los imperativos de sus años juveniles, dejados impresos en sus mejores novelas". En efecto, Dos Passos cambió radicalmente su ideología a lo largo de su vida, pasando de ser un joven comunista a la derecha conservadora, "por cierta inevitable desilusión al ver que los hombres, al aplicar las doctrinas, solo son hombres". Según el crítico, Dos Passos fue "uno de los pocos intelectuales del país que no se dejaron arrastrar por las fuerzas liberales" y señala que esto "fue una de las causas evidentes de su impopularidad, desengañado del caos del país en los años treinta".

La obra de Dos Passos, "retratos directos, instantáneas de la vida nacional", está muy marcada por las ideas políticas del autor, quien parecía estar "condicionado por una [sic] ansia de reforma que le hacía empuñar el látigo, mejor que la pluma". Como al resto de integrantes de la generación perdida, sus primeras novelas son las más influyentes. En estos primeros trabajos, Dos Passos desarrolló "su capacidad" de mostrar una "panorámica […] realmente extraordinaria", empleando "la instantánea, fugaz, rápida".

Por otra parte, el crítico rememora los años veinte, cuando "la aparición de estos escritores norteamericanos en Europa causó impresión tremenda, que no siempre compartía sus puntos de vista", y añade que "es curioso" que libros como los de Dos Passos fueran escritos en los años veinte, "la edad del *jazz*, de Scott Fitzgerald", demostrando que para ellos eran "más que parties alcohólicos y la liberación del sexo de las 'Flappers'". El crítico concluye sus reflexiones sobre John Dos Passos de la siguiente forma: "Parecía más un ser humano íntimamente derrumbado. Dos Passos conservó hasta el final su independencia. Era un hombre. O como dijo Unamuno, nada menos que todo un hombre".

La columna dedicada a Dos Passos en *La Voz*, el 4 de octubre de 1970, expone ideas similares a las anteriores. El crítico Enrique Salgado subraya que "la muerte de John Dos Passos ha reactualizado una figura literaria que hacía tiempo había caído en un olvido generalizado, al menos, en Europa". Tras esta afirmación, el crítico hace un recorrido por la carrera literaria del escritor para finalizar con la siguiente reflexión sobre Dos Passos, interesante para entender la visión del escritor en el ocaso de su vida:

> Dos Passos es excepcional en su talento para manipular la historia social y económica bajo forma novelística: los detalles son escogidos con una percepción aguada; la descripción adecuada de los aspectos superficiales de la vida, con materiales procedentes de los noticiarios y los anuncios. Todo ello se presenta con un carácter de ineludibilidad [sic] que produce espanto. Ningún personaje ha escapado el impulso documental y a su esencial superficialidad.

Por último, analizaremos un extenso artículo, titulado "Esplendores y ruinas en John Dos Passos", de Julio Huasi,[53] publicado en 1981 en *Cuadernos Hispanoamericanos*. El crítico comienza así el artículo: "Pese a sí mismo, sus renuncias y declinaciones, John Dos Passos ha dejado cuatro hermosas novelas que, revelaciones de una Norteamérica aún parcial, lindan ya, a medio siglo de su epopeya trunca, con la inmortalidad". Huasi hace referencia a la "trascendente y genuina joya" de la saga tetralógica de Dos Passos: *Manhattan Transfer* (1925) y la trilogía *USA* (*The Fortysecond Parallel*, 1930; *Nineteen Nineteen*, 1932; y *The Big Money*, 1936). Estas obras, fundamentalmente, convirtieron a Dos Passos "en el ser más esponjoso y brillante de toda su generación en su capacidad de impregnación de toda la estética occidental de la época" y, según Huasi, fue él mismo el que escogió ser "el único perdido" de su generación, "aparte de Scott Fitzgerald, a quien escogieron, como ángel maldito, el alcohol y las mariposas artificiales de una sociedad enriquecida y parasitaria".

Como hicieran los críticos anteriores, Huasi destaca la capacidad de Dos Passos en representar tiempos modernos y en narrarlos casi de una manera cinematográfica, y así lo formula:

> Los ritmos, las secuencias, las fusiones y eximios montajes de Dos Passos dejan a cada instante huellas de la contemporaneidad y la impregnación que arroja el cine sobre sus letras […] El desarrollo del texto sería de lo más cinematográfico si algún cineasta se decidiera a respetar las líneas maestras, cósmicas de los personajes de Dos Passos y sus devenires. También el periodismo jadea neuróticamente en sus páginas (68).

Además, alaba cómo Dos Passos retrata a las mujeres en sus novelas, subrayando que "pocos narradores lograron […] dar vida a personajes femeninos como la ambiciosa Eleanor Stoddard y las tiernas y siempre protagónicas, a veces más que los hombres que las rodean, Janey, Mary, Nevada Jones o la misma Hija". Sobre su prosa más tardía, la menos apreciada por el público lector y la crítica, Huasi hace la siguiente observación:

> Curiosamente, cuando su cosmovisión involucionó hasta el bócalo [sic] de regresar a la sórdida tibieza uterina de un sistema que había escarnecido, escribió pura e irrescatable [sic] letra insípida, burda, compulsiva y desangelada (68).

En conclusión, Huasi hace hincapié en el talento desplegado por Dos Passos en las obras de su primera etapa, especialmente en la tetralogía mencionada anteriormente, y las resume de la siguiente forma: "En la jungla de cemento recreada por Dos Passos, los más poderosos se devoran a quienes previamente humillaron y empequeñecieron".

2.3.2. William Faulkner

William Faulkner fue, junto con Ernest Hemingway, el autor norteamericano más admirado y leído en España en los años que nos atañen, y así lo demuestran los numerosos estudios llevados a cabo sobre él y su obra. A pesar de que el escritor no mantuvo relación con España, a diferencia de Dos Passos y Hemingway, fue desde muy temprano altamente valorado y respetado en nuestro país. De hecho, el primer artículo sobre Faulkner data de 1933, publicado en *Revista de Occidente*. En los años cuarenta se unen más revistas, como, por ejemplo, *El Sol*, y críticos como Ricardo Gullón y José María Castellet, a la difusión de la obra de Faulkner; *Sanctuary* (1931) fue una de las novelas que más interés generaron en esos primeros años.

En los años cuarenta, en las capitales de la cultura, Madrid y Barcelona, iba incrementado el círculo de lectores de Faulkner, a quien empezaban a tomar como modelo literario y críticos y literatos no dudaban en tildar al escritor de uno de los más influyentes del siglo XX. Los años cincuenta marcaron un período especialmente prolífico para la literatura norteamericana y su difusión mundial. Tanto fue así que en el espacio de trece años fueron tres los escritores norteamericanos que recibieron el Premio Nobel de Literatura: William Faulkner en 1949, Ernest Hemingway en 1954 y John Steinbeck en 1962. Quedaba así de manifiesto el auge de la literatura norteamericana y la consagración de sus principales representantes.

Sin embargo, la obra de Faulkner también suscitó polémicas en España y fue en ocasiones el blanco de la crítica durante la década de los cincuenta; al autor se le acusaba de tener un estilo excesivamente opaco y de que, una vez desenredada la maraña en sus historias, no había mensaje alguno. A pesar de que para el lector común la obra de Faulkner podría suponer una ardua tarea, dada su complejidad, los jóvenes escritores españoles de los cincuenta sintieron un gran interés por sus novelas y su técnica literaria les sirvió de fuente de inspiración. Para estos incipientes novelistas, Faulkner representaba la libertad, en un país aislado de lo extranjero, y sintieron fascinación por el crudo retrato de los problemas del ser humano que presentaba en sus novelas. El estilo denso y complejo de Faulkner se asemejaba al nuevo rumbo estilístico que empezaba a tomar la prosa española, por lo que estas nuevas promociones de escritores se sintieron más cercanos a su obra que a la del resto de integrantes de la generación perdida. A esta profusa divulgación de la obra de Faulkner ayudó en gran medida las editoriales barcelonesas Destino, Planeta y Seix y Barral, además de la crítica entusiasta de literatos catalanes, que promovían la lectura de obras extranjeras.

La primera obra de Faulkner editada en España llegó en 1934, *Santuario*, tan solo tres años después de la publicación original, llevada a cabo por Espasa-Calpe, aunque habría que esperar hasta 1954 para encontrar otra edición española de una novela del escritor; se trata de su primera novela, *Soldier's Pay* de 1926, editada por Luis de Caralt y traducida como *La paga de los soldados*. Por consiguiente, aunque las primeras ediciones españolas de la obra de Faulkner llegaron antes que las de Fitzgerald, la mayoría llegó de forma tardía, no pudiendo evitar las duras restricciones y censuras de la España franquista de los años cuarenta y cincuenta.

Con motivo de su muerte en 1962, Faulkner fue noticia en la mayoría de periódicos y revistas literarias. El escritor Castillo-Puche[54] le dedicó un amplio artículo en *Blanco y Negro* en el que ensalza el talento del escritor y el haber logrado en sus obras "la cumbre de lo ético", que el crítico define como "lograr que unas criaturas vencidas, atrapadas, desorbitadas, enloquecidas, enfangadas, desbordadas, sirvan de parábola sombría, pero parábola aleccionadora y ejemplar a la postre". De su enorme influencia se hace eco Castillo-Puche en la siguiente observación, en la subraya que es precisamente su faceta de moralista la más destacable:

> Ni después de muerto, Faulkner ha podido darse por enterado del carácter catártico de toda su obra novelística. Pero algún día los críticos insistirán menos en su fascinante estilo y apreciarán en más el valor de los símbolos, valor purgativo, sedante a pesar de los horrores, curativo no obstante la exhibición de taras y lacras sociales (36).

Más adelante, en la inevitable comparativa con otros integrantes de su generación, comenta que "del triángulo de escritores John Dos Passos, Faulkner, Hemingway, [...] solo queda Dos Passos, acaso porque nunca ha llevado dentro el estruendo y la furia de los otros dos". Como posibles motivos, el crítico apunta al estilo "más natural y sencillo" de Dos Passos frente al "esfuerzo que supone la simplicidad de Hemingway" o "las complicaciones laberínticas que promueve Faulkner".

A pesar de las complicaciones que presenta la narrativa de Faulkner, en la España de los sesenta tenía "muchos lectores, principalmente entre los escritores", dando lugar a "imitaciones [...] horrendas". No obstante, Castillo-Puche lamenta la falta de "críticos y guías de su novelística, por lo menos en la calidad y cantidad que los ha tenido en Francia". Para finalizar el artículo, retoma la idea anterior sobre la falta de profundización del contenido de la obra de Faulkner de la siguiente manera:

> El público, en general, todavía no ha entrado en ese mundo subterráneo, alucinante, caótico y bello que es el mundo de Faulkner y de sus empecatadas y maravillosas criaturas, esas perversas mujeres, esos inocentes y brutales idiotas que fueron siempre el coro trágico de su soledad de granjero, sus pesadillas de ex combatiente frustrado, su bárbara melopea de poeta inhumano y misericordioso (36).

En *La Vanguardia Española* encontramos otro artículo a raíz del fallecimiento de Faulkner, llevado a cabo por Ángel Carmona Ristol[55]. Bajo el título "Réquiem por Faulkner, el sincero novelista de las pasiones y la niebla", el autor hace referencia en diversas ocasiones a la influencia de Faulkner, con frases como "ejerció tan innegable influencia en la literatura del siglo XX", "escritor que, para bien o para mal, ha ejercido una influencia en escala considerable"; además, señala que desde hacía tiempo "la 'faulkneritis' se había convertido en una enfermedad juvenil", poniendo de relieve la moda de los escritores españoles de los cincuenta por seguir el modelo de la prosa de Faulkner.

En el último artículo que analizaremos sobre la recepción de Faulkner en España encontramos ideas muy similares a las de los dos artículos de 1962. Se trata de una reseña de la obra *Análisis estructural, método narrativo y sentido de "The Sound and The Fury" de William Faulkner*,[56] titulada "Faulkner a estudio", de Aránzazu Usandizaga,[57] publicada en *Cuadernos Hispanoamericanos* en 1981. En la reseña Usandizaga también incide en la idea de que se habían "publicado relativamente pocos trabajos en España sobre William Faulkner" (130); en contraposición a "la impresionante maquinaria crítica norteamericana" (130) que tantos estudios había publicado del escritor hasta la fecha, al igual que en Europa, donde "Faulkner provocó y sigue provocando un entusiasmo que, aunque indiscutiblemente merecido, refleja la nostalgia europea clásica por el sueño americano" (130). Así pues, estas breves muestras de lo que supuso la obra de Faulkner en España y cómo fue recibida, reflejan que, aunque la literatura extranjera llegaba tardíamente, así como estudios y ensayos sobre sus autores, William Faulkner constituyó uno de los escritores extranjeros, o al menos norteamericanos, más influyentes en nuestro país durante los años que nos ocupan.

2.3.3. Ernest Hemingway

Sobre la relación de Ernest Hemingway y España se han llevado a cabo innumerables estudios académicos, por lo que resulta evidente el porqué de la popularidad de este escritor en nuestro país, quien ha sido señalado como indiscutiblemente uno de los mejores escritores norteamericanos del siglo XX. Por lo tanto, nos centraremos en exponer de manera sucinta cómo fue recibida las primeras publicaciones de la obra del escritor en España.

La conocida pasión de Hemingway por España y su cultura taurina empezó a raíz de su primera visita al país en 1923, a la que le siguieron muchas más durante los años veinte y treinta, que le sirvieron de inspiración para sus primeras novelas, como *The Sun Also Rises* (1926) y *Death in the Afternoon* (1932). Teniendo en cuenta que los primeros trabajos de Hemingway fueron recibidos de manera entusiasta en numerosos países, sería de esperar que hubiera ocurrido lo mismo en España. Sin embargo, a semejanza de lo ocurrido con Fitzgerald, la mayoría de su obra no llegaría a nuestro país hasta los años cincuenta, tras la publicación de la relevante *The Old Man and the Sea* (1953), que no solo consagró aún más al escritor norteamericano, sino que le valió el Premio Nobel de Literatura en 1954.

Anteriormente, la obra de Hemingway, en concreto *Death in the Afternoon*, había generado un ligero interés en críticos aficionados a las fiestas taurinas y se pueden encontrar algunas reseñas de dicha novela en periódicos como *El Sol* o *La Libertad*, o *La Revista de Occidente*. Por tanto, estos hechos ponen de manifiesto que la presencia de Hemingway en España hasta entonces era por motivos ajenos a su literatura. Según críticos, esta falta de interés por la obra de Hemingway en los años treinta se pudiera deber justamente a su fijación y consiguiente representación de lo taurino en sus novelas en una España republicana más preocupada por asuntos sociales que por fiestas banales.

No obstante, su apoyo al bando republicano durante la Guerra Civil propulsó la primera publicación de una novela suya, *The Torrents of Spring* (1926), traducida al catalán por José Janés en 1937. Precisamente fue este apoyo, unido a la dudosa moralidad de las novelas, el que le concedió un lugar en la lista de autores prohibidos durante los primeros años de la Dictadura franquista, que, por consiguiente, frenó las publicaciones de sus novelas en España durante esos años. Como consecuencia de la ligera relajación de la censura en España y el deseo de mejorar su imagen en el extranjero, a finales de los años cuarenta se publicaron dos novelas de Hemingway, de nuevo *The Torrents of Spring*, en 1946, y *The Sun Also Rises*, por José Janés en 1948, aunque obtuvieron críticas muy pobres y pasaron prácticamente desapercibidas. Habrá que esperar a 1953, a la publicación de *The Old Man and The Sea*, y al Premio Nobel un año después, para que comience una nueva etapa en la recepción y presencia de Hemingway en el panorama literario español.

Con motivo de la concesión del Premio Nobel, José María Castellet escribió una columna en *Revista* en noviembre de 1954, en donde destaca, que, tras el Premio Nobel a Faulkner en 1949, y el reciente a Hemingway, es "visible […] la primacía de la novela norteamericana en el panorama literario mundial del período 1925-1950". Si bien "el orden de prelación en la concesión del Premio no implica otra cosa que el mayor predicamento que Faulkner tiene en Europa", Hemingway goza de mayor fama "entre el público y la crítica norteamericana". Según Castellet, la obra de Hemingway, aun siendo "poco prolífico", "es de una importancia excepcional" y "fué [sic], con Scott Fitzgerald, uno de los más típicos representantes […] de la 'generación perdida'".

De *The Old Man and the Sea*, que catapultó al Hemingway escritor a la fama en España, el crítico afirma que es "su obra cumbre" y que "casi asusta pensar que un escritor de cincuenta y seis años […] haya escrito una obra de tanta madurez". La "cierta alegría en el viejo pescador cuando […] comprueba que ha hecho todos los posibles por vencer totalmente" resume el cambio en la mentalidad de Hemingway: del joven "individualista" de los años veinte a la madurez del de los años cincuenta, quien "tiene la conciencia tranquila: es el renunciamiento, la resignación, el despego". Además de tener una temática del agrado del público lector del momento, el estilo, directo y sencillo, también se ajustaba a los cambios que estaba experimentando la prosa española en los cincuenta. Incluso en 1961, años en que se publicaron numerosos artículos tras el fallecimiento del escritor en julio, *The Old Man and the Sea* continuaba siendo la obra más respetada de Hemingway en nuestro país, como se aprecia en las palabras de José María de Sagarra[58], en *La Vanguardia Española*:

> […] tan gran respeto me merece la aventura literaria de Hemingway, que yo, como muchos, leí alguno de sus títulos, y si aprecié sus muchos méritos, no sentí en ellos totalmente aquella rotundidad verbal y aquella personalidad indiscutible que caracterizan las obras esenciales. Pero un buen día cayó en mis manos […] *The Old Man and the Sea*, […] su pequeño gran libro, que, como otros libros de breve volumen, sintetizan toda la posibilidad creativa de un escritor: que por su excelencia eliminan a todos los demás de la misma pluma, y marcan un hito de diamante dentro de todo un siglo literario (11).

El crítico Tomás Salvador[59], de nuevo para *La Vanguardia Española*, también se despidió del "vagabundo escritor", señalando algunos de los aspectos más reseñables de la vida y carrera de Hemingway: considera que "de todos [los escritores de la generación perdida], el más europeo, el más viajero, fue Hemingway, don Ernesto, como se empezaba a decir y a él le gustaba". Sus historias, inspiradas en multitud de lugares, están contadas con un estilo "sencillo, limado hasta el límite, sobrio". Hemingway era "ya clásico" y "esencialmente internacional", aunque "a veces, con la cruel ironía de la vida, se encontraba más popular por lo que hacía que por lo que escribía". En efecto, como apunta Salvador, "beber vino en los sanfermines difundía más una foto que sus libros, o ser amigo de toreros y boxeadores, o no hacer nada, simplemente". Si bien el Hemingway bebedor y festivo era el más conocido popularmente, la crítica nacional e internacional ya le habían concedido al escritor, incluso antes de muerto, un lugar entre los mejores narradores del siglo.

2.3.4. John Steinbeck

En último lugar, trataremos al escritor californiano John Steinbeck, cuya recepción en España fue también irregular y estuvo muy marcada, como en el caso de Fitzgerald, por las adaptaciones cinematográficas y teatrales de sus obras.

A diferencia de Dos Passos, Faulkner y Hemingway, la obra de Steinbeck no alcanzó la madurez literaria hasta finales de los años treinta, con la publicación de *Of Mice and Men* (1937), y la aclamada *The Grapes of Wrath* (1939). A este hecho se podría deber que las primeras traducciones al español de su obra no llegarían hasta los años cuarenta, cuando se introdujeron las ediciones hispanoamericanas de algunas de sus novelas, a mano de editoriales argentinas, como, por ejemplo, Siglo Veinte y Sudamericana, y la chilena Zig-Zag. En un principio, y como ocurrió con algunas de las primeras ediciones españolas de Fitzgerald, se mantuvieron intactas las traducciones de estas editoriales hispanoamericanas y, progresivamente, tuvieron lugar las primeras traducciones españolas, a cargo de algunas de las editoriales más vanguardistas, como Luis de Caralt y Planeta.

La obtención del Premio Nobel en 1962 posicionó a Steinbeck entre los escritores norteamericanos más importantes, agregándose a los consagrados Faulkner y Hemingway, y consolidó el reconocimiento de la crítica española por su obra. Los años sesenta vieron, como consecuencia, la publicación, por parte de diversas editoriales, de sus trabajos más importantes en español y en catalán. De ese año data el extenso artículo "Steinbeck contra el mundo" publicado en *ABC*, cuyo autor firma con las iniciales J.L., quien subraya que la prosa de Steinbeck contiene "todo un aluvión riquísimo de situaciones y personajes que hacen mucho más cotizable el legado novelístico norteamericano, después de un Faulkner y un Hemingway".

Al igual que ocurrió con la recepción de Fitzgerald en España, las adaptaciones cinematográficas, y teatrales en el caso de Steinbeck, ayudaron a la difusión de la obra del escritor en España, propulsando su popularidad entre el público. Como apunta el crítico, "no conviene nunca perder de vista, al examinar la obra de Steinbeck, sus frecuentes contactos con el cine y el teatro", aunque le hayan "dado a algunas de sus obras giros o encuentros que acaso están lejos de una narrativa pura". El estreno de *La Perla* en 1949, coincidiendo con la publicación de su traducción en español, propició que la novela fuera "muy leída por el público español después de su fulminante éxito en el cine" (aunque el mayor éxito comercial lo consiguió la adaptación de *East of Eden* de Elia Kazan, estrenada en España en 1958, manteniéndose en la cartelera dos años).

A la pregunta de "¿cómo ha caído la noticia de Steinbeck Premio Nobel?", el propio crítico responde que "en los países de habla castellana indudablemente ha debido de sentar bien que un novelista que ha sacado tantas veces a Pepe, José María… entre sus personajes, pase a la circulación mundial". Además de ser un merecido reconocimiento, ya que, "aunque en algunas obras le falten equilibrio y perfección, lo que más vale en Steinbeck es su noble espíritu de rectitud ante los desheredados, […] ante la fuerza aniquiladora de la espontaneidad y la franqueza del individuo". Con el Nobel, Steinbeck "ya ha triunfado, que es lo que le obsesionaba y acaso lo que últimamente le tenía tan irritable y maniático" y, como resultado de tan preciado premio, "ahora tiene el ancho mundo sin fronteras como marea constante de lectores impacientes que lo esperan".

A John Steinbeck también le dedicó la prensa española panegíricos a su muerte en 1968. *La Vanguardia Española*, bajo el titular "Acaba de desaparecer una gran figura de la literatura de la protesta social", anunciaba el fallecimiento del escritor. El crítico Juan Ramón Masoliver comenta que el Premio Nobel a Steinbeck completaba "el terceto, con Faulkner y Hemingway" y añade sobre los últimos años del escritor:

> Admito que las reiteradas estadías en Europa, a partir del cincuenta y tantos, aportaran al nuestro [Steinbeck] nueva savia, cierto frescor; y que en vísperas del galardón, la sátira social de *El invierno de nuestro descontento*, en su equilibrio de humor y poesía para contrarrestar el cinismo y amargura del tablado, en cierto modo nos devolviera el Steinbeck de los buenos tiempos. Al suplemento de fama conseguido con sus crónicas de guerra y lucubraciones filosófico – políticas, la poética cámara de Indio Fernández o el mito James Dean (23).

Según el crítico, la pervivencia de Steinbeck en la memoria literaria no se deberá al Premio Nobel, sino a su costumbrismo, a "la amistosa comprensión, la ternura, el empeño en abajar los muros de la soledad del hombre"; su obra consigue captar "con singular penetración […] lo cotidiano, el gusto de narrar, y el escape del humor, […] que le aseguran un valor permanente, sin menester de Pulitzer ni Nobel". El crítico Lluis Cassany, para el mismo diario, reiteró la idea de la valía del escritor californiano años después, en 1979; Steinbeck, a pesar de la irregular calidad de su obra, "supera a otros que gozan de mucho más prestigio sin llegar a las cotas de calidad que él ha conseguido". Según el crítico, "existen escritores oportunistas y espectaculares, entendiendo esto último como lo contrario de sencillos, genial y gloriosamente sencillos".

Lo que hace que la literatura de Steinbeck cale en el lector es su visión del hombre, de la importancia de la colaboración de unos con otros y de "su profundo amor al hombre, y no precisamente ciego, […] su contemplación es crítica, […] conoce muy bien el carácter de los hombres"; y este conocimiento del ser humano, tras largos viajes por Estados Unidos, hizo que llegara "a una conclusión sencilla: en el inferior del ser humano existen fuerzas antagónicas en continua lucha, nadie es bueno, nadie es malo".

Además, Steinbeck no es un escritor "rebuscado en su vocabulario", su lenguaje es asequible a todos; consigue que las ideas sean "admirablemente sencillas, nacidas no de un estudio formal y teórico, sino de la observación del mundo y de los hombres", creando personajes que nos revelan "una verdad que nos aturde un poco: en nuestro carácter existen rasgos que no son tan originales como nosotros creíamos". En definitiva, el crítico ensalza que "sus comentarios, que a primera vista parecerían superfluos e ingenuos, son la plasmación de un sentimiento benevolente, crítico, no satisfecho, pero muy amoroso hacia el hombre". Esta temática afín al realismo social de la novelística española de los años cincuenta, unida a las exitosas adaptaciones cinematográficas y teatrales de la obra de Steinbeck, generó un gran interés en el público por el escritor, cuyo reconocimiento se vio aún más reforzado con la obtención del Premio Nobel en 1962.

En conclusión, la década de los cincuenta fue clave para la consagración de estos escritores en España. Dos Passos, Faulkner, Hemingway y Steinbeck vivieron el apogeo de la literatura norteamericana de los cincuenta y de sus carreras profesionales, dando lugar al reconocimiento internacional de sus obras, por las que recibieron los más prestigiosos premios literarios; además de contar con populares adaptaciones cinematográficas y teatrales de algunas obras. Todo ello propició que estos autores llegaran a las librerías españolas, aun tardíamente dado el contexto político-cultural del país, antes que la obra de Fitzgerald, quien fue relegado a un segundo plano en España hasta finales de los años sesenta.

Aunque la obra de Fitzgerald viviera una revalorización en los años cincuenta en diversos países, el escritor, fallecido en 1940, no pudo gozar en vida de los éxitos de estos otros autores, quienes al morir dejaron atrás una consagrada carrera literaria, por lo que, durante años, Fitzgerald solo se amparaba en su corta obra (no obtuvo premios y las adaptaciones cinematográficas más populares no llegarían hasta los setenta). Precisamente su obra puede constituir otro motivo del tardío reconocimiento del escritor en España. La prosa de Fitzgerald distaba mucho de las nuevas corrientes novelísticas españolas de los cincuenta, que poca afinidad podían encontrar en los extravagantes retratos de la Norteamérica de los años veinte y treinta, y, por consiguiente, de los intereses del público lector español de la época.

CAPÍTULO III
Recepción de Fitzgerald en España (II): Novelas

CAPÍTULO III   RECEPCIÓN DE FITZGERALD EN ESPAÑA (II): NOVELAS

3.1. Visión de Fitzgerald y su época en España: desde los años cincuenta hasta principios de los años ochenta

Fitzgerald y sus obras fueron llegando a España de manera paulatina y es en los años cincuenta (recordemos que en 1953 se edita por primera vez una obra de Fitzgerald en España) cuando empiezan a incrementar las menciones al autor, aunque, en muchos de los casos, no de manera individual sino como un integrante más de la conocida generación perdida.

Como ejemplo, encontramos en tres periódicos distintos la publicación de conferencias sobre la novela norteamericana y sus más representativos escritores, cuyo ponente era el catedrático de Literatura de la Universidad de Zaragoza D. Francisco Ynduráin. La primera de ellas, "De la época de *jazz* a la generación perdida: Scott Fitzgerald, Hemingway: su experiencia española", fue anunciada en el *ABC* el 21 de enero de 1953; la segunda, del 31 de enero de 1953, publicada en *Nueva Alcarria*, tuvo lugar en el Ateneo de Madrid y giraba en torno a los años 1919 y 1929 en los Estados Unidos de entreguerras.

El artículo define de la siguiente manera la temática de dicha conferencia: "[…] el optimismo de la 'época del *jazz*' o la edad dorada, y la nota de frustración, de amargura y falta de sentido en la vida que se inicia en estos años y alcanzará su nota más aguda después de la crisis económica del 29; Scott Fitzgerald y Hemingway sirvieron con sus obras para este contraste" (*Nueva Alcarria*, 13). Además, la conferencia aporta algunas de las características de la novela norteamericana que, según D. Francisco Ynduráin, se podrían resumir de la siguiente forma: apego a la situación del momento, dinamismo en la presentación de los hechos, búsqueda de formas expresivas propias, violencia física, evitación de prejuicios y presentación de la novela como testimonio humano de carácter poético, pero también histórico.

Sin embargo, el eje central de la conferencia era la obra del escritor William Faulkner, la cual es, según el artículo, "quizá la más rica y densa de la moderna novela americana". Como el propio Ynduráin reconoció en una entrevista para la revista *Ate-*

neo: Las Ideas, el Arte y las Letras el 14 de febrero de ese mismo año, Faulkner era, según su punto de vista, el escritor más importante dentro de la literatura norteamericana. La entrevista va acompañada de las fotografías de otros autores significativos, entre los que se encuentran Pearl Buck, Ernest Hemingway, Sinclair Lewis, Edith Wharton, Gertrude Stein y el propio William Faulkner. En los años cincuenta la figura de F. Scott Fitzgerald era todavía un tanto desconocida y, aunque se le incluía en la fructífera generación perdida, sus obras eran prácticamente inéditas en España.

El 26 de agosto de 1953, el influyente periódico *La Vanguardia Española* publicó un artículo, titulado "Los libros del día", sobre Fitzgerald del cual se pueden extraer varias conclusiones sobre la visión, aunque aún muy limitada, que se tenía en aquellos años del escritor. En primer lugar, el autor del artículo, quien no es mencionado, pone de manifiesto, nada más comenzar, la posición que ocupa Fitzgerald con respecto a quien sería, tanto en vida como en años posteriores, su rival más directo (y con quien Fitzgerald estaría y está condenado a ser comparado) en el mundo literario: Ernest Hemingway.

El artículo empieza de la siguiente forma: "Scott Fitzgerald fué [sic] en su tiempo lo que puede ser Hemingway para la generación actual". Por otra parte, también se hace eco de la imagen más pobre y lamentable de Fitzgerald: la de un escritor que, tras probar las mieles del éxito, se difumina en las oscuras tinieblas del fracaso, expresándolo de la siguiente forma: "Y como los héroes de aquel decenio [los años veinte], también el joven norteamericano cayó […] lo mataron los excesos de aquellos años felices, murió del corazón al disiparse aquella pintada felicidad […] Y con él murió su renombre, que es lo peor, quedando en prototipo de una época".

En efecto, Fitzgerald murió sumido en la ruina, pero, tal como veremos más adelante, sus obras vivirían una revalorización en España en las décadas de los sesenta y, especialmente, los setenta, que lo catapultaron a lo más alto de la literatura norteamericana. Por último, el crítico hace un breve esbozo de los años veinte usando expresiones como "los felices veinte", "años del *jazz*, de la embriaguez y las drogas", "aquella felicidad pintada", las cuales indican la fugacidad, excesos, agitación y frenesí que envolvieron a aquellos años al igual que a Fitzgerald. Esta asociación de ideas evoca la imagen de un escritor y una época sumidos ya en el olvido.

En el número 67 de la revista Ínsula, publicado en julio de 1951, apareció un artículo escrito por Ricardo Gullón,[60] bajo el título de "Una leyenda en formación". El crítico se hace eco del auge de F. Scott Fitzgerald a finales de los años cuarenta y principios de los cincuenta en Estados Unidos, aseverando que "sobre F. Scott Fitzgerald está formándose en los Estados Unidos una leyenda", aunque, según Gullón, no toda la información relativa al autor es precisa, y en muchos casos, agranda el talento del escritor, como expone en la siguiente observación:

Las revistas de gran circulación, los periodistas faltos de asunto y el general deseo del lector común de renovar sus héroes y de encontrarlos también entre las gentes de letras, está dando origen a una imagen de Scott Fitzgerald que no se ajusta del todo a la verdad. El «fabuloso» Fitzgerald le ha llamado la lujosa *Life* neoyorkina ("Una leyenda en formación" 8).

No obstante, "contra esta tendencia se alza la bien informada y competente crítica norteamericana", a la que pertenece William Barrett,[61] quien "asevera sin vacilaciones que, aunque genial, el novelista no llegó a ser un gran escritor". Gullón también reconoce la genialidad del escritor y su valor como "símbolo de su tiempo", pero considera que "la leyenda que ahora apunta es la de un mítico Fitzgerald, superior a sus émulos y más grande todavía por no haber sido reconocida en su hora toda la extensión de su genio".

En 1955, encontramos otro artículo de Ricardo Gullón, publicado en la revista *Atlántico*, perteneciente a la Embajada de EE.UU. en España, que refuerza esta imagen de un Fitzgerald "triturado en la lucha por vivirse como personaje de una fabulosa leyenda inventada por él mismo". Más adelante, Gullón prosigue su descripción del escritor y comenta con dureza: "Físicamente agotado, destruido por el alcohol y la obsesión del dinero, murió creyéndose un fracasado, sintiéndose incomprendido y frustrado".

Dicho artículo trata concretamente sobre el libro *La novela en Norteamérica* de Frederick J. Hoffman, traducido por José María Castellet[62] (Editorial Seix y Barral, Barcelona, 1955). En él, Gullón menciona una de las biografías escritas sobre Fitzgerald, *The Far Side of Paradise*, que define como "tentativas de glorificación […], de exaltar un pasado próximo que en el inseguro presente surge embellecido por la nostalgia". Aquí el crítico parece sostener la opinión que se mantenía de Fitzgerald en su época y que, a pesar de ser una "atractiva figura", no es merecedor de ser glorificado como muchos otros escritores que también vivieron una vida corta y turbulenta.

Tres años más tarde, en 1958, en el número 10 de la misma revista, se publicó otro artículo titulado "Influencia de la literatura americana en Europa desde la guerra", en el que su autor, Geoffrey Moore, menciona a "Scott Fitzgerald" y su "romanticismo bastante histérico". De nuevo, nos encontramos con un juicio poco halagador sobre Fitzgerald, ya que "histérico" invita más bien a entender al autor como un escritor excéntrico, delirante e irregular, omitiendo su faceta más diligente y meticulosa, aquella que le permitió escribir sus mejores trabajos.

Siguiendo una línea similar, Baltasar Porcel publica un artículo ("El final de la 'generación perdida'") en *La Vanguardia Española* el 31 de mayo de 1967 donde describe a la generación perdida como "el más importante pelotón de escritores producido por los Estados Unidos" y destaca a "Wiliam Faulkner, Ernest Hemingway, John Dos Passos, John Steinbeck y Henry Miller, los más altos espíritus de aquella generación". Hacia el final del artículo, Porcel añade: "Sin salirnos de las figuras menores […] encontramos a […] F. Scott Fitzgerald, deshecho por la bebida y los nervios". Por su parte, el crítico Francisco Alemán Sáíny, en su artículo "El misterioso Traven", publicado en el periódico *El Eco de Canarias* el 4 de junio de 1969, le dedica también duras palabras a Fitzgerald, a quien describe como "un importante novelista desaparecido tras el alcohol".

Sin embargo, y como ya hemos adelantado, en la década de los sesenta y setenta hay un auge de las obras de Fitzgerald en España. Más allá de ser una simple figura dramática (como consecuencia de los excesos, las peleas, el alcoholismo, las deudas y una muerte prematura), Fitzgerald empieza a ser valorado por su indiscutible talento literario y así lo reflejan muchos artículos y columnas en los distintos periódicos nacionales.

Laureano Bonet resalta en su artículo "F. Scott Fitzgerald: metáfora de América" (*La Vanguardia Española*, 1972) la revalorización que Fitzgerald empezaba a gozar en aquella época en España. Bonet comenta que "es curioso observar cómo la obra de un escritor puede […] traspasar las fronteras culturales y cronológicas dentro de las cuales ha crecido y llegar de este modo a 'resucitar', mediante su lectura". Precisamente, el crítico señala un cambio en la particular competición entre Hemingway y Fitzgerald; ahora, según Bonet, los papeles se han invertido y Hemingway, quien "tuvo su mejor acogida entre nosotros allá por los años cincuenta", parece ser adelantado por Fitzgerald "desde hace un par de años", ya que "priva cada vez con mayor fuerza tanto que, de un papel segundón dentro de la 'generación perdida', está logrando eclipsar a sus compañeros Faulkner, Hemingway y Dos Passos".

Más adelante, comenta que "la fascinación que ejerce Scott Fitzgerald en los lectores de 1972 acaso se deba en parte a las ricas ambivalencias con que se alimenta su obra". Al poner de manifiesto Bonet la existencia de ideas contrapuestas en las obras de Fitzgerald, ofrece otra perspectiva distinta a la que se tenía hasta entonces de la narrativa del escritor norteamericano: sus obras no son tan superficiales como parecen y hay que escarbar más hondo para encontrar las diferentes capas que conforman sus historias. Ni los ricos son tan felices ni las alocadas fiestas tan divertidas.

Sin duda, una mayor profundización en la temática y una interpretación menos literal de las obras de Fitzgerald fueron clave para provocar esa creciente "fascinación" de la que habla Bonet. Lo que también es digno de atención y reflexión es la acertada previsión del crítico sobre "los abundantes estudios en Europa y Estados Unidos" que serían publicados sobre Fitzgerald en los años siguientes, concluyendo que "tal vez […] la literatura 'sobre' Scott Fitzgerald comenzará a devorar a la literatura escrita 'por' Scott Fitzgerald, hasta convertir a éste [sic] en otra víctima del consumismo académico". Con esta observación Bonet critica el estudio excesivo de un escritor con el único fin de aumentar las ventas, difuminando de algún modo la obra en sí del autor en cuestión. Por otra parte, Bonet hace unas breves referencias a algunas de las traducciones de F. Scott Fitzgerald ya editadas en España en ese momento; de ellas comenta lo siguiente:

> Juan Benet traduce *This Side of Paradise* […] Terenci Moix vierte al catalán *Tender is* [sic] *the Night* y encabeza Èl día que va a morir Marilyn con un texto crucial de Fitzgerald dedicado a los jóvenes americanos de los años veinte: '…una generació que, en créixer es va trobar amb tots el déus morts, amb totes les guerres las fetes, perduda tota mena de fe en l'home'.

Otro artículo que trata el nuevo interés suscitado por Fitzgerald es "Scott Fitzgerald o el vacío de la inmadurez" (35), escrito por Robert Saladrigas e incluido en la columna "Al pie de las letras", del diario *Destino*, en julio de 1972. Saladrigas, tal y como adelanta el título del artículo, incide en "el trágico vacío de la propia madurez nunca superada" de Fitzgerald. Esta inmadurez está, de acuerdo con Saladrigas, estrechamente unida a la llegada de una nueva era rodeada de "los vapores del alcohol", "sueños eróticos-sentimentales decadentes" y "la mística del *jazz*": una época que, a pesar de vivir importantes cambios sociales, no supo apreciar ni entender a Fitzgerald. Y es, precisamente, el haber sido incomprendido una de las razones que el crítico señala como causante de la debacle final de Fitzgerald, quien se adelantó a sus tiempos. Saladrigas refleja esta opinión de la siguiente forma: "Puede que la obra de Scott Fitzgerald deba considerarse de anticipación […] Vivimos actualmente [los años setenta] tiempos de evolución infinitamente más trepidantes que la de los años 20-30".

Además, hace hincapié en que "en los años cincuenta se le seguía considerando autor de 'segunda'", idea que ya hemos podido ver en algunos de los artículos comentados anteriormente. Pero los progresos sociales y el descubrimiento de la novela norteamericana hacen que "para el actual lector joven español de menos de treinta y cinco años [no le resulte] sorprendente asistir a la progresiva revalorización que viene conociendo la obra literaria de F. Scott Fitzgerald", lo que justifica "el que gane prestigio a pasos agigantados hasta situarse en uno de los primerísimos lugares del balcón literario norteamericano".

Una vez expuestas estas ideas, Saladrigas nos ofrece una reflexión final: "Así se comprende que cada vez sean más numerosos los lectores que entienden […] la obra de Scott Fitzgerald. Porque en el fondo Scott no fue más que una de las primeras víctimas de los bandazos de una época que pugnaba por hallar su identidad". Estas consideraciones manifiestan una evolución en la perspectiva que se solía tener del escritor en los años cincuenta: de celebridad precoz arruinada por sus vicios y obsesionada con el dinero a visionario incomprendido por sus coetáneos. El propio Saladrigas comentó tres años más tarde que Fitzgerald sería "quizá [el escritor] más representativo de la decadente sociedad norteamericana de entreguerras" (*La Vanguardia Española*, 53).

En 1974 los escritores Francisco Umbral y Lola Aguado también se sumaron a la lista de críticos que difundían la resucitada figura de Fitzgerald. El escritor madrileño escribió un artículo sobre la moda "retro" en España donde comenta la vuelta de modas pasadas, entre ellas la vuelta de Fitzgerald, propulsada en gran medida por la adaptación cinematográfica de *The Great Gatsby*, de la siguiente forma:

> Pero lo retro viene pegando y al final no hay más remedio que darse por enterados [...] Así las cosas, el que ahora descubran una vieja novela de Scott Fitzgerald, *El gran Gatsby* y quieran hacer con ella una película de moda [...] ni me va ni me viene, porque hace siglos que mi generación quemada de posguerra leía a la generación quemada americana —Faulkner, Fitzgerald, Hemingway, Dos Passos (Umbral 62).

Por su parte, Lola Aguado publicó "Scott Fitzgerald: *A este lado del paraíso*" en el *El Norte de Castilla* en noviembre de 1974. En él, Aguado hace un breve recorrido por la vida de Fitzgerald, contrastando la desvalorización que vivió el escritor en su época con la visión que se tenía de él en ese momento.

En cuanto a lo primero, la crítica comenta: "[...] su fracaso literario [de Fitzgerald] —los críticos habían dejado de estimarle, sus libros no se vendían como antes— y la locura que sobrecogió luego a Zelda, su mujer, quisieron relacionarse, sin motivo, con los torvos días de la depresión". A Zelda, más adelante, la tilda de "extravagante" y "estrambótica" para concluir que "se volvió loca". Sería años más tarde cuando Zelda empezara a gozar de más respeto y reconocimiento por su talento artístico; un reconocimiento que, en cambio, Fitzgerald ya estaba obteniendo.

Aguado resalta algunos de sus puntos fuertes así: "Porque si algo tuvo Fitzgerald, el 'niño bonito' de los años veinte, que pueda elogiársele, fue una conciencia de sí mismo, una lucidez despampanante [...] Su candidez está a la par de su audacia." También señala el alcohol y las deudas como factores que determinaron no solo su derrumbe personal sino también el de la crítica y de ventas. A estos dos aspectos hace referencia de esta manera:

> Fitzgerald es de verdad un hombre de letras, aunque su imagen aparezca borrosa por el alcohol y por el desenfreno de la vida social a que se entrega [...] Es un escritor de verdad, aunque muchos lo dudan y aunque se vea obligado a escribir incesantemente para los magazines [...] porque está envuelto en deudas (3).

Un año antes, en 1973, un crítico ya mostraba su sorpresa ante el resurgir del escritor norteamericano en un artículo publicado en *La Vanguardia Española*:

> Me ha sorprendido la curiosidad creciente de tanta juventud barcelonesa hacia la obra de Scott Fitzgerald. Asombra que al cumplir medio siglo, el mundo de Scott, desaparecido por el escotillón, la trampa de 1929, interese a las gentes nuevas. En los años veinte, al menos en Barcelona, nadie hablaba de sus novelas. Éramos cuatro los atraídos por la prosa cargada de imágenes que reflejaban o inventaban el espíritu efervescente de la época (59).

El escritor José María Alfaro también habla de "la resurrección o, mejor aún, el descubrimiento" de Fitzgerald y de "la moda Gatsby […] empujada por añoranzas y rememoraciones" (*ABC Sevilla*, 1975). Incluso encontramos un artículo en un diario deportivo donde mencionan al escritor. El crítico, quien está haciendo una valoración del mercado de fichajes de verano en el fútbol español, hace la siguiente reflexión. "[…] este país es el paraíso de los entrenadores, algo así como el país de los años veinte para los norteamericanos de la época de Scott Fitzgerald y Hemingway, de los que se decía que al morir, si habían sido malos, iban al infierno y si buenos, a París" (*El Mundo Deportivo*, 1975).

Destino, en el número 2.202 de diciembre de 1979, publicó un extenso artículo en la sección "Cartas abiertas a los vivos y a los muertos", titulado "A Francis Scott Fitzgerald" de Carlos Rojas[63]. En este artículo escrito a modo de carta, dirigida a "Mr. Fitzgerald", el crítico trata de desenmarañar la compleja figura del escritor, tanto en vida como en los años posteriores a su fallecimiento. Como indica Rojas, a los cinco años de morir "había empezado su resurrección", y "desde entonces hasta hoy crecen las ediciones de sus libros en todas las lenguas mientras Hollywood y la televisión americana adaptan sus novelas y sus relatos", surgiendo de esta fascinación por Fitzgerald múltiples "obras críticas sobre su obra y tesis doctorales sobre su estilo".

Ante el apogeo del escritor, "todos los eruditos no hacen sino formularse […] la pregunta […], ¿quién fue Francis Scott en su breve paso por la tierra?". Aunque fueron muchos los que lo tacharon de "loco", "pobre bastardo" o de haber "dilapidado la vida", Rojas sentencia que "su legado es el mejor testimonio de sus tiempos, *the jazz age* [sic] y la prosa más diáfana y más poética, impresa en América hasta la fecha". Rojas prosigue su defensa del porqué es merecida la revalorización de Fitzgerald sosteniendo que el escritor "ha sido uno de los artistas más fugaces y preclaros, aunque menos comprendidos a pesar de inmensa popularidad" y que, junto con Hemingway y Faulkner, constituyen una de las más fructíferas e ilustres generaciones de escritores americanos.

A finales de los setenta y principios de los ochenta, numerosos diarios y revistas le dedicaban a Fitzgerald extensos artículos y columnas, ya fuese con motivo de una nueva publicación, como el artículo de *El País*, "Scott Fitzgerald se consolida como un clásico de la literatura americana", de Genoveva Dieterich, de septiembre de 1980 (a raíz de la publicación de la edición española de *The Price was High*), donde la crítica asevera que la influencia del escritor "es amplia y ha llegado a apreciarse, gracias al cine en gran parte, en la vida cotidiana", aunque todavía "en España, de momento, el conocimiento de la literatura de Fitzgerald sigue siendo notoriamente incompleto"; o simplemente como divulgación de la vida y obra del escritor, como el artículo de *ABC* "Scott Fitzgerald", de 1981, en el que su autor, Julio M. de la Rosa, recorre la vida de Fitzgerald, quien, según el crítico, "representará como nadie el nuevo 'carnaval' de la vida norteamericana, la rebelión despilfarradora que se alza contra los precavidos y vulgares Babbitt".

Esta nueva tendencia de la crítica española a dedicarle al escritor numerosos artículos pormenorizados de su vida y su obra indica que, a pesar de que todavía "el conocimiento de la literatura de Fitzgerald" fuera "notoriamente incompleto", la gran mayoría de críticos y literatos conocedores de la obra de Fitzgerald coincidían en celebrar el merecido reconocimiento de las mismas e incluso en situar al autor, si no por encima, a la misma altura de los reputados Hemingway o Faulkner.

3.2. Recepción de las novelas

La recepción que tuvieron las novelas de Fitzgerald en España durante los años cincuenta, sesenta y setenta fue muy distinta a la que tuvieron en EE.UU. durante los años veinte. Cuando se editan las novelas en nuestro país, Fitzgerald ya era un escritor revalorizado y, aunque para el lector de a pie fuera todavía un desconocido, para los críticos sus obras estaban a la altura de otros escritores de su generación.

En este apartado, el orden en que se tratarán las novelas será según fueron publicadas en España, el cual no coincide con el orden en que fueron publicadas originalmente. En primer lugar, comenzaremos con *El gran Gatsby* (1953), continuaremos con *Suave es la noche* (1963), seguida de *A este lado del paraíso* (1968); más adelante nos centraremos en *El último magnate* (1972) y finalizaremos con *Los malditos y los bellos* (1973), más tarde traducida como *Hermosos y malditos*.

3.2.1. *El gran Gatsby*

En la edición de *La Vanguardia Española* del miércoles 9 de diciembre de 1953 nos encontramos con una reseña de *El gran Gatsby*, año en el que fue publicada la primera edición traducida al español en España, llevada a cabo por la editorial barcelonesa

Plaza y Janés. La reseña no está firmada y aparece en el apartado "Los libros del día". El crítico la inicia dando los datos generales de la edición, es decir, los nombres del traductor y autor de la sobrecubierta, además de indicar la colección a la que pertenece y el año de edición. Más adelante resalta el tiempo transcurrido entre la publicación de la obra original (1925) y su traducción al castellano, subrayando que "más de un cuarto de siglo ha tardado en llegar a nuestra lengua esta […] que, contrariamente a lo acostumbrado, el tiempo contribuye a reforzar". Veintiocho son exactamente los años que tarda en llegar *The Great Gatsby* a España, novela, que, como bien indica el crítico, resucitó en los años cuarenta en Estados Unidos, cuando críticos y literatos comenzaron a descubrir y valorar su "inolvidable encanto", y a clasificarla como "pieza fundamental de la novelística norteamericana". Aunque es evidente que al autor le parece excesivo el tiempo que transcurre hasta que se edita la novela en España, no da ninguna explicación posible a este hecho, a lo mejor debido a la temida censura de los años cincuenta, década en que, como se ha comentado anteriormente, la narrativa extranjera en general no era vista con buenos ojos, con la excepción de aquellos autores que compartían una ideología similar a la del Régimen, como era el caso del escritor británico Graham Greene, ferviente católico.

También el autor señala que la novela persiste en el tiempo sin ser afectada por "el cambio de gustos". Esta disparidad en los gustos es más que palpable entre la sociedad norteamericana de los años veinte y la española de los años cincuenta. Entre otros cambios, la sociedad de Fitzgerald vio cómo las mujeres de clase alta se sacudían las más restrictivas imposiciones, evolucionando hacia un modelo de mujer más libre e independiente, el cual daría lugar a la figura de la *flapper,* impensable durante la España franquista. En *El gran Gatsby* este nuevo modelo de mujer es representado por Daisy Buchanan y Jordan Baker. Ambas tienen aventuras amorosas pasajeras (en el caso de Daisy estando casada, lo que lo hace todavía más escandaloso), fuman, beben, llevan el pelo corto e incluso trabajan (Jordan es golfista). A pesar de estos avances, ellas son conscientes del papel pasivo que aún tienen en la sociedad y Daisy, al nacer su hija, lo expresa de la siguiente manera: "I hope she'll be a fool—that's the best thing a girl can be in this world, a beautiful little fool" (*The Great Gatsby* 21). Aparte de las mujeres, las fiestas extravagantes donde no faltaban ni las bebidas alcohólicas ni los irrefrenables bailes entre hombres y mujeres al ritmo del charlestón y el trato frívolo del matrimonio (son varios los personajes que mantienen relaciones extramatrimoniales) son algunos de los aspectos que hacen *The Great Gatsby* una novela mucho más avanzada en sus ideas de lo que el lector español de los años cincuenta acostumbraba a encontrar en la literatura.

Por otro lado, en esta breve reseña encontramos expresiones que pasarán a ser clave en muchas de las críticas de las obras de Fitzgerald, de su estilo narrativo y de él mismo. Sobre la novela, el crítico desvela que los personajes pecan de "snobismo [sic]"; es decir, Daisy, Tom, Jordan y, por supuesto, Gatsby tienden a emular, impulsados por la gran admiración que sienten hacia los ricos, las maneras y opiniones de estos, a quienes ellos consideran distinguidos. Gran parte de los personajes y, en especial, Jay Gatsby, actúan de forma poco natural y presuntuosa, dejando al descubierto la veleidad de los nuevos ricos.

Además, el crítico ofrece una certera contextualización de la obra, refiriéndose a la época como "la América de los 'felices veintes'" y "la Yanquilandia del cine", o lo que se podría describir como el lugar más superficial de Estados Unidos: Hollywood, paradigma del glamur, sofisticación y excesos. Como prototipo de esta nueva América el crítico señala a Fitzgerald, quien es el "primer narrador genuinamente americano" y "su más blando pero decidido crítico [de Estados Unidos]". La contraposición de los adjetivos "blando" y "crítico" indica que la representación de la mundana sociedad norteamericana que describe Fitzgerald, donde la miseria y desventura es dejada de lado, es en apariencia más positiva de lo que finalmente quería transmitir el escritor. Lo que subyace tras las estrafalarias fiestas de tonalidades doradas, azuladas y anaranjadas es una nostalgia por lo que se sabe pasado e irrecuperable y la férrea convicción, aunque a veces disimulada, de la artificialidad y afectación de los sentimientos. "Blando" porque en cierta medida Fitzgerald loa esa sociedad y "crítico" porque en el fondo censura esa parafernalia presuntuosa y deshonesta. Por último, el crítico asocia la prematura muerte del escritor a esta vida desenfrenada de los años veinte, afirmando de *The Great Gatsby* que constituye "[una obra maestra] que nos hace lamentar que el mismo y fácil y desubstanciado ambiente por manera magistral representado por Scott Fitzgerald acabara con el novelista prematuramente".

A continuación, pasaremos al análisis de tres reseñas de la edición en catalán de *El gran Gatsby*, llevada a cabo por la editorial Edicions 62 en 1967 (traducción de Ramón Folch i Camarasa).[64] En primer lugar, encontramos la reseña (en catalán) del escritor barcelonés Ramón Moix Meseguer, más conocido como Terenci Moix, en el semanario *Presència*, publicada el 28 de enero de 1967. En ella Moix ofrece una exhaustiva y precisa reflexión no solo sobre *El gran Gatsby* sino también sobre sus otras cuatro novelas, además de hacer breves referencias a algunos de los relatos más destacados de Fitzgerald. Por consiguiente, la información aquí recogida abarcará brevemente todas las novelas.

Para comenzar, Moix describe a Fitzgerald como "[...] un dels grans escriptors americans més oblidats en el nostre país" y subraya que del escritor "només s'han publicat a Espanya dues traduccions castellanes; la primera —*El Gran Gatsby* [sic], precissament— ho fou en els anys quaranta;[65] la segona, *Suave es la Noche* [sic] sortí en 1962". En cuanto a *El gran Gatsby*, el crítico añade que "passà gairebé desapercebuda i avui, quan la que hom considera obra mestra de Fitzgerald arriba als àmbits culturals catalans, l'escriptor continua essent pel nostre públic un perfecte desconegut [...] la seva obra atenyia els més alts nivells de perfecció tècnica i estilística". Moix comenta que las dos obras anteriores de Fitzgerald, *This Side of Paradise* y *The Beautiful and Damned*, consiguieron lograr un éxito mucho mayor que su tercera obra, *The Great Gatsby*, a pesar de que esta se puede considerar la más "complet i definit". De hecho, al hablar tanto de *This Side of Paradise* como de *Tender Is the Night*,[66] Moix resalta sus deficiencias (de estilo y técnica, principalmente) en contraposición con *The Great Gatsby*, novela que vuelve a alabar de la siguiente forma: "[*El gran Gatsby*] deixa pas a una agudesa crítica més aprofundida, que tendeix a cercar les motivacions de tota aquesta societat que ell es delecta a representar". Además, comenta sobre las últimas líneas de la novela que "es el 'Gran Somni Americà' d'ésser, abans que altra cosa, somni".

Moix no solo analiza (y alaba) la exquisita técnica de Fitzgerald en *The Great Gatsby* sino que también ofrece unas reflexiones y aportaciones sobre el carácter de Fitzgerald, su vida personal y cómo esta influyó su obra, evidenciando su extenso conocimiento sobre el autor y su obra. De Zelda dice que es un "personatge definitiu a la seva vida", y, de las obsesiones de Fitzgerald, Moix subraya la de querer formar parte de la alta sociedad a toda costa, aquella sociedad frívola y fría que F. Scott Fitzgerald tanto admiraba. El crítico nos ofrece la siguiente reflexión al respecto:

> La solitud vital de l'home, fins i tot dins de l'amor —cas de Daisy i el seu marit—, es correspon plenament amb la solitud social de l'home. La solitud social esdevé un tema bàsic [...] ferse un lloc destacat dins dues societats [...] la neo-victoriana de la província i l'esclat, a Nova York, dels pervinguts (actors, escriptors dolents, "flappers", nous rics) ("Scott Fitzgeral en catalá" 5).

En estas líneas Moix introduce un término que seguirá usando a lo largo de la reseña y que es clave para entender tanto a Fitzgerald como a su héroe Gatsby, *pervingut*, es decir, los advenedizos. La Real Academia española proporciona la siguiente definición de este término: "Dicho de una persona: Recién llegada a un lugar, una posición o a una actividad con pretensiones desmedidas". Gatsby dedica toda su vida a establecerse en un lugar, la alta sociedad, y, una vez que lo consigue, siente la necesidad de demostrar, inútilmente, que ese puesto es merecido. En efecto, en *El gran Gatsby* Fitzgerald hace una clara distinción entre dos sociedades, ambas ricas, pero muy alejadas la una de la otra: la aristócrata o *neo-victoriana*, y la de los nuevos ricos o los *pervinguts*.

Más adelante, Moix relaciona esta temática con la de *Tender Is the Night*, en la que "s'arriba a l'anullació de l'individu per una estructura social superior" y que es una historia donde es patente la "recerca de la frivolitat sense treva". De esta novela, Moix también dice que "peca d'aquell subjetivisme personal de què tant s'ha acusat a Fitzgerald". Sin lugar a dudas, las obras de Fitzgerald son un fiel reflejo de su época además de un vivo testimonio de las emociones, sueños y frustaciones del escritor. Este "subjetivismo" característico de Fitzgerald fue duramente criticado durante su vida, llegando incluso a ser acusado de exponerse al público en exceso.

Sin embargo, según el crítico, gracias a esta exposición Fitzgerald nos ha dejado "un testimoni sagnant de la disbauxa de la seva generació". Por lo tanto, Moix expone que la subjetividad, aunque a veces, como ocurre en *Suave es la noche*, produzca incoherencias en la narración, es una de las grandes virtudes del escritor. Entre los puntos fuertes del estilo de Fitzgerald, Moix destaca la creación de una lengua viva, "un llenguatge immesament viu", a través de la cual Fitzgerald muestra las circunstancias y modas de su época. Según Moix, Fitzgerald consigue crear una forma nueva de percibir la realidad a través de un lenguaje vivaz que contrasta con las circunstancias del momento. De hecho, Moix se decanta por entender las novelas de Fitzgerald más como una forma "d'expressió colloquial i una intuïció —més que no reflexió".

De su obra inacabada, *The Last Tycoon*, Moix expresa que podría haber sido una gran novela, a la altura de *El gran Gatsby*, ya que el escritor había vuelto a "una preocupació estilística de la manca de la qual pequen les seves altres novelles, llevat Gatsby". Por último, Moix concluye su reseña de la siguiente forma: "Fitzgerald era encara un romàntic. Potser l'últim de la literatura anglo-saxona, fins i tot quan la lliçò —també aprofitada per ell— dels realistes, havia ensenyat la necessitat de revisar amb ulls objectius la veritable realitat del 'Gran Somni'".

En términos generales, Terenci Moix ofrece al lector una reflexión elaborada sobre el lenguaje, técnica y estilo del escritor, entrelazada a la perfección con detalles sobre el argumento de las novelas y la vida de Fitzgerald, sin caer en una simple enumeración de los acontecimientos más sensacionalistas de su biografía o en manidos adjetivos como "decadente", "extravagante", "alcóholico" o "desenfrenado". Su reseña ahonda en los aspectos formales y estilísticos de la obra del escritor y así saca a la luz detalles y observaciones que aportan un enfoque nuevo de las novelas.

El 27 de mayo de 1967 la revista barcelonesa *Destino* publica un artículo escrito por Joaquim Marco, incluido en el apartado de las "Letras catalanas", sobre la edición en catalán de *The Great Gatsby*. El artículo, titulado "La novela de un joven rico" (ya en el título el autor introduce dos palabras comúnmente unidas a Fitzgerald: "joven" y "rico", las dos grandes obsesiones del escritor y del protagonista de *El gran Gatsby*, Jay Gatsby), el cual va acompañado de una fotografía de un sonriente Fitzgerald junto a su esposa Zelda y su hija Scottie, ofrece una breve biografía del autor como trasfondo de la novela. De entre los aspectos más relevantes de la vida de Fitzgerald, Marco destaca su fugaz éxito y consiguiente declive, su matrimonio con Zelda y la enfermedad mental de esta, su obsesión por el dinero y los ricos, sus vivencias en la Costa Azul y su relación con Hollywood y la necesidad de escribir relatos para poder saldar las inagotables deudas. El crítico considera importante poner al lector en antecedentes dado el fuerte vínculo entre la vida de Fitzgerald y la novela que va a ser reseñada.

Por otro lado, y antes de pasar al análisis de la novela, Marco subraya la revalorización que vivió el autor, comentando que "con posterioridad a la Segunda Guerra, su literatura renace con nueva fuerza y vigor", y después añade que "no es únicamente el autor más representativo de la 'generación perdida', es un novelista con fuerza poética, con un lenguaje narrativo nuevo". Esta idea refuerza la opinión de muchos críticos de la época de que Fitzgerald se adelantó a su tiempo tanto en la temática como en el estilo narrativo, comparándolo incluso con el lenguaje poético, dado el gusto de Fitzgerald por el uso de la simbología, la imaginería, los colores y la musicalidad de las palabras. Otros adjetivos que usa el crítico a lo largo de la reseña para describir el estilo de Fitzgerald son "moderno", "sugestivo", "sencillo" e "impresionista"; todos ellos acentúan la naturaleza innovadora y vanguardista del escritor. En cuanto a las descripciones, el crítico afirma que tienen un toque de "originalidad" y "tristeza", como consecuencia de la admiración de Fitzgerald por los tiempos pasados (y de Jay Gatsby, quien tiene por único objetivo volver a un idealizado pasado). Como muchos otros habían ya hecho anteriormente, Marco también señala a Henry James como modelo literario de Fitzgerald, diciendo que su "narración debe no poco a las experiencias de Henry James".

Con respecto a los personajes, Marco ofrece una pincelada de la caracterización de estos: a Daisy la tilda de "muchacha ideal" (al menos para Gatsby) y de "compleja e infantil"; Tom es el "aristócrata"; de Jordan dice que Fitzgerald "no concreta su personalidad", y a Gatsby lo describe como "egoísta nato", "misterioso" y "héroe moderno", quien, al contrario del héroe de la antigüedad, asciende en la escala social para conseguir su objetivo. Según el crítico, el mundo que rodea a Gatsby es un mundo "de marionetas" y "de sombras fugaces"; es un mundo construido sobre bases artificiales y confusas, sobre el espejismo de un pasado idealizado y engañoso. Otro de los puntos fundamentales de la reseña es la trama, de la que Marco subraya su "veloz ritmo", "casi cinematográfico", que hace que la historia sea "interesante" y "sugestiva". En efecto, la prosa de Fitzgerald tiene una fuerza atrayente, que envuelve al lector con su musicalidad y colorido, y un movimiento conseguido a través de verbos que imprimen rapidez e intensidad a las acciones.

El crítico dedica los dos últimos párrafos a la edición, resaltando, en primer lugar, la correcta traducción de Ramón Folch i Camarasa, quien "refleja el brillante estilo" de Fitzgerald manteniendo "el ritmo poético de la narración" a pesar de ser una "traducción nada fácil". Sin embargo, hace hincapié en "las numerosas erratas de imprenta que desmerecen un texto cuidado" y reitera su queja por las numerosas incorrecciones encontradas en general en las ediciones El Balancí, para finalizar con la nota positiva de que el lector catalán tendrá la oportunidad de conocer a un novelista que es "un mito de nuestro tiempo".

Es interesante el uso de la palabra "mito" en una reseña de 1967, cuando hacía apenas veintisiete años del fallecimiento de Fitzgerald. Este tipo de expresiones exaltadoras que se empezaban ya a emplear al hablar sobre el escritor muestran que la precocidad seguía siendo una marca característica del novelista norteamericano: desde su fulgurante primer éxito, su repentino enlace con Zelda y el nacimiento de su primera hija un año después, su rápida caída en los excesos y en las deudas, su prematura muerte y, por último, su consagración como mito.

Como conclusión, Marco añade una cita tomada de la edición reseñada de *El gran Gatsby* que "puede ser una clave del pensamiento moral de Fitzgerald". La cita expresa la siguiente idea: "Només hi ha els perseguits i els perseguidors, els enfeinats i els cansats" ("Solo están los perseguidos y los perseguidores, los ocupados y los cansados"). En estas palabras se aprecia, como bien indica el crítico, la visión que tenía Fitzgerald sobre cómo conseguir el éxito. Para él, era esencial la perseverancia y la constancia para llegar a lo más alto, tal y como hicieron los nuevos ricos norteamericanos que amasaron su fortuna por su propio esfuerzo y sacrificio, no por medio de las herencias de sus familias. Estos nuevos ricos, como Gatsby, son los "perseguidores": los que persiguen su objetivo, aunque este sea, a veces, inalcanzable.

En ese mismo año encontramos otra reseña de la edición en catalán de *El gran Gatsby* escrita por Juan Gomis y publicada en la revista barcelonesa *El Ciervo*[67]. La reseña aparece en una columna titulada "Fracasos" y en ella el crítico también alude a la novela *Los pasillos del poder*, de C.P. Snow. Con este título Gomis describe de forma contundente el destino que hasta la fecha habían sufrido Fitzgerald y *The Great Gatsby* en España. El crítico comienza lamentándose de que F. Scott Fitzgerald, "uno de los más originales representantes de la 'generación perdida'", llegara tarde a España, "tarde y apenas". Y añade que "Janés publicó, en 1953, *El gran Gatsby*, sin éxito apreciable de público y crítica".

A lo largo de la reseña el crítico ofrece una rica adjetivación en su descripción tanto de la obra como del autor, evidenciando su admiración por ambos. Algunos ejemplos son: "retrata de modo magistral", "preciso, brillante, personal" y "arte magistral". Además, recalca los puntos fuertes de la novela como "la precisión del adjetivo, el sentido del color, la originalidad de imágenes y contrastes". Más adelante el autor concluye de forma tajante: "[...] para mí, *El gran Gatsby* es un clásico, en el que no han hecho mella los años [...] Me gustaría que esta nueva aparición de *Gatsby* en España alcanzara el éxito que no alcanzó la primera —cuyos ejemplares puede encontrar aún el lector interesado en estanterías traseras de librerías". Con estas últimas palabras Gomis vuelve a hacer hincapié en la falta de reconocimiento de la obra en España y expresa su anhelo de que dicho reconocimiento tuviera lugar como habría ocurrido ya en otros países.

En 1970, la editorial Plaza y Janés, dentro de la colección Rotativa, lanza al mercado una segunda edición de *El gran Gatsby*. De nuevo, *La Vanguardia Española* le dedica un artículo a dicha edición, firmado esta vez por Carlos Pujol. Como ya ocurriera en el último artículo analizado, Pujol dedica los primeros párrafos a Fitzgerald, del que dice "no ha tenido la buena prensa de otros novelistas norteamericanos de su generación", probablemente en comparación con los premiados Hemingway y Faulkner, y hace una clara referencia a la mala fama cosechada por el escritor en sus últimos años de vida. Posteriormente, y a diferencia de las reseñas anteriores, Pujol expone posibles razones por las que las obras de Fitzgerald se siguen leyendo. Por una parte, el crítico señala el "folklore de la primera posguerra" como factor clave en el interés suscitado por el escritor norteamericano (los años veinte es una época que siempre ha provocado fascinación) y, por otra, el "perseverante fervor de ciertos círculos minoritarios", sugiriendo con estas palabras que Fitzgerald no es un autor conocido por el lector común sino más bien por críticos y literatos, y que probablemente ha sido gracias a este "círculo minoritario" y a su "perseverante fervor" que las obras de Fitzgerald empezaran a gozar de reconocimiento y respeto.

Pujol distingue dos períodos que marcan la estilística de Fitzgerald; al primero pertenecen aquellas obras anteriores a *The Great Gatsby* y, al segundo, las posteriores. El crítico define esas primeras obras como "tanteos narrativos brillantes aunque algo inseguros", mientras que a *The Great Gatsby* la tilda de "pequeña obra maestra", "convincente", "deliciosamente inmadura" y de ser una novela que consta de "nueve capítulos admirables" que usa el "tono justo para hablar con su tiempo". Se trata de ese tiempo de Fitzgerald que pedía "sensibilidad" y que estaba envuelto en "apariencias frívolas".

A lo largo del artículo Pujol continúa haciendo uso de una rica adjetivación para avivar su análisis, del mismo modo que hacía Fitzgerald con su prosa, la que el crítico dice tener una "melodía triste, desenfadada y juvenil", un "encanto indefinible", una "delicadeza de tacto" y una "extraordinaria fuerza persuasiva". La narrativa en *El gran Gatsby* se nutre de ideas "evanescentes" y de un "haz de impresiones" que son a la vez "ácidas" y "tiernas". En el uso de los adjetivos Pujol presenta contrastes; por un lado, encontramos evocaciones a la inocencia, sensibilidad, juventud y sutileza y, por otro lado, a la nostalgia, destrucción y desencanto. A través de esta contraposición de ideas el crítico ahonda en el mensaje subyacente de *El gran Gatsby*; esa misma sociedad de los años veinte que mostraba una "falsa euforia y despreocupación" y que se aturdía "con el alcohol, la velocidad de sus rutilantes coches, el bullicio de sus fiestas y sus amores efímeros", al quedarse a solas sentía "su fracaso íntimo, su inseguridad y su desamparo". El propio Pujol comenta que estos contrastes presentes en la novela fueron definidos a la perfección por el crítico británico Cyril Connolly en su "frase lapidaria", expresada del siguiente modo: "Su estilo anuncia esperanza, su mensaje desesperación".

Según Pujol, *The Great Gatsby* es, en apariencia, una "historia casi sin contenido", una "manida historia de amor" donde "flotan elementos que no llegan a organizarse de un modo claro" y en los que hay momentos de "inconsistencia". No obstante, "la sabia ingenuidad intuitiva" de Fitzgerald consigue hacer brillar una novela en la que la trama queda en un segundo plano para dar paso a "lo secreto", "lo impalpable"; son los silencios, los sonidos o los colores, como "la luz verde que se divisa desde el otro lado de la bahía", los verdaderos protagonistas de la historia.

Las cuestiones del "sueño de adolescente", el "amor imposible" y la "felicidad, tan indispensable como destructora" le brindan a Fitzgerald la oportunidad perfecta de poder explorar sus propias obsesiones, como, por ejemplo, la "inadaptación a la mentalidad de los adultos" y la "dependencia a una mujer soñada". Ambas ideas hacen referencia a la naturaleza idealista del escritor: "desprovisto de intenciones, su único mensaje posible está en su postura de romanticismo desencantado". Ya desde su fallida primera novela, *The Romantic Egotist*, Fitzgerald apuntaba hacia un estilo romántico; la imaginación y la intuición se anteponen a la trama para así poder el escritor permitirse una mayor libertad estilística. Fitzgerald siempre fue fiel a su instinto y este le llevó a representar sus experiencias desde puntos de vista muy dispares: desde un entusiasmo exagerado a un profundo pesimismo. Como conclusión, la reseña de Carlos Pujol ofrece un análisis de la novela colorido, eficaz e ingenioso, en el que, a diferencia de otras críticas, no da muchos detalles sobre la vida del autor sino que resalta el talento narrativo de este y se centra fundamentalmente en los aspectos más sutiles de la historia, destacando así los elementos que hacen de *The Great Gatsby* una novela innovadora e intemporal.

Otra reseña que será analizada en este apartado data de 1974 y fue publicada por la revista *Blanco y Negro* con motivo de la tercera edición de *El gran Gatsby* a cargo de la editorial Plaza & Janés. El autor de la crítica, quien firma con las iniciales V.D., tras repasar brevemente los acontecimientos más relevantes de la vida de Fitzgerald (subrayando que fue "víctima [...] de un inmerecido olvido", demostrando una vez más el reconocimiento que tenía Fitzgerald en España), afirma que la novela muestra una "exquisita perfección", con "aciertos de estilo" y "brillantes imágenes" y una "profundidad de pensamiento so capa de superficialidad".

En esta reseña volvemos a encontrar algunos de los aspectos que ya han sido tratados en las críticas anteriores, como son el mensaje subyacente, "la música de las palabras con que se relatan los hechos" (para respaldar esta opinión, el crítico añade la siguiente cita tomada de la novela: "Mujer maravillosa, orquídea escasamente humana"), y la "casi insuperable economía de medios" con la que Fitzgerald "sabe expresar lo que quiere y como quiere". Esta economía de medios, que Hemingway bautizó como la técnica del "iceberg", consiste en realizar el mensaje omitiendo información y dándole importancia al subtexto y a los silencios. Mediante esta técnica, el escritor impulsa al lector a una nueva lectura del texto para poder desentrañar su significado en su totalidad.

Una vez expuestos algunos de los puntos fuertes de la novela, el crítico dedica la segunda parte de la reseña a cómo es tratado el amor en *The Great Gatsby*. En primer lugar, remarca que en la novela, "pese a ser la historia de un adulterio múltiple, no hay una sola escena de cama". Esta apreciación va acorde con las ideas conservadoras de la España de los años setenta, que, a pesar de estar viviendo avances sociales, no era tan liberal como los años veinte de Fitzgerald y en la que temas como el adulterio o el sexo seguían siendo considerados escandalosos y, por tanto, censurables. Pero, según el crítico, *The Great Gatsby* no peca de inmoral ya que "en ningún momento se traspasan los límites del buen gusto" y, además, "hay poesía y cierto romanticismo". Es decir, Fitzgerald, a pesar de tratar el escabroso asunto del adulterio, consigue no caer en la vulgaridad gracias a su estilo sutil y delicado y de este modo evita herir la sensibilidad del lector.

Asimismo, el crítico añade que el amor que siente el protagonista hacia la amada no es "de índole erótica", sino que "la satisfacción de los apetitos carnales no significan nada o casi nada para él […] porque el amor del omnipotente señor Gatsby no es amor de los sentidos, sino una especie de amor quimérico". El amor que siente Jay Gatsby por Daisy no es más que un sueño, una fabulación: la veneración de "un recuerdo, […] algo que se rompió para siempre y que él, orfebre de imposibles, trata de reconstruir inútilmente". Por lo tanto, parece que para el crítico este amor idealizado y la ausencia de "escenas de cama" ennoblecen una novela atrevida en su temática pero de cuidada estilística donde "se dicen las cosas con una delicadeza hoy desusada". El uso de la expresión "hoy desusada" implica una añoranza por una narrativa más sutil, sensible y delicada o, simplemente, más romántica, aunque "quizá a quienes gustan de refocilarse con los más bajos instintos, todo esto les suene a cursi". "Pero no lo es", sentencia el crítico, como tampoco lo es el amor de Gatsby, quien, como tantos otros, anhela "acercar sus labios a las fuentes de la vida y beber el néctar incomparable de la gloria".

En la edición del 12 de abril de 1975 del periódico *El Norte de Castilla* encontramos una breve reseña de *El gran Gatsby* escrita por Miguel Ángel Pastor en el apartado "Novedades de Plaza & Janés". Pastor comienza por calificar a Fitzgerald como "el gran maestro de la 'generación perdida' norteamericana" y continúa escribiendo que "*El gran Gatsby* está alcanzando un éxito excepcional muchísimos años después de ser publicada". En efecto, cincuenta años hacía exactamente de la primera publicación de *The Great Gatsby* en Estados Unidos y, aunque ya había sido publicada en España en varias ocasiones, no sería hasta la tercera y cuarta edición de 1974 y 1975 por la editorial Plaza & Janés que se impulsó la revalorización de la obra (fomentada en cierta medida por la adaptación cinematográfica de 1974). Tras unas breves palabras sobre el personaje de Gatsby, el crítico concluye su reseña afirmando que la novela "pese a la boga que últimamente ha alcanzado, es una de las capitales [entendemos que el autor se refiere a "obras capitales"] para seguir la excepcional trayectoria artística de Scott Fitzgerald". Como se ha comentado anteriormente, la boga de la que habla el crítico se debe a la película estrenada el año anterior. También se puede observar, como en otras críticas de los años setenta, el cambio en las calificaciones generales sobre Fitzgerald, como en este caso la referencia a su "excepcional trayectoria artística".

Reuniendo los puntos que tienen en común las críticas que se han analizado en este apartado, se pueden extraer algunas conclusiones. Por un lado, queda de manifiesto que las experiencias personales de Fitzgerald jugaron un papel fundamental en la inspiración de sus obras. La vida de Fitzgerald y su ficción están íntimamente unidas y así lo reflejan las reseñas, las cuales destacan principalmente las adicciones del autor (especialmente, su alcoholismo) y su obsesión por el éxito. Por lo tanto, todas ellas dedican parte de la reseña a la biografía de Fitzgerald, que les sirve también de trasfondo para explicar la novela. También el estilo de vida de la época es señalado por muchos de los críticos como principal causante de las desgracias de Fitzgerald, de quien dicen tenía una personalidad débil y, por lo tanto, era proclive a caer en las más oscuras tentaciones.

Por otro lado, estas reseñas de las primeras ediciones en español de *El gran Gatsby* refuerzan una imagen del autor ya creada en otros países donde Fitzgerald llevaba más tiempo en auge: la de un escritor talentoso pero atormentado por sus obsesiones y adicciones y que, finalmente, será víctima de sus propios excesos. A esta imagen demacrada le añadirán tintes de tragedia y sensibilidad para así conseguir un halo de romanticismo y otorgarle un lugar en la lista de escritores con final trágico, como son los casos de Keats y Brooke, poetas admirados por Fitzgerald. Es interesante también el hecho de que la gran mayoría de los críticos lamenten la poca relevancia de la novela en España y su deseo de que consiga el prestigio merecido. Por último, *The Great Gatsby* volverá a ser tratado en el apartado dedicado a las adaptaciones cinematográficas.

3.2.2. *Suave es la noche*

Como hemos visto anteriormente, *Suave es la noche* fue publicada por primera vez en España por la editorial Plaza & Janés en 1963 (traducción de Marcelo Cervelló), veintinueve años después de la primera publicación del original *Tender Is the Night*. Hasta la fecha, en España tan solo se había publicado una novela de Fitzgerald (*El gran Gatsby* en 1953). Por lo tanto, en los años sesenta el autor seguía siendo una figura relativamente desconocida para el gran público. Este hecho se refleja en el reducido número de reseñas que nos encontramos de las primeras ediciones de *Suave es la noche* en nuestro país.

A continuación, procedemos al análisis de estas reseñas, que pertenecen a las ediciones de 1963 y 1972, ya que de las ediciones de 1968 (en catalán), y de 1975 y 1978, ambas de Plaza & Janés también, no se ha encontrado ninguna reseña tras una búsqueda exhaustiva en hemerotecas digitales de revistas culturales y periódicos y bibliotecas como la Biblioteca Nacional de España, la Biblioteca Virtual de Miguel de Cervantes, la Biblioteca de Catalunya o la Biblioteca dixital de Galicia.

En primer lugar, el periódico *El Pueblo Gallego* publica en la edición del 22 de febrero de 1963 una reseña de *Suave es la noche* en el apartado de "Libros y publicaciones". La breve reseña, que no está firmada por el autor, se divide en dos partes: la primera está dedicada a hacer un breve recorrido por la vida de Fitzgerald (el crítico incluye la *F.* en el nombre del escritor, en una época en la que su nombre era normalmente reducido a Scott Fitzgerald) nombrando el lugar de nacimiento (sin año), sus estudios en Princeton, su paso por el ejército y su fallecimiento en 1940. Algunas de las ausencias más destacadas de la biografía del escritor serían su perspicaz retrato de los años veinte, su extravagante estilo de vida o su influyente mujer Zelda, aspectos que podrían ser considerados fundamentales en la composición de la figura de Fitzgerald en los años posteriores a su muerte.

En la segunda parte, el crítico introduce sin más preámbulos al protagonista de la novela, Dick Diver, y añade algunos datos superficiales sobre la historia: el protagonista es psiquiatra, su mujer enferma y los personajes son un grupo de norteamericanos viviendo en Europa en el período de entreguerras. El único dato que profundiza ligeramente en la temática de la novela es que la vida de Dick "pierde significado" cuando su mujer "enferma", aunque el autor no da más detalles de cómo o por qué enferma, omitiendo que la enfermedad es mental, o del tipo de relación que mantenía la pareja.

La reseña está escrita en un solo párrafo en el que se usa un lenguaje parco que aporta poco sobre el estilo y la técnica del escritor o un análisis más exhaustivo de los personajes y sus circunstancias. Tanto es así que el crítico apenas usa adjetivos en su descripción de la novela, usando tan solo uno para describir a los personajes; en este caso sería "hermosa" referido a la mujer del protagonista, que se podría considerar un adjetivo vacuo que no contribuye al retrato psicológico del personaje. Por lo tanto, la crítica podría considerarse vana y superficial, y tan solo las últimas líneas ofrecen alguna observación personal sobre la obra. Estas líneas están expresadas de la siguiente manera: "El autor describe a un idealista que, por diversas razones, cede a la presión de la alta burguesía y cae en el alcoholismo y desenfreno moral". Con la elección de finalizar la reseña con las palabras "alcoholismo" y "desenfreno moral" el crítico parece reprobar las acciones del protagonista y, probablemente, la novela en su conjunto, ya que dichas palabras conllevan una connotación negativa y podrían implicar cierto rechazo.

El 11 de marzo de 1963 el periódico *Hoja del Lunes de La Coruña* publica una extensa reseña de *Suave es la noche* por parte de un crítico que firma con las iniciales E.M. Al contrario que en la reseña anterior, esta abarca aspectos fundamentales, como son el contexto, los personajes, el estilo de Fitzgerald y los temas principales de *Tender Is the Night*.

Para empezar, el crítico contextualiza al escritor de la siguiente manera: "[…] uno de los últimos representantes de las corrientes novelísticas norteamericanas que surgieron a raíz de la postguerra mundial […] la 'edad del *jazz*'". Acto seguido, alaba al protagonista de la novela, Dick Diver, de quien dice que es una "mezcla de realismo y de impulsos románticos […] y una de las mejores creaciones de su autor". Tras tildar *The Great Gatsby* de "su más afortunada novela", el autor procede a definir a los héroes de Fitzgerald como "gentes adineradas" que se entregan "a los más absurdos comportamientos". Como ejemplo de esos comportamientos el crítico señala el de Dick Diver, quien no puede evitar su "precipitada caída" al sucumbir al "vicio"; tras convertirse en "alcohólico", se ve obligado a abandonar la "profesión médica" de "prestigioso psiquiatra". Algunas líneas más adelante el crítico ofrece un retrato psicológico más detallado del protagonista, expresándolo de la siguiente forma: "Dick se transforma en un 'ex-hombre', en un enfermo de la voluntad […] Y Dick, que encierra algunos perfiles autobiográficos, incapaz de adaptarse a los nuevos tiempos, sucumbe o se degrada". Esta caída en desgracia de Dick la compara el crítico con la del propio Fitzgerald, quien, tras vivir en un "mundo frívolo e inconsciente […] se vería superado por los trágicos acontecimientos que se avecinaban". Entre estos acontecimientos se encontraban el crac del 29 y la consiguiente crisis económica en la que se sumió el mundo o la fuerza que estaban tomando los partidos fascistas en Europa. En el terreno personal, Fitzgerald también atravesaba momentos difíciles como los continuos ingresos de su mujer Zelda en psiquiátricos o su ya deteriorada reputación literaria. Según el autor de la reseña, "la degradación paulatina" de Dick podría "simbolizar el hundimiento de los ideales sustentados por Scott Fitzgerald".

Por lo que respecta al personaje femenino, Nicole, encontramos una descripción algo más extensa que en la reseña anterior. En esta el crítico la define como "una enferma mental sujeta a perenne tutela y que va de abismo en abismo". El detalle más importante de esta descripción es que el crítico hace uso de la palabra "mental", siendo el único, entre todas las reseñas que se analizan en este libro, que desvela qué tipo de trastorno sufre el personaje, aunque no entra en más detalles. Este dato resulta llamativo y podría deberse al estigma que todavía sufrían los trastornos mentales en la España de los años sesenta, por lo que muchos de los críticos optaban por omitir cualquier palabra relacionada con "mental" en las descripciones de Nicole, a pesar de que es esencial para entender el personaje y sus acciones a lo largo de la novela.

Siguen esta línea censuradora otras expresiones como "enfermo de la voluntad", "vicio", "degradación", "caída", o "vacuidad". Todas ellas denotan una clara reprobación de las acciones de los personajes que, a su vez, contrastan con la admiración que el crítico profesa por Fitzgerald, cuyas "sus creaciones literarias […] demuestran el talento […] y fina sensibilidad" del autor. *Tender Is the Night* era una novela que no se adecuaba a la ética franquista y, aunque se valorara el talento literario de la misma, el crítico sin duda se veía obligado a señalar aquellas acciones que eran consideradas inmorales en la época, como el alcoholismo, la infidelidad, los trastornos mentales o la sexualidad explícita. Hacia el final de la reseña, el crítico define el estilo de la novela como "de liberación personal" y "de inspiración desesperada", lo que sugiere que, por un lado, hay un cierto avance positivo, una "liberación", pero que esta proviene de un estado de desesperación que, según el crítico, es fruto del "desencanto provocado por la postguerra". En su conjunto, la novela representa "la vacuidad de los que construyen la vida sobre cimientos inestables". A pesar de tener buenas intenciones, los personajes, quienes "se refugian en el alcohol o en la sexualidad", al igual que su creador, no pueden evitar caer en desgracia, propagando a lo largo de la novela un "ambiente pesimista" y "desesperanzador".

Por último, el crítico hace una breve reflexión sobre cómo el estilo literario de Fitzgerald, tan fresco e innovador en los años veinte, ya había pasado de moda en la década siguiente, como reflejan las últimas líneas de la reseña: "Scott Fitzgerald, fiel hasta el último momento a los antiguos postulados, hace de esta novela como un canto de cisne ante las nuevas ideas que irrumpían arrolladoras y se llevaban por delante cuanto había imperado hasta allí".

Dos meses más tarde, el 22 de mayo de 1963, el periódico *La Voz de Galicia* publica una reseña de *Suave es la noche* en el apartado de "Los Libros". Su autor, Antoine Lafont, comienza subrayando que la novela es conocida en España gracias a la adaptación cinematográfica del director Henry King en 1962. Es importante resaltar que Fitzgerald y sus obras empezaron a ser conocidas por el gran público en España a través de las adaptaciones cinematográficas de las mismas. Este punto será tratado en mayor profundidad en el apartado dedicado a estas adaptaciones de las novelas y relatos de Fitzgerald más adelante.

En el segundo párrafo, el crítico comenta que Fitzgerald es un autor que "goza de gran popularidad en los Estados Unidos". Esta popularidad se debía a la revalorización de las obras del escritor en los años cincuenta tanto en su país de origen como en otras naciones. En España, como hemos visto en apartados anteriores, este reconocimiento tardó algunas décadas más en llegar y, por lo tanto, la novela *Tender Is the Night* no tuvo mayor repercusión en nuestro país hasta mediados de los años setenta, debido, en gran parte, a las adaptaciones cinematográficas de *The Great Gatsby* y *The Last Tycoon* en 1972 y 1974 respectivamente.

Según el crítico, *Tender Is the Night* "pertenece al género literario que pretende penetrar en las íntimas motivaciones de un mundo desquiciado por la guerra" y los efectos de esta "se extienden con gran capacidad perturbadora" sobre las personas que no han participado en ella. Esta "capacidad perturbadora" aplicada a los personajes de la novela puede ser entendida como una fuerza que trastorna la quietud, como en el caso de Dick, o que provoca la pérdida de juicio, como en el de Nicole. En cualquier caso, el crítico parece querer dejar claro que los personajes, por distintos motivos, actúan bajo la perturbación de sus caracteres y, por lo tanto, los acontecimientos que se tratan en la novela son causados por personas desequilibradas. Esta observación se podría entender como una justificación de ciertos comportamientos de los personajes que resultarían inmorales en la época de la reseña, como, por ejemplo, la infidelidad.

De este modo, durante la posguerra "las gentes acaudaladas" se ven con la necesidad de acudir a "los sanatorios psiquiátricos europeos" que "pasan por momentos de extraordinaria actividad". En uno de ellos trabaja Dick Diver, "joven psiquiatra americano que contrae matrimonio con una paciente", a quien el crítico describe como una "joven gravemente traumatizada por una desagradable incidencia familiar". Por un lado, la palabra "traumatizada" es una referencia al estado mental del personaje. Es decir, el lector entiende que Nicole ha sufrido un daño emocional que persiste en el tiempo y que probablemente sufrió en su infancia o adolescencia. Por otro lado, añade que este trauma se debe a "una desagradable incidencia familiar". Es evidente que no quiere desvelar en qué consiste esta "incidencia" y esto se podría deber a que no quiere dar más detalles para que sea el propio lector quien lo descubra o que considere que dicha "incidencia" debe ser omitida por ser inmoral y, por lo tanto, la censure. Debemos recordar que el hecho al que el crítico hace referencia es la violación que sufre Nicole por parte de su padre cuando era niña. Por lo tanto, actualmente resulta chocante que el crítico tan solo tilde esta violación de "desagradable", pero, tratándose de una reseña de los años sesenta, puede entenderse como parte del clima de censura y autocensura que se vivía en aquellos tiempos en los que tratar una violación abiertamente no resultaba apropiado.

Más adelante, Lafont comenta que Nicole "consigue recuperarse después de la boda" pero "vuelve a enfermar y precipita esa abyección total a su esposo", quien "cae en el desenfreno moral [...] y es abandonado por la mujer, que busca su propia solución en un segundo matrimonio". Con estas líneas el crítico parece sugerir, por una parte, que la responsabilidad de la decadencia de Dick recae sobre su mujer, Nicole, y el hecho de que ella "vuelva a enfermar", y, por otra parte, parece reprobar que ella se case por segunda vez. Así, se podría decir que la reseña es un fiel retrato de las ideas conservadoras y sexistas de los años sesenta, ya que claramente presenta a la mujer como la causante de las desgracias del hombre y no plantea la posibilidad de justificar las acciones y la "enfermedad" de ella como consecuencia del abuso sufrido durante la infancia, al que, a su vez, parece restar importancia.

Por último, Lafont termina la reseña señalando que "el relato [...] cala hondamente en el ambiente frívolo, superficial, de la alta burguesía norteamericana" y alaba la capacidad de adentrarse en la psicología de los personajes de Fitzgerald comentando que "acierta, sobre todo, en la descripción psicológica de los dos personajes centrales", y, en último lugar, añade que "el máximo interés de la novela está en la primera parte". En resumen, estamos ante una reseña conservadora que se centra más en las capas superficiales de la trama y en la reprobación de los personajes y sus acciones que en ahondar en el análisis de los mismos.

El 3 de julio de 1963 el periódico *El Norte de Castilla* publica una reseña de *Suave es la noche* a cargo del periodista Javier Pérez Pellón[68] en el apartado de "Libros y Revistas". Resulta interesante que tal artículo presente fragmentos muy parecidos al contenido de la primera reseña analizada de *Suave es la noche* (publicada en febrero de ese mismo año). Dado que dicha reseña estaba sin firmar es complicado determinar si se trata del mismo autor, que reescribe su propia reseña añadiendo más información, o si bien se trata de autores diferentes y se basa la una en la otra. Sea como fuere, procedemos a continuación al análisis de la firmada por Pérez Pellón.

El crítico comienza aportando información sobre "los años más difíciles de toda la historia de Estados Unidos", que fueron aquellos "que transcurrieron en el intermedio de paz de las dos guerras mundiales". Son los de "la ley seca", del "gansterismo", "de las sangrientas luchas de racismo y segregación" y de la conocida "generación perdida". A ella, el autor comenta, pertenecen grandes escritores como "S. Lewis, E. Hemingway, W. Faulkner, J. Dos Passos, H. Miller, Scott Fitzgerald", quienes "se inspiraron muchas veces en estos años para hacer sus grandes creaciones literarias". Tras estos detalles sobre la época, el crítico se centra en la figura de Fitzgerald, del que dice que ha sido calificado durante mucho tiempo como "el escritor maldito de la 'generación perdida'". Según el crítico, la obra de Fitzgerald, quien murió "prematuramente y en circunstancias dramáticas", "es todo un símbolo de la vida americana y de los americanos de los años veinte y de los años treinta". Aquí el crítico ya subrayaba uno de los logros que más se le reconoce hoy en día a F. Scott Fitzgerald: su habilidad para plasmar con una exactitud brillante la sociedad frívola y consumista de los años veinte y treinta.

En el siguiente párrafo, donde describe a los personajes, el crítico reproduce casi idénticamente fragmentos de la reseña de febrero como, por ejemplo, el pasaje en el que se alude a "psiquiatra de profesión", "se casa con una hermosa y antigua paciente suya" (en la reseña de febrero decía "se casa con una hermosa mujer que había sido paciente suya"), "la vida pierde significado para Dick" o "la vida del protagonista es la historia de un idealista que poco a poco va cediendo a la presión de la alta burguesía y que, perdido su idealismo, se abandona al alcoholismo y a la relajación moral" (prácticamente las mismas palabras que en la reseña de febrero, en la que las últimas líneas eran las siguientes: "El autor describe a un idealista que, por diversas razones, cede a la presión de la alta burguesía y cae en el alcoholismo y desenfreno moral").

Sin embargo, la reseña de Pérez Pellón no acaba ahí, ya que añade un último párrafo en el que amplía la información sobre Fitzgerald y sus obras, de las que comenta que "Scot [sic] Fitzgerald ha dejado algo de su propia autobiografía" y que en *Suave es la noche* "se identifica muchas veces con el joven doctor Dick". Como conclusión, Pérez Pellón alaba el lenguaje "vigoroso y extraordinariamente descriptivo […] de este gran novelista norteamericano". Además, hace referencia a las "escasas traducciones" de Fitzgerald, quien es "casi desconocido en España". En efecto, en el año 1963 tan solo se habían llevado a cabo dos traducciones de las obras de Fitzgerald en España, una de ellas la que se trata en la reseña y la otra la de *El gran Gatsby* de 1953. Como en otras reseñas anteriores, el autor parece sorprendido ante el escaso reconocimiento que tenía por entonces Fitzgerald en nuestro país.

En líneas generales, esta reseña es más completa que la de *El Pueblo Gallego* de febrero ya que ofrece más información sobre el autor, el contexto y la novela. El crítico demuestra conocer la obra de Fitzgerald, por lo que la hipótesis más probable es que las dos reseñas estén escritas por el mismo autor y que él mismo rescate fragmentos de su primera colaboración y los incluya en un nuevo trabajo más amplio.

La última reseña de *Suave es la noche* que analizaremos pertenece, de nuevo, al periódico *El Pueblo Gallego* de la edición del 3 de febrero de 1974. Es la única que se ha encontrado posterior a 1963, a pesar de que hubo cuatro ediciones más, las de 1968 (edición en catalán), 1972, 1975 y 1978, anteriores al año 1982. Esta escasez de críticas de *Suave es la noche* se puede deber a que el éxito del que empezaba a gozar F. Scott Fitzgerald en España provenía principalmente de las adaptaciones cinematográficas de *El gran Gatsby* y *El último magnate*, y de las traducciones de algunas biografías sobre el escritor. De este modo, *Suave es la noche* tendría que esperar algunos años más para obtener el reconocimiento que tiene hoy en día.

En el apartado titulado "La Música y las Letras", el crítico Dámaso Santos[69] realizaba varias reseñas de obras literarias entre las que encontramos una breve en *El Pueblo Gallego* sobre *Suave es la noche*, de la edición de 1972 de Plaza & Janés incluida en su colección "Obras Perennes".

De las críticas analizadas anteriormente habían transcurrido nueve años y hacia 1974 Fitzgerald ya se estaba haciendo un hueco en el panorama literario español y se posicionaba como uno de los grandes novelistas norteamericanos del siglo XX. Al gran público le habían llegado, en forma de películas, las historias del escritor norteamericano y cada vez eran más frecuentes los elogios por parte de los críticos literarios hacia sus obras. Un claro ejemplo es la actual reseña, en la que Santos muestra desde un primer momento una gran admiración por la novela y su autor. Desde el inicio, el crítico no duda en calificar la obra de "magistral" y a su figura principal, Dick Diver, de "fabulosa". Además, señala que Fitzgerald, un "gran novelista", "muestra [...] habilidad narrativa y fuerza creadora". A modo de síntesis, el crítico comenta que estamos ante una novela "que reúne en sus páginas la profundidad de un análisis psicológico y el 'suspense' de una acción ininterrumpida".

Para finalizar el primer párrafo, Santos dirige al lector dos preguntas sobre Dick Diver, de la siguiente forma: "¿Quién era este famoso personaje? ¿Cuál fue su perfil biográfico?". Estas preguntas le dan pie a enlazar la primera parte de la crítica con la segunda, que ocupa gran parte de la reseña, dedicada exclusivamente a dar detalles sobre el personaje y sus inicios como psiquiatra. Resulta llamativo que no mencione ningún personaje más, como Nicole, quien es fundamental en la historia, ni dé más datos sobre la trama de la novela. De Dick Diver solo explica que fue "un curioso personaje que se licenció en Oxford Rhodes" y que se mudó a Viena. Más adelante, el crítico continúa con detalles vacuos que poca información aportan al lector sobre la novela, como por ejemplo el siguiente fragmento, perteneciente al párrafo central de la crítica:

> Viena estaba ya mortalmente gastada para obtener el suficiente carbón y petróleo para sentarse en su habitación [de Dick] de la Damenstiftsgasse y escribir los panfletos que más tarde destruyó pero que, vueltos a escribir constituyeron el meollo del libro que publicó en Zurich en 1920 (Santos 9).

Una posible explicación de esta omisión de datos fundamentales sobre la historia podría ser que Santos quisiera evitar tratar los temas más turbios e inmorales de la vida de Dick, como eran sus problemas matrimoniales, el alcoholismo o el trastorno mental de Nicole, hechos que, por otro lado, son clave en la línea argumental de la novela.

Como conclusión, Santos recurre de nuevo a la alabanza al sostener que es "una interesante novela escrita con extraordinario realismo" y que "tiene una extraordinaria fuerza". Ciertamente el crítico se muestra diplomático al no ahondar en ese "extraordinario realismo" y, en último término, tan solo consigue ofrecer una reseña aduladora y superficial.

Tras analizar estas reseñas de *Suave es la noche* podemos sacar algunas conclusiones sobre su repercusión en la España de los años sesenta y setenta. El reducido número de reseñas que se han podido encontrar indica que las primeras ediciones de dicha novela pasaron mayoritariamente desapercibidas, incluso en los años setenta, década en la que Fitzgerald empezaba a gozar de una mayor popularidad en nuestro país. En efecto, *Tender Is the Night* fue eclipsada por otras obras del autor, y biografías, así como por sus adaptaciones cinematográficas. Como hemos comentado anteriormente, este hecho se podría deber a que la novela presenta un contenido todavía menos apropiado que, por ejemplo, *The Great Gatsby*, y, por lo tanto, y debido a la censura que vivía el país, no tuvo la propagación y aceptación que conseguiría en los años posteriores. Además, de las reseñas aquí analizadas se puede concluir que ninguna ahonda en el análisis de la historia ni ofrece posibles interpretaciones de los hechos, a pesar de que la novela aporta interesantes innovaciones como son muchos de los conceptos psiquiátricos y psicoanalíticos (con los que Fitzgerald entró en contacto cuando Zelda fue ingresada en una clínica psiquiátrica en Zúrich) que cuando la novela se gestó eran prácticamente desconocidos y que, en la España franquista, seguían siéndolo. Por consiguiente, era de esperar que los críticos españoles de la época eludieran estos temas y simplemente se limitaran a dar pinceladas superficiales de la historia. Desde entonces, *Tender Is the Night* ha experimentado una formidable evolución en su valorización y actualmente es considerada un magnífico retrato psicológico de los vestigios de la Primera Guerra Mundial y de la crisis económica de 1929, además de ser una muestra más del extraordinario talento literario de Fitzgerald.

3.2.3. *A este lado del paraíso*

En 1968 Alianza Editorial publica la primera edición en español de *A este lado del paraíso* en su colección El Libro de Bolsillo, con la traducción de Juan Benet Goitía[70]. Esta editorial publicaría la segunda edición en 1971 y la tercera en 1981. No obstante, las reseñas analizadas pertenecen todas a la primera edición, ya que no se han encontrado de las ediciones posteriores, tras una exhaustiva búsqueda en bibliotecas, recursos online y hemerotecas digitales. En total, serán siete las reseñas analizadas, dos de las cuales son lo suficientemente extensas como para extraer conclusiones sólidas sobre la recepción de la primera novela de Fitzgerald en España. Las cinco reseñas restantes añadirán algunos datos interesantes a la visión global de la repercusión de *A este lado del paraíso*.

La primera reseña la encontramos en la edición del cuatro de mayo de 1968 de la revista cultural *La Estafeta Literaria*, bajo el título "F. Scott Fitzgerald: *A este lado del paraíso*". En el apartado titulado "Otros Libros" aparece una breve crítica de *A este lado del paraíso* sin firmar. Dicha crítica comienza tildando a Fitzgerald de "uno de los más importantes novelistas 'metaempíricos' norteamericanos". Es interesante analizar brevemente la palabra "metaempírico", vocablo que no recoge el Diccionario de la Real Academia Española, pero que es usado en ciertos contextos. Desde un punto de vista etimológico, podemos dividir la palabra en dos partes: el elemento compositivo "meta" y el adjetivo "empírico". El elemento de origen griego "meta-" ("más allá de") añadido a "empírico" ("fundado en la experiencia") resulta en un concepto que evoca una idea que trasciende la experiencia. En el caso de Fitzgerald, no hay duda de que sus historias están basadas en gran medida en sus experiencias, pero el autor va más allá de una simple representación de estas al extrapolar su realidad a la sociedad norteamericana, capturando en su ficción el ánimo de toda una generación de manera magistral.

Por otro lado, el crítico añade que *A este lado del paraíso* es "una de sus obras más significativas" y que es especialmente notable por ofrecer una "radiografía de la juventud de su país, mediante tipificaciones cotidianas y con técnica casi cineística [sic]". Con el uso de "cineística" (otro término que no recoge el Diccionario de la Real Academia Española), el crítico incide en uno de los talentos que Fitzgerald más tarde explotaría en su aventura hollywoodense: el de narrar historias como si de guiones de cine se trataran. Esta técnica se ve reflejada sobre todo en el capítulo I del libro dos, donde Fitzgerald hace uso de una estructura teatral que le sirve para profundizar en la caracterización de los personajes y para desarrollar las relaciones entre ellos como en el caso de Amory y Rosalind.

Según el crítico, la novela está envuelta "en un sentido de búsqueda existencial en plena 'era del *jazz*'", era de la que no da más detalles, dando por hecho que el lector es conocedor de dicha época y sus características al igual que de la fecha que data. En efecto, *A este lado del paraíso* es un vivo testimonio de aquellos locos años veinte y de la inevitable "búsqueda existencial" de una sociedad que se zambullía en una vida desenfrenada tras la Gran Guerra.

En la edición de *El Norte de Castilla* del 5 cinco de mayo de 1968 aparecía una breve reseña de *A este lado del paraíso* en "Libros: Últimas novedades". La reseña, sin firmar, comienza comentando que "Fitzgerald, de quien encontramos amplias referencias en los libros de Hemingway, fué [sic] uno de los escritores más representativos de la llamada 'generación perdida'". El crítico probablemente se refiera principalmente a la autobiografía de Hemingway *A Moveable Feast*, publicada póstumamente en 1964, y que fue publicada en España ese mismo año bajo el nombre *París era una fiesta*, donde Hemingway ofrece diversas reflexiones sobre el carácter de Fitzgerald y su relación con él. Al vincular a Fitzgerald con Hemingway, quien gozaba en aquellos tiempos de un gran éxito en nuestro país, el crítico acerca al escritor reseñado, todavía poco conocido, al lector.

Según el crítico, "la posteridad no ha sabido reconocer, en todas sus dimensiones" a Fitzgerald, a pesar de ser "dueño de una pluma de cautivadora belleza". *This Side of Paradise* pertenece a "la literatura de testimonio", de la cual el crítico subraya "que tan honda influencia ha venido teniendo hasta nuestros días". En efecto, la corriente literaria dominante en España en los años cuarenta y cincuenta era la del realismo social, también conocida como neorrealismo o realismo crítico, cuya característica principal era precisamente la de usar la novela como testimonio directo del momento histórico. Por lo tanto, el crítico acierta al relacionar dicha corriente con la estilística de Fitzgerald, "uno de sus [de la literatura de testimonio] más típicos representantes", y concluye que en *This Side of Paradise* "se evidencia un sorprendente talento, enmarcado en una tesis realista y amarga". Probablemente lo califique de "sorprendente" por ser la primera novela de F. Scott Fitzgerald y "realista y amarga" porque tras la capa dorada que cubría a los ricos subyacían sentimientos de amargura y soledad.

Cuadernos para el Diálogo publicó una breve reseña de *A este lado del paraíso* en mayo de 1968 en el apartado de "Libros recomendados". De nuevo encontramos una reseña sin firmar por el autor y, aunque la reseña tan solo consta de nueve líneas y contiene algunos errores de expresión, ofrece algunos detalles interesantes para el análisis de la recepción de la primera novela de Fitzgerald en España.

En primer lugar, y como era habitual en casi todas las reseñas de las obras de F. Scott Fitzgerald, el crítico comenta que el escritor pertenece a "la más famosa generación de novelistas norteamericanos", aunque no menciona el nombre de la misma. Más adelante, se explica que el "directismo" (término que no está recogido en el Diccionario de la Real Academia Española) de Fitzgerald es "superior al de Hemingway", aunque no especifica si es superior en calidad o en cantidad. Esta observación pone de relieve la competición que siempre existió entre los dos autores norteamericanos, como hemos comentado en apartados anteriores, y añade una técnica en la que, según el crítico, Fitzgerald superaba a Hemingway. Aunque la palabra "directismo" no está recogida en el DRAE, podríamos entenderla como "franqueza", "sinceridad" o simplemente como "de una manera directa", lo que constituye un rasgo característico de Fitzgerald, quien usaba un estilo franco en su representación de una alta sociedad que se escondía tras apariencias y extravagancias presuntuosas. Un claro ejemplo de esta franqueza es la reflexión final de Amory Blaine en *This Side of Paradise* cuando se dice a sí mismo en tono melancólico "I know myself, but that is all" (260). Todo lo opuesto era Hemingway, quien se decantaba por un estilo parco y contenido, que dio lugar a su ya mencionada técnica del "iceberg".

Según el crítico, Fitzgerald une a ese "directismo" "unas calidades de sensibilidad delicadísima y una concisión en la expresión del mundo de sus personajes". Sin duda las ideas románticas del siglo XIX impregnaron el estilo de Fitzgerald, especialmente en sus obras iniciales, y su afán por captar la belleza llevó al escritor a desarrollar un lenguaje genuino y a la vez sensible y delicado. Además, el crítico lamenta el "injusto relegamiento [sic]" que Fitzgerald había tenido "con relación a sus compañeros" y considera *A este lado del paraíso* "una de las mejores novelas norteamericanas de todos los tiempos". En compendio, de esta reseña se puede extraer que, aunque Hemingway había dominado el panorama de la literatura norteamericana del siglo XX en España hasta la fecha, F. Scott Fitzgerald empezaba a ganar terreno y cada vez eran más los críticos y literatos que alababan sus obras e incluso algunos lo señalaban como uno de los grandes escritores norteamericanos de todos los tiempos.

El semanario *Destino*[71] publicó a cargo del traductor y crítico literario N. Ancochea Millet una extensa reseña de *A este lado del paraíso* en junio de 1968. La columna, recogida en la sección dirigida por Joaquim Marco "La semana literaria", se titula "El caso aparte de F. Scott Fitzgerald", quizá por la serpenteante trayectoria literaria del autor: Fitzgerald pasó de un éxito fulgurante a una rápida caída en el olvido para, por último, vivir una creciente revalorización mundial años después de su muerte.

La columna comienza contextualizando la novela: año de publicación; título original de la novela en la que está basada (*The Romantic Egotist*, que ninguna editorial quiso publicar, hecho que llevó a Fitzgerald a reescribirla y cambiarle el título por *This Side of Paradise*) y su traducción al español, *El ególatra romántico*, o "el egotista", que es una traducción más exacta, como puntualiza Millet; su "formidable acogida" tras su publicación; y el estatus de Fitzgerald de "intérprete de la llamada 'era del *jazz*'" ("traducción más o menos válida" de "Jazz Age", según Millet). Sobre esta época, el crítico comenta que es "la traducción de las ensoñaciones paradisiacas que en embrión especifica la novela de F. Scott Fitzgerald".

A continuación, Millet se adentra en la trama de *This Side of Paradise* y ofrece al lector una detallada descripción de los acontecimientos, hilvanados por medio de una rica adjetivación y una expresión casi poética, como, por ejemplo, al afirmar del protagonista que "llega a imponerse por una incipiente vocación acaudilladora" o "interviene en la revuelta estudiantil, de inspiración pacifista, patrocinada por su camarada Burne Holiday". Además, Millet hace un recorrido exhaustivo por los distintos personajes que integran la historia. De Amory Blaine afirma que "no es otro que el propio Fitzgerald" y que es un "héroe egotista" de "niñez regalada" y "actitud aristocrática" e "indolencia heredada". En cuanto a la madre, "dama de posibles y de caprichos", Millet comenta que "ejercita sobre él [Amory] una tutela distanciada" y que Fitzgerald "le da el 'nombre chusco' de Beatrice". Es interesante analizar por qué el crítico elige el adjetivo "chusco" (definido por el DRAE como "que tiene gracia, donaire y picardía") para referirse al nombre de Beatrice. El personaje más popular que encontramos en la literatura universal con este nombre es la musa y guía de Dante en el paraíso en su *Divina Comedia*: Beatrice, mujer de belleza cautivadora y de quien se dice Dante modeló a partir de Beatrice Portinari, hija de la rica familia florentina Portinari. Por tanto, podría ser una de las opciones que el crítico consideró al afirmar que el nombre de Beatrice tiene "gracia y picardía", ya que, además, ambas Beatrice, la de Fitzgerald y la de Dante, tienen un vínculo con el "paraíso". De los amores de Amory, Millet comenta que Rosalind es "trasunto probable de Zelda" y de Eleonor que "supera en egocentrismo" al protagonista. Por último, Millet señala a monseñor Darcy, "figura de sacerdote hedonista, casi dandy", como "quizás el modelo más interesante de los que integran el repertorio de la novela".

Por otro lado, el crítico hace hincapié en la dependencia que Fitzgerald tenía del dinero ("el dinero sería una de las obsesiones de mayor permanencia en Fitzgerald") y lo compara con Amory, quien "es incapaz de concebir la felicidad sin la ayuda del dinero". Hacia el final del párrafo, Millet reflexiona sobre la novela y asevera que Amory, tras "la incansable búsqueda de la paz interior", "se percata […] de que el propio egoísmo era el único bien efectivo que poseía como algo suyo" y que "toda experiencia que ha adquirido […] se resume en las palabras confidenciales del final: 'Me conozco a mí mismo, pero eso es todo'".

En el siguiente apartado, Millet se centra en las características generales de la novela, de la que opina es "la típica novela del 'egotista' stendhaliano", "como fácilmente cabe advertir", añade el crítico, dando por hecho que los lectores de la revista *Destino*, de gran prestigio en el panorama cultural español, son versados en literatura y, por lo tanto, están habituados a referencias literarias específicas. Tanto "egotista" como "stendhaliano" son términos que se usan comúnmente y, casi exclusivamente, en el contexto literario. Por un lado, "egotismo" lo define el DRAE como "prurito de hablar de sí mismo" y "sentimiento exagerado de la propia personalidad". Es un término que se relaciona frecuentemente con el escritor francés Stendhal, ya que diversas fuentes señalan que este concepto fue difundido por él mismo, quien, además, tituló una de sus memorias *Recuerdos de egotismo* (1832, pero publicado en 1892). Algunos rasgos característicos de la literatura de Stendhal o de la literatura "stendhaliana" son precisamente la sensibilidad romántica y la excesiva importancia que los personajes se dan a sí mismos y a sus propias experiencias vitales, dando lugar a la llamada filosofía de "caza de la felicidad", típica de los personajes stendhalianos y que ejemplifican a la perfección el concepto de "egotismo".

En *This Side of Paradise* el héroe "egotista", Amory, tal y como cita Millet al propio Fitzgerald, "se enfrenta con la vida provisto de las mejores armas […] y dispuesto a usarlas […] tan ciega y egoístamente como fuera posible". Este libro "de búsqueda" (el crítico toma la expresión de "quest book" usada por Fitzgerald) modela su estilo según las novelas del mismo género de los escritores Compton Mackenzie (y su *Sinister Street*) y H.G. Wells, por quienes Fitzgerald sentía una gran admiración. Millet define la novela de la siguiente manera: "*A este lado del paraíso* se adscribe a un género de producciones novelísticas que tiene honda raigambre y cuenta con un respetable elenco de ilustres cultivadores". Tal y como el propio Fitzgerald admitió en diversas ocasiones, entre estos "ilustres cultivadores", aparte de los ya mencionados, figuraban Oscar Wilde, Henry James, Edith Wharton, Willa Cather y los poetas John Keats y Rupert Brooke.

Como elemento predominante en *This Side of Paradise*, el crítico resalta el autobiográfico y añade que este se convertiría en un rasgo característico de las futuras obras de Fitzgerald, como se aprecia "en su obra maestra" *The Great Gatsby*. En cuanto a la calidad literaria de la primera novela del escritor, Millet comenta lo siguiente: "[…] no hay duda de que no es una buena novela y que ni punto de comparación tiene con el libro en el que se ha cimentado la fama universal de que goza F.S. Fitzgerald". En efecto, generalmente *This Side of Paradise* es considerada de menor calidad que el resto de las novelas de Fitzgerald debido, en gran medida, a que esta se escribió a partir de una anterior de diferente estructura y estilo. Millet, a diferencia de las reseñas que hemos analizado anteriormente, no duda en señalar los muchos defectos que la novela presenta: "uso reiterado de tópicos", "escaso distanciamiento autobiográfico", "tendencia a lo histórico", "sublimación de los antecedentes íntimos" y "adulteración de los datos de aprendizaje". Más adelante, Millet continúa enumerando los puntos débiles de la novela, ahora relacionados a la estructura, entre los que se encuentran: "poca consistencia novelística", "carácter deslavazado" y "fragmentario" de un libro "planeado al principio como recopilación poética de sentido unitario".

Por último, Millet hace el siguiente balance de *This Side of Paradise*: "[…] el presente intento narrativo merece leerse por cuanto es un eslabón inicial del impulso creativo que llevaría a F. Scott Fitzgerald a componer *El gran Gatsby*". Como conclusión, el crítico usa una cita de Edmund Wilson, amigo de Fitzgerald y gran conocedor de sus obras, para resumir las ideas que ha expuesto en su reseña: "He dicho antes que *A este lado del paraíso* comete casi todos los pecados que pueda cometer una novela. Esto es cierto. Ahora bien, los comete todos excepto aquél [sic] que es imperdonable: nunca pierde el calor de la vida".

Recapitulando, la presente reseña comenta de una manera clara y ordenada los aspectos más importantes de *This Side of Paradise*, además de exponer sin censura los elementos negativos que hacen que la novela no sea de tanta calidad como las que la siguieron. Al contrario que algunas de las reseñas anteriores, que, con el fin de promocionar la novela, la ensalzan usando alabanzas desmesuradas, como, por ejemplo, "[*This Side of Paradise* es] una de las mejores novelas norteamericanas de todos los tiempos" (*Cuadernos para el Diálogo*, no. 56, 1968), Millet ofrece al lector una visión global muy acertada de *This Side of Paradise* por medio de una crítica elaborada, detallada y bien argumentada.

En julio de 1968 la revista cultural *Ínsula*[72] publicó una extensa reseña de *This Side of Paradise*, firmada por Mauro Armiño.[73] El crítico comienza la reseña afirmando que "*A este lado del paraíso* se ha considerado siempre como el acontecimiento que introduce la época del 'jazz'" y añade que "tal juicio puede hacer creer al lector que se acerca a unas ruinas literarias". Con estas palabras Armiño hace referencia a la distancia temporal que hay entre la primera publicación de *This Side of Paradise* (1920) y su primera edición española (1968) y que, por lo tanto, el lector puede sentir cierto rechazo por una obra que podría ser considerada "pasada de moda". Sin embargo, añade que toda la "ruina literaria" que hay en *This Side of Paradise* es el hecho de que Amory Blaine, "moralista serio", repruebe "todo enredo con las chicas del conjunto". Por lo que, a excepción de ese aspecto más anticuado, Armiño parece dar a entender que la novela, a pesar de los años, contiene otros aspectos con los que el lector actual puede sentirse identificado.

Más adelante, el crítico comenta que la novela tuvo una "fama escandalosa" debido al retrato que hace Fitzgerald de la "relajación moral" de los años veinte, de la que el crítico puntualiza que "hoy no asustaría a una colegiala", y que *This Side of Paradise* suele ser clasificada dentro del género de realismo social. Armiño opina que la novela también se podría describir como "la encarnación de todos los errores y de todas las esperanzas de su generación", al igual que "*The Great Gatsby y Tender is* [sic] *the night* [sic]". Al igual que ya hizo Millet en la reseña anterior, Armiño resalta el carácter psicológico, enfocado a la búsqueda de uno mismo, que envuelve a *This Side of Paradise*, expresándolo de la siguiente manera: "Los colegios, el psicoanálisis, el alcohol, el amor, la belleza, el dinero, forman un 'cocktail' cuyo gusto nos seduce al principio, pero que en el fondo oculta una búsqueda". Esta idea de la "búsqueda", enterrada bajo frivolidades, la conecta el crítico con lo que él califica de "diálogo aclarador" y comenta al respecto lo siguiente:

> Hay un diálogo aclarador en *A este lado del paraíso*: aclarador no sólo [sic] para esta obra, sino para las demás novelas de Scott: la 'flapper', la muchacha libre de convencionalismos de moda en la época, pregunta a su novio: 'Háblame de ti, ¿cómo sientes?' Lo cual equivale de hecho a 'Háblame de mí. ¿Cómo siento?' He ahí la esencia de la novela de Scott. Fitzgerald escribía a partir de sí mismo (67).

En efecto, Fitzgerald, como ya habían destacado otros críticos, basaba sus obras fundamentalmente en su experiencia y en *This Side of Paradise* esta característica es esencial para entender los personajes y sus acciones. De hecho, tanto los personajes como las vivencias de estos tienen un carácter autobiográfico y así lo expresa Armiño en su reseña:

> Amory Blaine nos ofrece su informe sobre disposición emocional de la juventud americana, y es que Amory, es decir, Scott (pues tanto sus amores como triunfos y fracasos en Princeton, el personaje de la madre, y el del sacerdote católico, tuvieron una réplica real en la vida del novelista), se ha tipificado: de ahí que esta exploración autobiográfica no sea sino la aguda percepción de la experiencia típica de aquella generación de posguerra (67).

A lo largo de toda la reseña el crítico hace especial hincapié en el aspecto autobiográfico de la novela, para, posiblemente, transmitir al lector que *This Side of Paradise*, aunque en principio pueda ser vista como una simple "ruina literaria", esconde un mensaje mucho más profundo además de ser un testimonio fiel de los años veinte.

No obstante, Armiño también señala los puntos débiles de *This Side of Paradise*, como que "la novela es desigual" y que "está sembrada de pensamientos barrocos y abstractos sobre literatura, guerra y socialismo". Es cierto que hubiera sido conveniente por parte del crítico mencionar que *This Side of Paradise* está compuesta por fragmentos reescritos de la primera novela de Fitzgerald y que, por este motivo, la novela presenta una estructura y estilo desiguales y deshilvanados.

Por último, Armiño concluye recalcando que, en general, *This Side of Paradise* merece ser leída tanto por su interés histórico como autobiográfico, expresado de la siguiente manera: "Pero cuando interviene el sentimiento, cuando Scott transcribe su biografía, la vanidad de sus años jóvenes, el esfuerzo por realizar el gran sueño norteamericano: el éxito y el dinero, *A este lado del paraíso* está llena de vitalidad y frescura".

La Voz de Galicia publicó en septiembre de 1968 una brevísima reseña de *This Side of Paradise* en la sección de "Artes y letras". En ella, pese a no aparecer el autor, se exponen los aspectos más recurrentes en las reseñas de obras de Fitzgerald. Del escritor el crítico afirma que "es, con Hemingway, el novelista más notable de la 'generación perdida'". Una vez más, encontramos una reseña de Fitzgerald en la que se nombra a Hemingway, quien, como se ha mencionado anteriormente, gozó de una gran popularidad en España cuando Fitzgerald era todavía un escritor desconocido. La crítica también subraya que a "Fitzgerald se le ha llamado, muy justamente, 'historiador de la era del jazz'" y de *This Side of Paradise* tan solo comenta que "es su primera novela y la que inició su fama mundial". En conclusión, la reseña no ofrece análisis alguno de la novela y tan solo se limita a mencionar aquellos aspectos más manidos sobre Fitzgerald.

La última reseña que se va a analizar de la primera edición en español de *This Side of Paradise* la encontramos en el *Boletín de la Dirección General de Archivos y Bibliotecas*, en el número 105 publicado en febrero de 1969. Antes de comenzar la crítica, al lector se le ofrece una información pormenorizada de la edición que se va a reseñar: traductor, editorial, año, colección a la que pertenece (El libro de Bolsillo. Sección. Literatura: 110) y, por supuesto, autor.

El crítico, de quien no se nos proporciona el nombre, empieza la reseña calificando *This Side of Paradise* de "mezcla de ensayo y novela autobiográfica", escrita por "el desgraciado novelista americano" F. Scott Fitzgerald. Es la primera de las reseñas pertenecientes a *This Side of Paradise* en la que un crítico hace referencia a las difíciles circunstancias a las que se enfrentó el escritor y así lo refleja con el uso de "desgraciado". Hasta ahora el resto de reseñas valoraban muy positivamente a Fitzgerald, dejando de lado los aspectos más turbios de su vida. A continuación, el crítico hace un breve análisis del protagonista de la novela, expresándolo de la siguiente manera: "Las citas pesimistas con que se abre el libro —dentro del espíritu y casi de la letra del Eclesiastés— nos hablan ya de él […] un muchacho que soñó con la belleza, va viendo poco a poco morir sus ideales en brazos de alguna mujer o del alcohol".

Como habían hecho otros críticos en las reseñas de *The Great Gatsby* y *Tender Is the Night*, el crítico parece adoptar una postura censuradora con *This Side of Paradise*. En este caso, se dirige a Amory Blaine, quien, según el crítico, deja que sus "ideales" se destruyan por culpa de las mujeres y el alcohol. Más adelante, continúa su análisis de *This Side of Paradise* y, como en otras reseñas, también menciona el afán del protagonista por encontrarse a sí mismo, perdiendo en el camino "la fe", "la infancia" y "la juventud […], como precio del conocimiento de uno mismo".

Por otra parte, se comenta que "no hay acusación social, habiendo ironía y sátira de ciertos ambientes". Esta idea podría referirse a la crítica que hacía Fitzgerald de la alta sociedad y de los ricos en general, lo que se convirtió en un rasgo característico de gran parte de su obra. A pesar de sentir una gran fascinación por los ricos y por su forma de vida extravagante, Fitzgerald presentaba en muchas ocasiones esta admiración envuelta en la "ironía y sátira" que menciona el crítico. Además, este acusa tanto a "la sociedad" como al "mismo protagonista" de ser los responsables "de esta destrucción espiritual". En términos generales, el autor de la reseña se centra en los aspectos éticos y morales de la obra y su protagonista y deja de lado otros, quizá debido a la atmósfera opresiva que se seguía viviendo en España en el momento en que fue escrita la reseña.

En último lugar, se lleva a cabo un breve análisis estilístico de *This Side of Paradise*, que se resume de la siguiente forma: "El libro mezcla el tono ensayístico y narrativo, con inclusión de abundantes poemas y pasajes dramatizados. Buena la traducción en lo narrativo. Inevitablemente insuficiente en lo poético". El uso de "inevitablemente" nos puede indicar que el crítico considera muy compleja la traducción de la poesía y que, por este motivo, la calidad de la edición en español pueda ser inferior a la original. Sin embargo, no critica, al contrario de varios de los autores de las reseñas anteriores, la inclusión de esos poemas y pasajes dramatizados que hacen que *This Side of Paradise* pierda coherencia en la narración y en la caracterización de los personajes.

Como conclusión, de las reseñas aquí analizadas se puede extraer que la primera novela de Fitzgerald fue bien recibida por parte de los críticos, que, sobre todo, tienen en alta estima al escritor, al que muchos sitúan a la altura del renombrado Hemingway. Sin embargo, muchos consideran, justamente, *This Side of Paradise* de menor calidad que el resto de novelas que la siguieron, destacando principalmente la falta de coherencia entre sus distintas secciones. La evolución cultural de la España de los años sesenta queda patente si se comparan las reseñas de las dos obras anteriores, *The Great Gatsby* y *Tender Is the Night* (las correspondientes a los años 1953 y 1963 respectivamente), y las de *This Side of Paradise* (de 1968/1969). En las primeras se encuentran frecuentemente referencias, con tono crítico, al estilo de vida de Fitzgerald y a algunos aspectos del contenido de sus obras (como los personajes y sus acciones), mientras que en las últimas reseñas analizadas apenas se encuentran este tipo de referencias y, en cambio, se hace mayor hincapié en la valía literaria del escritor norteamericano.

3.2.4. *Hermosos y malditos*

A España llegó en 1973 la edición intacta publicada por la editorial chilena Zig-Zag de *The Beautiful and Damned* de la mano de la madrileña Rodas. Esta edición, titulada *Los malditos y los bellos*, sería la única disponible en español hasta 1981, año en que la editorial Bruguera se convertiría en la primera editorial española en traducir *The Beautiful and Damned*, bajo el título de *Hermosos y malditos*, con la traducción de José Luis López Muñoz.

Tal y como hemos mencionado en las secciones anteriores, el material que se ha podido encontrar sobre esta novela también es muy escaso. En el caso de *The Beautiful and Damned*, la segunda novela de Fitzgerald y de mucha menor repercusión que el resto, resulta menos sorprendente la falta de información en los distintos diarios y revistas españolas de la época.

La información que se ha podido recabar se resume en una breve mención en *La Vanguardia Española* de 1972 y cuatro reseñas de la edición de 1981, de las cuales una tiene una extensión suficiente como para obtener una visión general sobre la recepción de *The Beautiful and Damned* en España.

En 1972, un año antes de que llegara a España la edición chilena *Los malditos y los bellos*, el periódico *La Vanguardia Española* dedicó un artículo a la literatura norteamericana de los años veinte, titulado "U.S.A. 1922". En dicho artículo el autor, quien firma bajo las iniciales A.Z., menciona las obras más destacadas que fueron publicadas en 1922 y en este recorrido se detiene brevemente en *The Beautiful and Damned*, publicada en marzo de ese mismo año. El autor comenta que "el título [de la novela] indica cuánto le espera a la protagonista, Gloria Gilbert". Esta afirmación es un tanto confusa ya que la protagonista no es Gloria, sino Anthony Patch, y, al no traducir el título o al menos explicar la palabra "damned", el lector español no tiene por qué entender a qué se refiere con "cuánto le espera".

Sin embargo, más adelante, el crítico parece ofrecer una explicación de lo que les espera a los protagonistas, expresándolo de la siguiente manera: "El dinero como premio total de la existencia, privada de toda significación superior". Anthony y Gloria, jóvenes y adinerados (y, por supuesto, bien parecidos), llevan una vida desprovista de ambición o vocación, una vida aparentemente despreocupada y banal. Con el fin de respaldar esta idea, el crítico añade la siguiente reflexión sobre los jóvenes protagonistas de las novelas de Fitzgerald:

> En las novelas de Scott la juventud se condena precisamente por creer sólo en un ideal de belleza aparente, sin entender la existencia en esos personajes de un último e insobornable sentimiento de vulgaridad, en la acumulación de cosas, sólo cosas, por la capacidad del dinero (24).

El crítico refuerza este mensaje usando las reflexiones del propio Fitzgerald, a quien cita afirmando que "los ricos son distintos […] para llegar, después de mucho sufrimiento, a la duda total, en la consumación del cinismo". Con estas líneas, el crítico resume el trasfondo de gran parte de las obras del escritor: tras la frivolidad de los personajes, ricos y joviales en apariencia, encontramos desorientación y aturdimiento. Esta idea la argumenta el crítico de la siguiente forma:

> Condenados [los ricos] a no sentir dolor, a no dejarlo llegar; acorazados en armaduras doradas para aislarse del contagio humano; aturdirse sin la redención del sufrimiento. Oropel y sólo oropel. El autor entenderá tarde la futilidad de esa existencia (24).

En efecto, Fitzgerald, ya sumido en la desesperación de quien se cree acabado tras años de desenfreno y ostentosidad, entendió la fugacidad del dinero y de la supuesta felicidad que este conllevaba. Esta breve reflexión sobre *The Beautiful and Damned* resulta de gran interés por la exposición de uno de los temas más recurrentes en las obras de Fitzgerald: el estrecho vínculo entre la riqueza y el deterioro moral.

Habrá que esperar a 1981 para encontrar la primera reseña de *The Beautiful and Damned*, publicada en el número 92 del 26 de julio del periódico *El País*. Esta extensa reseña corresponde a la primera edición de *Hermosos y malditos* (en la reseña aparece erróneamente como *Los hermosos y malditos*) de la Editorial Bruguera para su colección de bolsillo Club Bruguera de 1981. Dicha reseña aparece bajo el título "América y los felices años veinte" (5) y la firma Genoveva Dieterich.[74] La autora comienza aportando datos sobre la segunda novela de Fitzgerald, como, por ejemplo, el título original de la obra (que escribe en minúsculas, *The beautiful and damned*) y el año de publicación (marzo de 1922). En cuanto a la traducción del título, Dieterich, cuya profesión principal es la de traductora, sugiere que "bellos" hubiera sido una opción más adecuada que "hermosos". Resulta interesante que se decante por "bellos", que fue el adjetivo elegido por la traductora de la primera traducción al español de *The Beautiful and Damned* (*Los malditos y los bellos*, traducida por María Angélica Grau y publicada por la editorial chilena Zig-Zag). Además, teniendo en cuenta que cada vez que Dieterich hace referencia al título en español añade "los", se puede inferir que considera que hubiera sido una traducción más acertada, al menos más fiel, incluir el artículo.

A continuación, Dieterich recorre brevemente la trayectoria profesional de Fitzgerald. De esta destaca el éxito fulgurante de su ópera prima, *This Side of Paradise*, de la que comenta que "existe […] una excelente traducción de Juan Benet en Alianza Editorial" (que, recordemos, fue la primera traducción llevada a cabo en España, en el año 1968). Además, la crítica sintetiza la novela de la siguiente manera:

> Esta había trazado el retrato de una nueva generación a partir de las divagaciones literarias, sentimentales y filosóficas de un grupo de estudiantes de Princeton que llegaban a la mayoría de edad entre los cañonazos de 1914, los relámpagos de 1917 y la euforia del armisticio de 1918. El autor hacía balance de toda una etapa de su vida y […] se lanzaba con optimismo a la vorágine de los *roaring twenties* —los locos años 20—, una de las épocas más creativas, vitales y conflictivas de la historia americana ("América y los felices años veinte" 5).

Sobre *The Beautiful and Damned* Dieterich asevera que "trataba del momento, de la vida, tal como la estaba viviendo el autor y su generación: en presente absoluto, sin paliativos y sin posibilidad de perspectiva histórica". La autora usa palabras de Robert Sklar[75] a modo de síntesis de la novela que trata "del *show* americano y de cómo vivirlo". Continúa explorando los cimientos sobre los que se construyó *The Beautiful and Damned* citando un fragmento de una carta escrita por Fitzgerad a su editor. Así describía el escritor su segunda novela en sus estadios iniciales:

> Mi nueva novela trata de Anthony Patch, entre los veinticinco y los 33 años. Es uno de los muchos que tienen los gustos y las debilidades del artista, sin poseer al mismo tiempo verdadera inspiración creativa. Mi historia cuenta cómo Anthony y su joven y bella esposa Gloria se destruyen contra las rocas de la disipación ("América y los felices años veinte" 5).

Como señalaba el artículo reseñado anteriormente, en *The Beautiful and Damned* Fitzgerald ahonda en el deterioro y relajamiento moral de aquellos que se dejan arrastrar por una vida ociosa. Dieterich también alude a una de las características insoslayables de la narrativa de Fitzgerald, que sería el acertado reflejo de la forma de vida de su época. La crítica expresa esta idea de la siguiente forma: "La confrontación con el material incandescente e imprevisible del presente […] se le planteó como un verdadero reto, que en todo momento aceptó, pero del que no salió airoso sostenidamente". Ciertamente, se puede mantener que las dos primeras novelas de Fitzgerald, si bien dejaban entrever el talento de su autor, eran inconstantes, y a veces inconexas, en su calidad literaria.

Según Dieterich, *The Beautiful and Damned* es "un irritante conglomerado de aciertos y de fracasos, que refleja a la perfección eso que podría definirse como el 'proceso creativo'". Como regla general, a esta novela no se la considera una obra maestra, pero, como subraya Dieterich, "está repleta de excelentes fragmentos, especialmente en las dos primeras partes" (la boda de Gloria y Anthony y sus primeros meses de matrimonio). Más adelante, la autora echa la vista atrás cuando señala que "la crítica de la época fue bastante negativa con la historia de esta pareja de *artistas* —él quiere escribir; ella, hacer cine—, incapaces, en fin de cuentas, de resistir las tentaciones de la América del *boom* económico de posguerra y de la prohibición". En efecto, *The Beautiful and Damned* no cumplió las expectativas del lector americano, deseoso de volver a encontrar en las historias de Fitzgerald romances fugaces entre copas de champán y bailes al son del charlestón. Tras un inicio festivo, llega la decadencia y el derrumbe moral y mental de Anthony y Gloria.

Como ocurre en las otras novelas de Fitzgerald, *The Beautiful and Damned* contiene aspectos autobiográficos y de la posible semejanza entre los protagonistas y los Fitzgerald se hace eco Dieterich así: "Algunos quisieron ver en la pareja protagonista y en su fracaso un retrato premonitorio de Fitzgerald y de su mujer, Zelda". No sería mucho más tarde de 1922 cuando el matrimonio comenzara a sufrir altibajos que se acentuarían con el deterioro de la salud mental de Zelda y el consumo de alcohol desmesurado de Fitzgerald.

No obstante, "Fitzgerald no sólo [sic] hablaba de sí mismo", también "hablaba de temas más profundos". De entre estos "temas más profundos", Dieterich destaca el "del 'sueño americano'"; este tema se convertiría en insignia de la narrativa de Fitzgerald. Según la autora, *The Beautiful and Damned* trata "de su destrucción [del sueño americano] por la disipación, entendida en un sentido metafórico como corrupción moral" y comenta que "la novela ocupa un lugar preciso y necesario en la obra total del autor". El ritmo pausado, pero no tedioso, de la trama acerca al lector al mundo frívolo envuelto en falsedades de sus protagonistas, quienes poco a poco se sienten más desplazados en la sociedad y ven alejarse el sentido de sus existencias. Dieterich describe *The Beautiful and Damned* de la siguiente manera:

> Es una especie de campo de batalla, en el que el escritor va descartando, estilística y temáticamente, materiales obsoletos, influencias, lugares comunes tan escandalosa e ingenuamente exhibidos en *This side* [sic] *of paradise* [sic]. Y al mismo tiempo es un crisol en el que se depuran y perfilan el estilo y los temas del futuro ("América y los felices años veinte" 5).

En efecto, la segunda novela de Fitzgerald era un escalón necesario para alcanzar la calidad estilística de *The Great Gatsby*, escrita tan solo dos años más tarde, hecho que Dieterich califica de "increíble". La crítica añade que "el proceso radical de economía que tiene lugar entre 1922 y 1925 es, simplemente, fabuloso" ya que la narrativa de Fitzgerald pasó del "fárrago y la confusión" a "la tersura cristalina" y a "la concisión temática". En 1981, año en el que se publicó esta reseña, *The Great Gatsby* ya era considerada por muchos una obra maestra y esto se ve reflejado en las palabras de Dieterich, quien no duda en alabarla y en justificar la lectura de, la a veces farragosa, *The Beautiful and Damned* para entender la evolución estilística y técnica del escritor norteamericano.

Por último, Dieterich hace referencia al epílogo de *The Beautiful and Damned* (titulado en español *Con los gorriones*), del que señala que "se transparenta en un final enigmáticamente ambiguo el personaje clave de las futuras novelas de Fitzgerald: el 'perdedor romántico', como Jay Gatsby, Dick Diver, Monroe Stahr". Es cierto que en Anthony Patch ya se pueden vislumbrar atisbos de ese "perdedor romántico" que culminó en la figura de Gatsby: el héroe que lucha por un sueño que, lejos de alcanzarlo, lo acaba destruyendo.

El 18 de agosto de 1981 el *Diario de Lérida* publicó una reseña de *Hermosos y malditos* en la sección llamada "Nuestros amigos los libros", escrita por Julio García Guillermo. El crítico se centra principalmente en hacer un repaso por la vida personal de Fitzgerald y tan solo dedica las tres últimas líneas a comentar, muy brevemente, la novela. Por tanto, esta reseña apenas arroja luz sobre qué opinión se tenía de la novela en España.

Dada la brevedad del análisis, comenzaremos comentando las líneas sobre *Hermosos y malditos*. En ellas, García Guillermo expone que "la novela autobiográfica

[*Hermosos y malditos*] es la historia del deterioro moral ocasionado por el dinero". Sucintamente el crítico resume el tema central de la novela, dejando de lado muchos de los otros aspectos importantes de esta como, por ejemplo, quién y cómo sufre ese deterioro moral o qué papel juega el dinero en la vida de los personajes. Al basar su reseña casi exclusivamente en la vida personal de Fitzgerald, el autor parece indicar que la novela no es merecedora de un análisis más profundo. Sin embargo, considera que pueden suscitar un mayor interés en el lector las idas y venidas de Fitzgerald y su cautivadora mujer.

A continuación, analizaremos los datos que aporta el crítico sobre la vida del escritor. De forma cronológica, la reseña comienza proporcionando el nombre completo de Fitzgerald (Francis Scott Key Fitzgerald), el lugar de nacimiento (St. Paul, Minnesota), el año de nacimiento (1896), además de una breve explicación de quiénes eran sus padres ("el padre era un gentil hombre sudista de gustos aristocráticos y la madre hija de emigrados irlandeses dedicados al comercio"). En cuanto a la formación académica del escritor, García Guillermo menciona el paso de Fitzgerald por St. Paul Academy, Newman School, la Universidad de Princeton, y su posterior alistamiento en el ejército en 1917. De ahí el crítico procede a comentar la trayectoria literaria de Fitzgerald: su primera novela, *El romántico egoísta*, de 1918 ("rechazada por los editores"); pero "sólo en 1920 conocerá la fama al ser publicada con el título *A este lado del paraíso*"; en 1922 "publica *Cuentos de la época del jazz*"; "en 1925 fija su residencia en Francia y publica *El gran Gatsby*"; "en 1934 publica *Suave es la noche*"; y, por último, deja "inacabado *El último magnate*, que publicó su amigo Edmund Wilson".

Entre obra y obra, García Guillermo intercala otros aspectos de la vida personal del escritor como, por ejemplo, "las atormentadas relaciones con su mujer, Zelda (quien en 1929 es `internada en una clínica para enfermos mentales´), a causa de los celos" (y otros motivos que el crítico no menciona); su regreso a Estados Unidos "cargado de deudas, a pesar de sus fabulosas ganancias"; su estancia en Los Ángeles "para trabajar en Hollywood, pero sus proyectos no encuentran el favor de directores ni productores"; y su "muerte en 1940, después de haber intentado suicidarse anteriormente". Un posible intento de suicidio por parte de Fitzgerald no está recogido en ninguna de las numerosas biografías sobre el escritor norteamericano, mientras que sí son conocidos los de Zelda, incluido el de matar a ambos (Zelda y Fitzgerald) cuando conducía ella un lujoso coche en Cannes en el verano de 1929.

El Norte de Castilla publica el 20 de junio de 1982 una breve reseña sobre *Hermosos y malditos* firmada por Miguel Ángel Pastor. La reseña comienza subrayando que "vienen apareciendo las traducciones de uno de los grandes maestros de las letras norteamericanas Scott Fitzgerald". Como hemos comentado anteriormente, hacia finales de los años setenta es habitual encontrar estas descripciones de Fitzgerald en España. El merecido reconocimiento, aunque tardío, llegó a nuestro país impulsado en cierta medida por las adaptaciones cinematográficas, pero principalmente por la apertura del país a la traducción de obras extranjeras, entre las que se cuentan las de Fitzgerald y varias de sus biografías publicadas entre los años setenta y ochenta.

En lo que respecta a *Hermosos y malditos*, Pastor afirma que "la crítica [la] considera —junto a *A este lado del paraíso*— como la más brillante de su pluma". Posiblemente esta afirmación no se ajuste a la realidad, ya que *Hermosos y malditos* es la novela de Fitzgerald que menos repercusión ha tenido desde su publicación en 1922. Por tanto, se puede considerar una maniobra comercial del crítico para promocionar la novela. Por otro lado, añade que *Hermosos y malditos* "describe un mundo que el autor conocía perfectamente, el de los años veinte, con su brillantez y sus grandes decepciones". Con estas palabras, Pastor entrelaza las dos caras que Fitzgerald representaba en su obra a la perfección: la "brillantez", efímera y engañosa, de los locos años veinte, no solo de sus fiestas sino también de sus progresos e innovaciones en todos los ámbitos, con las "grandes decepciones" que estos acarrearon y que el propio autor viviría al poco tiempo de comenzar su exitosa trayectoria profesional. Por último, el crítico concluye la reseña destacando que "hay no poco de trasunto autobiográfico en estas páginas", lo que constituye otro de los rasgos característicos de la narrativa de Fitzgerald.

En el dominical del diario *Lanza*,[76] también del 20 de junio de 1982, el escritor Ángel Dotor,[77] en la sección titulada "Breves ensayos críticos", le dedicó un breve análisis a *Hermosos y malditos*. Según Dotor, *Hermosos y malditos* "es una novela autobiográfica en la que aparecen conjuntados aspectos muy interesantes de la vida en los Estados Unidos, patria del autor, y detalles de su dura y asendereada existencia", "asendereada" al estar "llena de dificultades y desgracias" que conllevan al "deterioro moral ocasionado por el dinero". En resumen, el crítico destaca, como en reseñas anteriores, el aspecto autobiográfico de la historia y la influencia negativa que tiene el dinero en los protagonistas.

Dos meses más tarde, el 29 de agosto, *La Nueva España*, en su suplemento "Extra de domingo", publica una reseña de *Hermosos y malditos*. En esta reseña, que aparece sin firmar, encontramos más información sobre los personajes y la técnica de Fitzgerald. En cuanto al protagonista, el crítico comenta que "Anthony Patch […] es quizás el mejor retrato del propio Scott Fitzgerald, pero también es el prototipo de una cierta juventud americana de los años veinte, brillante, ávida, y destinada a un final de alcoholismo y fracaso". Esta idea es muy similar a la de la reseña anterior, que describía la vida en la América de los años veinte como "brillante" y "llena de grandes decepciones". De nuevo, encontramos una crítica donde se incide en la dualidad de esa vida desenfrenada de los años veinte, que tan duramente golpeó a los soñadores como Fitzgerald.

La otra vertiente de la que se han hecho eco todas las reseñas aquí analizadas es la autobiográfica; en la de *La Nueva España* se hace referencia a ello de la siguiente manera: "Sería una limitación injusta pensar en esta novela como un libro meramente autobiográfico: es mucho más, es una novela elegante, perfecta en su estructura y uno de los grandes libros de Scott Fitzgerald". Sin embargo, el crítico no se limita a calificar *Hermosos y malditos* de autobiográfica, sino que escarba un poco más allá de la superficie y le ofrece al lector pinceladas de la estilística de Fitzgerald, "elegante" y "perfecta en su estructura".

Como conclusión, tras haber recabado información y analizado las novelas más importantes de Fitzgerald, no sorprende el poco material encontrado relativo a *Hermosos y malditos*, la segunda novela del escritor y considerada por la crítica inferior al resto. En lo que respecta a las reseñas que se han analizado, se podría concluir que se centran principalmente en dos aspectos de la novela, aunque de forma muy superficial: en su mensaje, resumido sucintamente como tras el brillo de la vida se esconden duros reveses, y en el autobiográfico, siempre presente en la obra de Fitzgerald.

3.2.5. *El ultimo magnate* y *El derrumbe*

La primera edición en español de *The Last Tycoon* llegó a España en 1972 también de la mano de la editorial Rodas, bajo el título *El último magnate* (publicada originalmente por Zig-Zag con la traducción de Cecilia Boissier y Antonio Skarmeta). En 1975 Rodas lanza al mercado la segunda edición, que mantuvo la misma traducción que la primera, por lo que habrá que esperar a 1982 para encontrar la edición de Bruguera, al igual que ocurrió con *A este lado del paraíso* un año antes, vertida en este caso por Jaime Silva. De nuevo nos volvemos a encontrar con el problema de la escasez de referencias de una novela de F. Scott Fitzgerald en esta época, pero, en este caso, está justificado ya que *The Last Tycoon* no tuvo el impacto que las otras novelas y parte del éxito de esta en los años setenta se debe al estreno de la película dirigida por Elia Kazan en 1976, que trataremos más adelante. En total contamos con una reseña de la reedición de 1975 de la editorial Rodas y dos de la primera edición de 1982 de Bruguera. Además, se abordará, aunque de forma muy breve, la colección de relatos y ensayos *The Crack-Up*.

En primer lugar, comenzaremos con una mención a *El gran Gatsby* y *El último magnate* encontrada en el número 556 del 15 de febrero de 1975 de *La Estafeta Literaria*. El escritor Ángel Palomino,[78] en el artículo "Fichas para una computadora buena", reflexiona sobre diversos escritores y sus obras, entre las que se encuentran las dos de F. Scott Fitzgerald. De *El gran Gatsby* Palomino comenta que "oportunamente, va Plaza & Janés y desempolva *El gran Gatsby* al mismo tiempo que el cine relanza la obra y el nombre de su autor, F. Scott Fitzgerald", haciendo referencia al estreno de la película en 1974. Palomino se muestra crítico con la película, de la que comenta sardónicamente que "toda la época precharlestónica ha sido puesta en pie; damas y caballeros buscan el tiempo perdido en la peluquería y en la boutique". Con el mismo tono sarcástico Palomino añade que "[la película *El gran Gatsby*] ha desencadenado una póstuma oleada de tonticie, de la que se salvará, gracias sean dadas al Señor, su novela, que es importante a pesar del medio siglo que tiene encima". En cuanto a *El último magnate*, el crítico tan solo menciona que es la novela póstuma de Fitzgerald y que "en sus tiempos debió ser considerada difícil, experimental, obra de semiloco, de escritor de la generación perdida". En términos generales, Palomino se muestra crítico con la adaptación cinematográfica de *The Great Gastby* y censura la fama frívola que la sucedió, "eso que muchos creen que es sólo una moda, como la minifalda".

A continuación, nos detendremos en un amplio artículo encontrado en *Destino*, publicado en septiembre de 1975. Dividiremos dicho artículo en tres partes: un recorrido por la biografía de Fitzgerald, un análisis de la colección *El derrumbe* y otro de *El último magnate*. Hemos optado por incluir un análisis de *El derrumbe* en este epígrafe por dos motivos: en primer lugar, no se ha encontrado ningún otro artículo o reseña dedicado a esta obra, por lo que no hay información suficiente como para dedicarle un epígrafe y, en segundo lugar, comparte con *El último magnate* su publicación en 1975 por la editorial Rodas, tomada intacta de la edición chilena de ambas novelas.

> "Scott Fitzgerald: el fin de una trayectoria" es el título elegido por Pere Gimferrer[79] para el artículo dedicado a las dos obras más pesimistas del escritor norteamericano: *The Crack-Up*, traducido como *El derrumbe* por el escritor chileno Poli Délano, y *The Last Tycoon*. El título del artículo es muy acertado ya que en él Gimferrer examina las obras más notables de Fitzgerald escritas hacia el final de su vida, marcando "el fin de una trayectoria".

El artículo comienza poniendo al lector en antecedentes. Gimferrer aporta los ingredientes fundamentales de la biografía de F. Scott Fitzgerald, cuyo caso "es uno de los más notables de la literatura contemporánea". De la ajetreada vida del escritor, el crítico destaca el éxito de sus primeras novelas, sus problemas personales (el alcohol, "el inestable equilibrio psíquico de su esposa Zelda" y "el comportamiento implacable de muchos de quienes le rodearon, empezando por su viejo amigo Hemingway"), hasta "el vasto olvido" que "sucedería a su muerte en 1940".

En efecto, tras su muerte, la obra de Fitzgerald se sumió en el olvido y "hace doce, quince años, Scott sólo era leído en Europa por pequeños núcleos de conocedores de la literatura norteamericana"; sin embargo, "hoy [por 1975] su conocimiento, aunque bastardeado por el cine y las modas, es muy amplio, y hace de él quizás el escritor americano de su generación más leído actualmente". Aquí volvemos a encontrar a un crítico que lamenta el impacto negativo de las películas, especialmente la de *The Great Gatsby*, al diluir estas la calidad literaria de Fitzgerald, quien, según Gimferrer, es uno de los escritores norteamericanos más leídos ya que "ninguno como él —el de Faulkner, grandioso, es un mundo aparte— supo interpretar su época; ninguno nos resulta tan próximo".

En el siguiente párrafo Gimferrer introduce los temas fundamentales de la narrativa de Fitzgerald: "el esplendor y hundimiento de la América anterior al *crack* del 29 —la 'era del *jazz*'— y la propia ascensión y declive de su carrera de escritor y su existencia personal". Según el crítico, los dos temas están estrechamente relacionados y lo expresa de la siguiente forma:

> Scott nace a la fama y a la fortuna en los días luminosos de su país, de quien, con Zelda, parece un símbolo, una emanación a la vez apolínea y dionisíaca, y su juventud y su éxito se eclipsan, errando como un fantasma por el infierno de tarjeta postal de una Europa que presiente la catástrofe, cuando en los Estados Unidos llega la hora del paro, la angustia y el rencor ("La fascinación por la leyenda de Scott Fitzgerald" 37).

La dualidad de Fitzgerald, asociada por el crítico con lo apolíneo y lo dionisíaco, es una de las facetas más subrayadas del escritor: por un lado, la elegancia y la sofisticación y, por otro, el ímpetu y la fuerza vital, que, mezclados, crean un cóctel perfecto para la representación de la sociedad americana de entreguerras. Por estos motivos "el autobiografismo [sic] de toda la obra de Fitzgerald es emblemático", al igual que sus héroes. De estos, Gimferrer afirma que son "proyecciones de un único personaje" (proyección del autor, de "cómo era, cómo se soñaba o cómo le soñaban") y que "relatan una misma historia". Esta historia, tan exquisitamente narrada, refleja las experiencias del escritor y su entorno, y está descrita por el crítico de la siguiente manera:

> [...] la inseguridad de un hombre y su mundo, la inerme y vulnerable belleza de una época, y también el súbito descubrimiento de una nueva vida moral que sucede a la caída en la adversidad, el desvelamiento de las raíces sórdidas de una sociedad a cuya fascinación sensorial no pudo sustraerse el escritor ("La fascinación por la leyenda de Scott Fitzgerald" 37).

Tras el repaso de la biografía de Fitzgerald, Gimferrer se adentra en las obras *El derrumbe* y *El último magnate*, no sin antes nombrar "sus dos máximas, y bien conocidas, novelas, *The great* [sic] *Gatsby* y *Tender is* [sic] *the night* [sic]". De las dos primeras el crítico comenta que en ellas quien nos habla "es el último Scott Fitzgerald, el Scott Fitzgerald acorralado y desvalido, pero cada vez más lúcido en su soledad de soñador". Además, añade que, a pesar de que una es un escrito autobiográfico en primera persona y la otra es una colección de relatos "que no son una mera trasposición literal de su experiencia", esta "se halla siempre en la base de la narrado"; incluso "en las dos narraciones más alejadas de la biografía de Scott —'La siestecita de Gretchen' y 'La última beldad'— aparecen respectivamente dos temas que no pueden ser más característicos de la personalidad del autor": "la búsqueda del éxito, impuesta por una sociedad obsesionada por el mundo de la riqueza, y la evocación melancólica de los amoríos juveniles".

La primera edición que llega a España de *El derrumbe* es la publicada por la editorial chilena Zig-Zag y de su traducción Gimferrer asevera que es "insatisfactoria para los lectores habituados al castellano peninsular". No obstante, "contiene varios textos capitales", es decir, Fitzgerald no perdió nunca la capacidad narrativa, a pesar de las penurias a las que se vio sometido en los últimos años. Según el crítico, "que […] Scott Fitzgerald se ganase la vida, pasados sus años de prosperidad, narrando en relatos autobiográficos publicados en revistas de su país su propia crisis vital forma parte de las crueles paradojas que ofrece […] el oficio de escritor".

Estos relatos autobiográficos fueron publicados originalmente en la revista *Esquire* en 1936 y representaban "la elegía y crítica de un mundo: *flappers*, galanes, automóviles de época, bailes, y el silencio desierto de las calles al alba". Entre ellos, Gimferrer destaca "Babilonia, otra visita", que describe como "una de las piezas más justamente célebres del autor, que resume […] el drama familiar de Scott y el desvanecimiento de la ilusión dorada de americanos nómadas en hoteles europeos […] en el período de entreguerras". En líneas generales, el crítico concluye que *El derrumbe* "nos conmueve a la vez por la clarividencia con que lleva a cabo la radiografía del entorno y por la directa veracidad con que Fitzgerald nos narra lo que debe resignarse a aceptar como la historia de su fracaso".

Vinculada al fracaso también estaría *El último magnate*, novela que escribía Fitzgerald "cuando en el Hollywood de los años treinta se le tenía por un hombre acabado y un borracho […] al borde ya de la muerte". Este "epitafio de la era triunfal de Hollywood" quedó inacabado tras "la desaparición súbita y prematura del escritor", que, según Gimferrer, "con toda probabilidad hubiera podido ser su obra maestra". De nuevo, hace referencia a la pobre traducción de la edición (de Cecilia Boissier y Antonio Skarmeta para la editorial Zig-Zag), la única disponible en español hasta la fecha, pero resalta la buena edición llevaba a cabo por el amigo de Fitzgerald, Edmund Wilson, quien "prologó" la novela adecuadamente. En cuanto a la redacción del texto, el crítico considera que, al igual que la historia, no se la puede considerar la definitiva. En efecto, Fitzgerald dejó "notas e indicaciones —incorporados en apéndice al volumen— para hacernos una idea bastante clara de cuál iba a ser el plan previsto de la totalidad de la obra".

Con *The Last Tycoon* Fitzgerald buscaba escribir otra novela al estilo de *The Great Gatsby* y con su héroe, el productor cinematográfico Monroe Stahr, otro Gatsby: "un personaje mítico, revestido, al igual que un dios lo está de sus atributos, con todo el poderío retumbante y luminoso de un universo mítico; como Gatsby, encierra la secreta herida de un amor herido, pero no olvidado". Sin embargo, "la mirada de Fitzgerald", que con tanta agudeza y armonía describía la belleza, "es aquí más amargamente crítica que nunca, quizá porque, según observa Wilson, se enfrenta por primera vez con la descripción de los conflictos de intereses en una profesión".

En *The Last Tycoon*, Fitzgerald se sirve "de un personaje-testigo, muy típico de la manera fitzgeraldiana, […], cuya función, alternada con el relato en tercera persona, no aparece aún del todo delimitada en la versión que de la obra nos ha llegado"; probablemente Fitzgerald intentaba imitar su personaje-testigo más logrado, Nick Carraway, quien nos acerca con su narración a las vidas de Jay Gatsby y los Buchanan. No obstante, *The Last Tycoon* no pretendía ser una mera copia de la magistral *The Great Gatsby*; Fitzgerald se afanaba por ofrecer al lector "una nueva encarnación de la temática habitual" presente en sus anteriores trabajos: "el deslumbramiento de la vida de los ricos, en un ambiente irreal de prosperidad llamada a la condenación y al exterminio". Además, se sumergió en examinar "aspectos de la existencia" que nunca antes había tratado, como "la corrupción, las rivalidades financieras" o "la sed de poder". Monroe Stahr, el héroe romántico de *The Last Tycoon*, aunque "no idealizado", "moriría […] víctima de un engranaje criminal puesto en movimiento por razones económicas, en el que él mismo participaría desde su terreno". Por último, Gimferrer ofrece al lector un juicio de la novela, que expone de la siguiente forma:

> La concepción de la obra es espléndida —sin duda el plan mejor trazado de toda la producción de Fitzgerald— y la ejecución de la parte redactada —capítulos completos y apuntes— nos hace entrever una novela de primer orden. Los años de agonía y decadencia de Fitzgerald no impedían que aquel hombre herido de muerte desde hacía tiempo siguiera siendo, y quizás entonces más que nunca, uno de los mayores escritores norteamericanos (37).

Considerando que este artículo fue escrito en 1975, un año después del estreno de la adaptación cinematográfica de *The Great Gatsby* (de gran éxito, aunque tachada por muchos de frívola), destaca que el crítico no dude en situar a F. Scott Fitzgerald entre los mejores escritores norteamericanos. En efecto, hemos observado anteriormente que otros autores también sostenían una opinión similar, pero Gimferrer es tajante en su conclusión. Que el crítico fuera especialista también en poesía y traducción perfecciona la elaboración de una exhaustiva visión de la trayectoria literaria de Fitzgerald, centrándose principalmente en el final de la misma. El artículo sobresale por su perspicacia y por el acertado juicio que arroja sobre dos de las últimas obras de F. Scott Fitzgerald. En él Gimferrer también subraya los puntos fuertes y débiles del escritor: de los primeros, hace hincapié en su viveza, técnica y su talento para describir toda una época, marcándola, en cierta medida, con su visión idealizada de soñador; de los segundos, lamenta su caída en desgracia y su prematura muerte, además de las pobres traducciones al español de las ediciones hispanoamericanas, las únicas disponibles en aquel momento.

Con agudeza el crítico traza similitudes entre *The Great Gatsby* y *The Last Tycoon* (principalmente en cuanto a la técnica), pero también resalta las diferencias que, de haber podido concluir Fitzgerald esta última, la hubieran convertido en una obra maestra; mientras que en *The Great Gatsby* aún quedan atisbos de esperanza, en *The Last Tycoon* rezuma la parte más amarga de la riqueza, tan estrechamente unida a la corrupción y al deseo de poder. Esta amargura se ve reflejada en su héroe: Monroe Stahr deja atrás la idealización del romántico Gatsby para hundirse en la desesperación de la corrupción y la inmoralidad de su entorno.

La siguiente reseña corresponde a la edición de 1982 de *El último magnate* de la Editorial Bruguera, la primera llevada a cabo en su totalidad por una editorial española, que contó con la traducción de Marcelo Cohen.

El Diario Montañés publica el 5 de febrero un artículo titulado "El hombre unidimensional en Hollywood", firmado por Dámaso López García.[80] El crítico comienza haciendo referencia al libro *El hombre unidimensional* de Herbert Marcuse, del que comenta que "extraña que haya desaparecido ya del vademecum [sic] ideológico de la juventud de nuestros días" y señala que "el libro de Marcuse nace como reflexión lúcida ante el espectáculo de la sociedad norteamericana". De la sociedad norteamericana el crítico puntualiza que "hay cosas conocidas entre nosotros y cosas poco conocidas" como del "entramado económico, pero sabemos indudablemente mucho acerca de Hollywood, la ciudad sacrosanta del cine".

Según López García, "los productores [...] son el representante certero del hombre unidimensional; son gente imaginativa, pugnaz, emprendedora y dispuesta a todo"; esta figura del productor la encarna Monroe Stahr en *El último magnate*, "un hombre comprometido en una despiadada lucha con la competencia". En general, continúa el crítico, "los hombres como Stahr son pragmáticos, eminentemente pragmáticos, tienen poco trato con las musas, pero, sin embargo, poseen un corazón sensible y dispuesto a sintonizar con la poesía de las cosas". Esta idea la desarrolla más delante de la siguiente forma:

> Aunque, en realidad, esta sensibilidad, que es poética ciertamente, pero también es cursi, kitsch y encantadora, está viciada por un orgullo desmedido que le impide al

magnate disfrutar con algo que no sea la propia creación. Monroe Stahr tiene algo del dios solitario, distante y excesivamente satisfecho de su creación personal (28).

López García añade al análisis del personaje que "lo que es verdaderamente sustantivo [...] es su talento para convertir los problemas del hombre en problemas prácticos", por lo que para él las soluciones de dichos problemas están "al alcance de la técnica y todo es limpio, correcto, aséptico y científico".

El *último magnate* no es solo su protagonista, también "hay amores no correspondidos, melancolías, conductas no explicadas, y, por encima de todo, una hormigueante actividad que es el fermento con el que se preparan las películas". Fitzgerald, tras su infértil paso por Hollywood, representa en su novela una imagen poco amable de la meca del cine y así la resume el crítico: "La imagen de Hollywood que nos ofrece esta novela es la imagen de una actividad extenuante, una actividad de trabajo intenso y contra reloj, pero al mismo tiempo una imagen caótica y un tanto teñida de absurdo". Los personajes que acompañan a Monroe Stahr en sus vivencias en Hollywood "son grotescos o divertidos, los que no tienen trabajo, los que actúan movidos por la ambición y los que ya ni pueden actuar porque han perdido toda esperanza", como su creador, quien plasmaba sus frustraciones en sus héroes, dejando atrás toda posibilidad de esperanza.

En el último párrafo López García resume los aspectos más relevantes de *El último magnate* y sobre el propio Fitzgerald de la siguiente manera:

> F. Scott Fitzgerald consigue una novela interesante, sorprendente [...], pero también llena de complejos simbolismos sobre las raíces y el destino del pueblo norteamericano. Simbolismos que aparecen ocasionalmente con encantadora ingenuidad como en el caso en el que se nos descubre el destino de Monroe Stahr cuando ya era el capitán de una banda de muchachos en un barrio neoyorquino, liderazgo que no consiguió con la fuerza física, sino con la práctica de esas virtudes puritanas que tanta fascinación ejercieron sobre Scott Fitzgerald: autodisciplina, trabajo, ahorro, tenacidad, etcétera (28).

Tras analizar la crítica se podría concluir que se centra principalmente en el protagonista de la novela y aborda aspectos de su personalidad de forma original y lúcida. Además, el crítico deja de manifiesto el interés que le genera la meca del cine, "caótica y un tanto teñida de absurdo", e indaga en la representación realista que lleva a cabo Fitzgerald de los que trabajan en ella, quienes, como Monroe Stahr, harán todo lo posible para mantenerse en la cima.

El último artículo lo encontramos en el suplemento "La cultura" del *Diario de Las Palmas* en agosto de 1982. "Un Scott Fitzgerald inédito en España" es el título del artículo escrito por Dolores Campos-Herrero[81] donde reseña dos obras póstumas de Fitzgerald: la novela *El último magnate* y la colección de relatos *El precio era alto* (este último lo trataremos más adelante en el capítulo dedicado a los relatos). En 1982 inédito era tan solo *El precio era alto* (publicado por primera vez en España ese mismo año por la Editorial Bruguera), ya que *El último magnate*, como hemos visto, había sido publicado por la Editorial Rodas en 1972 (y reeditado en 1975).

Tras un breve repaso de la última etapa de la trayectoria profesional de Fitzgerald, Campos-Herrero se adentra en el análisis de *El último magnate* y, como comienzo, cita a Edmund Wilson, gran amigo de Fitzgerald y editor de las notas y borradores que dejó el escritor de la novela, quien afirmó que "*El último magnate* es con mucho, la mejor novela que se ha escrito sobre Hollywood, la única que nos introduce en su ambiente". Según la crítica, este comentario es "tan desmedido como poco fundamentado", ya que "la muerte [de Fitzgerald] truncó toda posibilidad de finalizarla, de modificarla" y, de haberla podido acabar, "podría haber sido una gran novela". En la novela editada por Wilson se pueden encontrar "un centenar de páginas que revelan, sin duda, la prosa vigorosa de Fitzgerald, su enorme capacidad para tomar una situación y conducirla y conducir al lector como en estado de hipnosis por las más inverosímiles situaciones". Más adelante, Campos-Herrero continúa argumentando por qué *El último magnate* no podría considerarse una gran novela, explicándolo de la siguiente forma: "Hay un gran escritor detrás de cada línea de este libro […] pero en algunos aspectos es evidente que hubiese sido necesaria una revisión crítica de la novela *a posteriori*, como disciplina final".

Del protagonista de la novela la crítica observa una actitud derrotista, propia de un hombre que ya no espera nada en la vida y simplemente se deja arrastrar por ella. Estas son sus palabras al respecto:

> [Monroe Stahr es] un hombre bueno que se expresa a través del trabajo, que está sentenciado a muerte y vive con la indiferencia de quien espera una larga vida. No es un mujeriego, como los mal pensados se atreven a sospechar, y ni siquiera es un ganador completo (8).

A pesar de las imperfecciones propias de una historia inconclusa, Campos-Herrero señala que "en conjunto, la novela carece de esa lentitud enojosa y vacía que había caracterizado a otras, en especial a *Hermosos y malditos*". Además, añade que "no es demasiado difícil rendirse a la novela, a su flujo apasionante […] y esa interrupción, que sus amigos tratan de subsanar, parece otorgarle un toque muy especial, como una muy concreta invitación a la invención propia".

Para finalizar su reseña de *El último magnate*, Campos-Herrero comenta que la muerte prematura de Fitzgerald en 1940 truncó el deseo de este de escribir otra novela que estuviera a la altura de *The Great Gatsby* y como muestra incluye las siguientes palabras del autor: "La he ambientado cinco años atrás para producir un efecto de distanciamiento, parecía la actitud más conveniente. Es una escapada hacia un pasado esplendoroso y romántico que tal vez en nuestra época no se repita". En efecto, no se repitió, y aún se deterioraría más con el estallido de la Segunda Guerra Mundial, como tampoco pudo él repetir su obra maestra de quince años atrás.

Tras el análisis de estos artículos sobre la novela póstuma de Fitzgerald, podemos observar que, en general, los dos, tanto el de 1975 como el 1982, valoraban el resultado final, obra de Edmund Wilson, y recalcan el potencial de una novela que, aunque más amarga y pesimista que las anteriores, integraba muchos de los elementos que hicieron de *The Great Gatsby* una obra maestra. Sin embargo, también destacan que la inconclusión de *El último magnate* le resta la fuerza y cohesión que muy posiblemente hubiera tenido de haber podido ser finalizada.

CAPÍTULO IV
Recepción de las obras de Fitzgerald en España (III): Relatos y otros

CAPÍTULO IV   RECEPCIÓN DE LAS OBRAS DE FITZGERALD EN ESPAÑA (III): RELATOS Y OTROS

4.1. Recepción de los relatos

Los relatos de Fitzgerald, escritos la mayoría por motivos económicos, constituyen el grueso de la obra completa del escritor norteamericano. Llegó a publicar cerca de 160 relatos agrupados en diversas colecciones, coincidiendo la publicación de la primera de ellas con su ópera prima, *This Side of Paradise*, en 1920. Rara vez pasaron más de tres meses sin que escribiera un relato, con la excepción del período comprendido entre 1937 y 1939, cuando Fitzgerald trabajaba en Hollywood. Por tanto, estos nos permiten seguir, mes a mes, la lenta pero fascinante maduración de su creatividad literaria.

4.1.1. *Jovencitas y filósofos e Historias de Pat Hobby*

Este apartado analiza dos colecciones de relatos, *Flappers and Philosophers* y *The Patt Hobby Stories*. De la primera, publicada en España en 1969, tan solo se ha podido encontrar una reseña, por lo que se ha considerado más adecuado agruparla con *The Pat Hobby Stories*, publicada dos años después en nuestro país.

    Flappers and Philosophers fue la primera colección de relatos de Fitzgerald, publicada en 1920. Esta incluye ocho relatos: "The Offshore Pirate", "The Ice Palace", "Head and Shoulders", "The Cut-Glass Bowl", "Bernice Bobs Her Hair", "Benediction", "Dalyrimple Goes Wrong", y "The Four Fists".

    En mayo de 1969 *Blanco y Negro* dedicó una reseña a esta colección, traducida al español como *Jovencitas y filósofos*. La crítica, escrita por J.V.P., corresponde a la edición de Luis de Caralt, quien, como hemos visto en el epígrafe anterior, fue el primero en traducir *Flappers and Philosophers*.

    La reseña comienza con una reflexión no muy certera ya que afirma que "el paso del tiempo no ha matizado ninguna clase de declive u olvido en el nombre literario de F. Scott Fitzgerald". En España no sería hasta la década de los setenta cuando empezó a valorarse su obra y conocerse de manera generalizada. Por tanto, en el año 1969, cuando la reseña fue escrita, Fitzgerald era prácticamente un desconocido.

Más adelante, el crítico continúa ensalzando al autor y comenta que es un "exponente de una línea narrativa nacida de aquella especie de naturalismo romántico norteamericano que culminó en un estilo decantado en cierto neoclasicismo"; el autor se refiere a la "generación perdida", en la que "Scott Fitzgerald tuvo un sitio importante y lo sigue teniendo", aunque lo cierto es que en aquel momento eran los escritores Ernest Hemingway, William Faulkner y John Dos Passos los que contaban con mayor éxito, tanto comercial como crítico.

De la colección *Jovencitas y filósofos*, el crítico afirma que se trata de "un libro de relatos cortos, entre el cuento y la novela pequeña, llenos de seducción y claridad". En efecto, estos primeros relatos de Fitzgerald rezumaban vitalidad y ambición y sus personajes, precursores de sus más logrados héroes y heroínas, ya definían la principal aspiración de estos: una vida de ensueño repleta de belleza y riqueza. Añade que estos relatos están "por encima de cualquier convencionalismo", resaltando la autenticidad y originalidad de percepción del escritor, y que "el repertorio de personajes y situaciones [...] responden siempre a un canon humano, perfectamente definido, como seres vivientes en escenarios adscritos a un realismo sin retorcimientos". Aunque a veces las agudas observaciones y la técnica literaria carezcan de madurez, los relatos transportan de forma magistral al mundo soñado por el joven Fitzgerald, quien ya se encontraba sumergido en los primeros encantos y satisfacciones del éxito.

Al igual que *Jovencitas y filósofos*, *Historias de Pat Hobby* fue publicada, dos años más tarde, por la editorial Luis de Caralt, que en este caso contó con la traducción de Alberto Luis Pérez. La primera reseña, sin firmar, la encontramos en la edición del 15 de abril de 1971 del periódico *La Vanguardia Española*.

Antes de la publicación de *Historias de Pat Hobby* en 1971, España contaba con la edición de cuatro obras en español y dos en catalán de F. Scott Fitzgerald: *El gran Gatsby* (1953, 1967), *Suave es la noche* (1963, 1968), *A este lado del paraíso* (1968) y *Jovencitas y filósofos* (1969). Por tanto, el escritor ya se empezaba a ganar un hueco en el panorama literario español y de esto se hace eco el crítico de la siguiente forma: "Scott Fitzgerald parece haber ganado de repente el interés de las jóvenes promociones de lectores". Sin embargo, el interés suscitado por Fitzgerald no se puede tildar de repentino. Desde la primera publicación de Plaza & Janés de *El gran Gatsby* en 1953 hasta *Historias de Pat Hobby* pasaron casi veinte años, durante los cuales muchos críticos y literatos observaban asombrados cómo un escritor tan valorado en otros países pasaba desapercibido en España. El crítico de esta reseña también hace referencia a este olvido del escritor norteamericano, quien "parecía oscurecido ante el brillo fulgurante de sus compañeros de promoción" y apunta a los siguientes aspectos como los posibles causantes de este oscurecimiento: "la obra de Scott Fitzgerald parecía menos universal, más localista, limitada a dar testimonio de una etapa concreta de la evolución social americana". No obstante, el mundo de la literatura entendería y valoraría más tarde el carácter intemporal de la obra de Fitzgerald, como subraya el crítico de la siguiente manera:

> Un mundo [los años de entreguerras] que parece definitivamente ido y que reverdece ahora en alas de la nostalgia. Y descubrimos de repente que Scott Fitzgerald fue un gran escritor, un auténtico testigo de su tiempo, dotado de un sorprendente ingenio, de una gran agudeza de observación y de un estilo dúctil que no ha perdido nada de su encanto con el paso de estas décadas (51).

Según el crítico, "*Historias de Pat Hobby* no es quizá una de las grandes obras de Scott Fitzgerald, pero quizá por eso es una de las más representativas". Estos relatos corresponden a la última etapa de Fitzgerald, a la etapa de guionista de Hollywood venido a menos, y Pat Hobby "es un personaje calcado sobre las aventuras y desventuras del autor". Fitzgerald dota a Hobby de unas características poco favorecedoras: "ingenuo, sentimental, un pícaro en el sentido clásico lanzado al mundo trepidante de la industria cinematográfica"; y reconstruye de manera fiel "un ambiente que conoció muy de cerca, un mundo despiadado en el que nada tienen que hacer los soñadores como Pat Hobby", o el propio Fitzgerald. Tras varios fallidos intentos de volver a la senda del éxito comercial, Fitzgerald vertía en Hobby sus frustraciones, llevando "la identificación […] hasta el extremo de que Scott Fitzgerald firmaba algunas de sus cartas a su editor con el nombre de su personaje". Su editor, Arnold Gingrich, "ha redactado para esta edición un amplio prólogo en el que explica la génesis de estas historias, surgidas todas ellas al impulso de necesidades acuciantes". Fue él quien recopiló todos los relatos de Pat Hobby publicados en la revista *Esquire* y los publicó en 1962 bajo el nombre de *The Pat Hobby Stories*.

Fitzgerald no acostumbraba a publicar una historia sin haberla corregido o revisado multitud de veces; su afán de perfección lo convertía en un escritor extremadamente meticuloso, lo cual le llevó a hacer "constantes correcciones para fijar el perfil del personaje [Pat Hobby]" además de "determinar el orden estricto en que estas historias deberían ser publicadas". En *Historias de Pat Hobby* quedan de manifiesto "los constantes retoques, el cuidado minucioso del estilo, [y] el demorado perfil del personaje", con claros tintes "autobiográficos". Como recalca el crítico al final de su reseña, el escritor ofrece "un testimonio de un mundo que se hundía, un mundo que Scott Fitzgerald veía como suyo, y con el que también él se iba hundiendo de manera lenta e irremisible".

La siguiente crítica la encontramos en la edición murciana del periódico *Hoja del Lunes* del 26 de abril de 1971. En la sección "Libros", el escritor José María Álvarez[82] dedica una crítica a *Historias de Pat Hobby*. Desde el primer párrafo Álvarez deja de manifiesto su aprecio por el escritor norteamericano con la siguiente afirmación:

"Hay escritores representativos de su época. Y escritores significativos. Fitzgerald es un creador significativo. Por supuesto que, personalmente, detesto a los primeros". Que Fitzgerald fue un representante de su tiempo no admite dudas, pero también fue mucho más que eso. En efecto, es un "creador significativo" porque no solo representó con exactitud y agudeza *The Jazz Age*, sino que ha dejado una huella indeleble en la literatura. Precisamente con grandes artistas del *jazz* lo compara Álvarez, expresándolo de la siguiente forma: "Cuando S. Bechet con el clarinete toca 'Weary Blues', o, mejor, 'Shake it and Break it', está cantando lo mismo que Scott Fitzgerald. O Billie Holiday en 'Lover Man'".

A continuación, el crítico aporta algunos datos de la biografía de Fitzgerald, como que perteneció a la "generación perdida", formada por "escritores con espíritu de cronistas de sucesos […] que se desengañaban de todo en una guerra […] y morían alcoholizados en un decorado preferiblemente exótico". Sin embargo, "Scott Fitzgerald no participó en ninguna guerra […] ni se desengañó posiblemente de nada que no estuviera ya desengañado […] aunque sí murió alcohólico, pero no derrotado". Según Álvarez, Fitzgerald es "superior incluso a Hemingway, comparable sólo a los mejores momentos de Dashiell Hammett". *Historias de Pat Hobby* la describe como "la obra más patética, y posiblemente resumen de su lucidez y su aniquilamiento".

En efecto, Fitzgerald empezó a escribir estos relatos en 1939, cuando se encontraba sumido en la desesperación del fracaso. En un principio, fueron publicados por entregas en la revista *Esquire* y su personaje central, Pat Hobby ("el propio Scott Fitzgerald"), es un "guionista de ocasión en un Hollywood que tiene ya poco que ver con aquel otro Hollywood que lo recibiera en 1927, cuando fue contratado por la United Artists". Es una biografía paralela a la de su creador, quien, como Pat, vivió en los años veinte su esplendor profesional escribiendo "para las revistas más importantes", viviendo "en la Costa Azul y en París" y gastando "más que ganaba —y en 1920 o 1921 ganó escribiendo cerca de 19.000 dólares— y, en suma, era un hombre casi feliz". Sin embargo, "el Pat Hobby de estas confesiones es un hombre cuya vida toca a su fin, alcoholizado, con su esposa Zelda en un manicomio, cargado de deudas, a quien se cierran como escritor todas las puertas que 12 años antes se le abrieran como a Simbad el Marino"; en definitiva, *Historias de Pat Hobby* nace "en un momento en que todo su mundo y hasta él mismo [Fitzgerald] quedaban ya muy atrás en el horizonte".

Como conclusión, Álvarez expresa a lo largo de toda la reseña una clara admiración por el escritor norteamericano y su obra, e incide en el papel tan importante que tuvo no solo como representante de una época sino de sí mismo y sus éxitos y fracasos: Fitzgerald alardeó en sus momentos más álgidos, pero tampoco dudó en sincerarse cuando todo su mundo se derrumbó. El crítico recomienda sin titubeos la lectura de *Historias de Pat Hobby*, manifestándolo de la siguiente forma: "Recomiendo esta obra a cuantos se interesan por la literatura verdaderamente importante de nuestro siglo, a cuantos aman el apasionante mundo del cine y sus escritores, a cuantos están dispuestos a entrar de cabeza por el camino de la fascinación".

Tan solo un mes después de publicar una reseña sobre *Historias de Pat Hobby*, *La Vanguardia Española* publica otra el 13 de mayo, esta vez a manos del reputado periodista Carlos Pujol. Por tanto, y teniendo en cuenta que a finales de ese mismo año publicaría una más que trataremos más adelante, se puede concluir que este periódico consideró esta colección de relatos una obra digna de gran publicidad, posiblemente al considerarla un producto que podría tener éxito comercial y al ser editada por la prestigiosa editorial catalana Luis de Caralt. Aun así, resulta curioso que *Historias de Pat Hobby*, inconclusa y publicada de forma póstuma, consiguiera tanta difusión ya que, como hemos observado en el epígrafe anterior, obras como *Suave es la noche*, *A este lado del paraíso* o *Hermosos y malditos* no obtuvieron la misma repercusión ni en este diario ni en otros.

En esta reseña, Pujol resalta con claridad y precisión los puntos fuertes y débiles de los relatos más confesionales y lastimeros de un Fitzgerald derrumbado. El crítico comienza con un breve resumen de lo que el lector encontrará en la colección: "diecisiete cuentos que protagoniza Pat Hobby"; "uno de los últimos trabajos alimenticios de Scott Fitzgerald" (todos los relatos eran "alimenticios" para Fitzgerald, quien, como él mismo afirmó, los escribía exclusivamente para saldar sus deudas); la escritura de estos fue simultaneada "con la redacción de la más ambiciosas de sus novelas, *The Last Tycoon*"; y, cuando el escritor murió, "trabajaba el capítulo sexto de la novela y quedaba aún por publicar una tercera parte de estos relatos". Además, añade que "ambas obras son como un testamento de un escritor consciente de que su derrota no es definitiva y que busca una justificación vengándose de la fábrica de entretenimientos de Hollywood".

En el siguiente párrafo Pujol ofrece una visión del tipo de escritor que representa Pat Hobby, aquel que fue alguien o, "más triste aún", "parecía ser alguien". Así lo expresa el crítico:

> [...] un guionista cinematográfico que [...] fue rico y famoso y que acaba siendo una 'vieja gloria' que vive casi de limosna entre humillaciones, trampas y enredos [...] Ya casi cincuentón, alcoholizado, rezumando nostalgias y resentimiento, sólo piensa en incrustarse en la nómina de los estudios [...] beber ginebra y salir con chicas guapas (47).

De esta descripción Pujol reflexiona que "a simple vista creemos estar ante un autorretrato" ya que encontramos multitud de "similitudes intencionadas" entre Fitzgerald y su personaje Pat Hobby, de las cuales el crítico destaca el origen irlandés de ambos, una edad parecida, el mismo trabajo en Hollywood y su adicción al alcohol. Sin embargo, según Pujol, "la obra no se entiende bien hasta que no se ha medido la distancia que la separa de su autor y el motivo de que se nos insinúe una copiosa identificación" porque "este rostro del fracaso no es un desahogo ni una protesta, sino un exorcismo". El crítico no considera *Historias de Pat Hobby* una confesión de su autor sino más bien "nos cuenta lo que él no es pero teme llegar a ser" y asevera que estamos ante "una falsa autobiografía que es como una consoladora exageración de sus propias circunstancias y que le permite estar muy por encima de su fantoche". Pero Pujol cuestiona la eficacia de "esta clase de literatura terapéutica" ya que opina que "siempre está determinada por el miedo", haciéndola "estéril", y ofrece el siguiente argumento para respaldar esta idea:

> [la literatura terapéutica] no interroga seriamente a la realidad porque las respuestas pueden ser alarmantes, el escritor está aprisionado en su papel de artista solitario e incomprendido y cuanto le rodea ha de ser mediocre y vulgar, monstruoso y estúpido como ese Hollywood que mercantiliza el talento. El mundo sirve bien de coartada, pero para que además signifique algo no basta con que lo ilumine una débil sonrisa de niño sensible y desamparado (47).

Como apunta esta última afirmación del crítico, *Historias de Pat Hobby* tiene puntos débiles que le restan calidad literaria. Fitzgerald escribió estos relatos cuando ya había perdido casi toda la confianza que le llevó al éxito en los años veinte, y esto queda de manifiesto en ellos. Pujol expresa esta idea de la siguiente forma:

> Las inseguridades íntimas dan también un método narrativo de una timidez que se confunde con la delicadeza; el modo de escribir de Scott Fitzgerald es como un roce tímido, unos leves contactos, como si manejara materiales quebradizos y temiera romperlos, romperse quizás a sí mismo, ya que ésta [sic] es su única materia prima, sin duda muy frágil (47).

Estas inseguridades impiden a Fitzgerald ser un "escritor profundo, puesto que no ahonda en las realidades y se limita a acariciarlas […] comunicándoles una poesía tenue y melancólica […] que presta un encanto incierto pero sugestivo hasta a lo más deprimente". Como conclusión, Pujol parece reprocharle a Fitzgerald que adopte una actitud un tanto cobarde, escudándose "en su narcisismo herido"; según el crítico, el escritor se afana por "inspirar lástima", resaltando "un aspecto poco simpático" y "la enorme compasión que sentía por sí mismo", lo que resulta en "una carencia de solidez moral que le disminuye y reblandece". Por último, Pujol ofrece una recapitulación de las ideas recogidas en su reseña argumentándolas de esta manera:

Hasta los momentos más graves […] son poco exigentes, incapaces de llegar hasta el fin; no abandona la esfera del coqueteo doloroso y se detiene en un punto crucial para un escritor: en vez de jugárselo todo en su libro, sólo arriesga una imagen tranquilizadoramente ennegrecida, de modo que su personaje le excluya. Que es como jugar con dinero ajeno (47).

En resumen, nos encontramos con una reseña lúcida, bien argumentada e hilvanada y que proporciona un profundo análisis tanto de la obra y su personaje principal como de su autor y sus circunstancias vitales, vinculando ambos estrechamente, puesto que, como es habitual en las obras de Fitzgerald, el elemento autobiográfico es fundamental para entender las mismas.

El 10 de junio de 1971 se publica una reseña de *Historias de Pat Hobby* en el *Diario de Mallorca*, en la sección "Libros reseñados", escrita por el periodista mallorquín Onofre Arbona. En ella Arbona explica sucintamente los aspectos más reseñables de la colección, aunque de manera poco esclarecedora y con inexactitudes, como se puede apreciar en el primer párrafo:

Alrededor de los años veinte surgieron estas versiones que llegaron a alcanzar renombre mundial y una aceptación en grado sumo. La obra contiene diecisiete historietas que suponen las secuencias escritas por Scott Fitzgerald, no obstante pueden ser consideradas como una especie de autobiografía del autor (n.p.).

En primer lugar, F. Scott Fitzgerald escribió estos relatos a finales de los años treinta, en un momento de su vida completamente opuesto al de los años veinte, y esta diferencia se ve claramente reflejada en sus colecciones de relatos si se comparan la de los años 1920 y 1922 con la última, *Historias de Pat Hobby*, escrita entre 1939 y 1940. Por tanto, es muy importante contextualizar la obra correctamente tanto por el momento histórico (escrita entre el crac del 29 y la Segunda Guerra Mundial) como por el personal del escritor (arruinado y desesperanzado). Por otro lado, resulta confuso que el crítico se decante por la palabra "versiones" en vez de "relatos" y es erróneo que dichos relatos alcanzaran "renombre mundial y una aceptación en grado sumo"; por consiguiente, ni fueron publicadas en los años veinte (de hecho, se publicaron de forma póstuma en 1962) ni consiguieron la fama que les adjudica el crítico. Tampoco ayuda a una correcta comprensión de la obra que Arbona califique los relatos de "historietas", dando a entender que se trata de cuentos breves, más bien de aventura, y de poca relevancia.

En cuanto al argumento de *Historias de Pat Hobby*, el crítico comenta de forma imprecisa que "el guionista de Hollywood es un prototipo de las circunstancias y de la época", sin especificar qué papel tiene o quién es ese guionista o cuáles son las circunstancias y época y añade que "en *Historias de Pat Hobby* [...] da la impresión de que cobran vida y movimiento los diferentes tipos y caracteres creados por el autor, tanto de cara a la industria cinematográfica como frente a una determinada novelística". Arbona concluye la reseña con la siguiente reflexión: "Posiblemente estas historias sean leídas con interés por quienes recuerden con añoranza aquellos 'heróicos' [sic] días del cine mudo, constituyendo las mejores creaciones del gran escritor norteamericano ya que suponen un revivir tiempos pasados, ahora recordados con ilusión". En líneas generales, la crítica se podría considerar vaga ya que apenas aporta información relevante sobre la obra, además de cometer errores graves, lo que resulta en una reseña poco acertada de *Historias de Pat Hobby*.

Cuatro meses más tarde nos encontramos con otra reseña de *Historias de Pat Hobby*, esta vez en el periódico *ABC* dentro de la sección "Libros nuevos". El autor, anónimo, compendia las ideas principales de la colección con exactitud, a diferencia de la crítica reseñada anteriormente. Subraya que las narraciones de Fitzgerald "vieron la luz dispersas en diferentes publicaciones" pero que "el propósito del autor era relacionarlas entre sí, de modo que se pudiera apreciar su intencionalidad". Además, menciona al editor de esta colección, Arnold Gingrich, quien definió los últimos relatos de Fitzgerald como "la última palabra, desde su última morada, de un hombre que tanto y tanto sabía de Hollywood". De Fitzgerald, el autor añade que "alcanzó considerable renombre en la época de entreguerras y que luego fue, prácticamente, olvidado", sin apuntar que años después de su muerte viviría una extraordinaria revalorización.

Con respecto al protagonista de los relatos, el crítico observa que "es un guionista [...] prototipo de una época y de unas circunstancias" y que "a través de él se refleja la crisis de la industria cinematográfica al imponerse definitivamente el cine sonoro". Una posible descripción de Pat Hobby es la que nos proporciona el crítico: "Pat Hobby es un fracasado, que vive misérrimamente en medio de un mundo artificial hecho para el lujo y la vana ostentación. En cierto modo, el personaje tiene mucho de autobiográfico." Este personaje refleja una de las etapas más "dramáticas de la vida del propio novelista" y las circunstancias, aunque en tiempos distintos, se asemejan tristemente a las vividas por Fitzgerald en su etapa final en Hollywood.

A continuación, analizaremos una breve crítica publicada en el *Boletín de la Dirección general de Archivos y Bibliotecas* el 31 de diciembre de 1971. De la reseña se puede destacar la mención al estilo y argumento de las historias, de las que se comenta que están "escritas con sencillez, casi intrascendentes, con un fondo de amargura en este retrato del hombre fracasado que intenta inútilmente volver a ser o que fue". Por otra parte, también hace referencia al prólogo de Arnold Gingrich, que "nos pone en antecedentes de las circunstancias en que fueron escritas estas historias, aparecidas sucesivamente en diversas publicaciones, aunque ya Scott Fitzgerald pensara antes de su muerte (1940) en reunirlas en un volumen". A pesar de la brevedad de la crítica, el autor proporciona datos importantes sobre la obra, ayudando al lector, aquel familiarizado con Fitzgerald, a formarse una idea aproximada sobre lo que puede encontrar en la misma.

Por último, nos detendremos en una extensa reseña también del 31 de diciembre y de nuevo publicada por *La Vanguardia Española*, firmada por Luis Bonet Mojica. En la sección "La vanguardia del espectáculo" nos encontramos el artículo titulado en inglés, "Screenplay by Pat Hobby", un título muy significativo pero que puede resultar poco atrayente para aquellos lectores que no conozcan este idoma. Por tanto, se puede deducir que Bonet Mojica se dirige a lectores cultos y conocedores de la obra de Fitzgerald o, al menos, de las circunstancias del cine clásico en Hollywood.

Por el título se intuye que la crítica se centra principalmente en la figura de Pat Hobby, que Bonet Mojica contextualiza contraponiéndolo con su creador y, entre otras observaciones, destaca la siguiente: "Pat Hobby existió únicamente en la torturada imaginación de Francis Scott Fitzgerald, el más patético y fundamental representante de la llamada 'generación perdida'". El crítico se decanta por los adjetivos "torturada", que posiblemente haga referencia a la última etapa creativa del escritor (que seguía igual de viva que en sus comienzos pero muy desgastada por los fracasos); y "patético", que se podría entender por aquella persona que conmueve por el dolor que transmite (aunque muchos de los contemporáneos de Fitzgerald, como Dos Passos o Hemingway, se decantarían más bien por entenderla como lamentable o ridícula, ya que tras la publicación de *The Crack-Up* criticaron duramente la actitud lastimera del escritor, al ver en estas confesiones signos de debilidad).

Para atraer la atención del lector, Bonet Mojica, consciente de lo desconocido que podría resultar Pat Hobby, comienza el artículo con la pregunta retórica "¿Saben ustedes quién era Pat Hobby?", y continúa explicando que "es, la suya, una historia del Hollywood real y tétrico", introduciendo un concepto archiconocido en la España de los setenta, Hollywood, que, a pesar de haber dejado atrás sus mejores años, aún conservaba el brillo y atracción de las décadas anteriores. Sin embargo, en esta ocasión el glamuroso mundo de Hollywood lo vincula el crítico con lo "real y tétrico". Estos adjetivos describen al triste y melancólico Pat Hobby, "un hombre del pasado [...] que no puede pagar el alquiler de su apartamento" y "duerme en los sillones de cualquier despacho". Más adelante, Bonet Mojica sigue construyendo el retrato de Hobby y observa que es "un hombre mezquino pero también admirable", un escritor de cine que "no pudo superar el trauma producido por el advenimiento del sonoro"; tras la llegada de este, Pat Hobby inicia "su agonía, su lenta degradación". Aquí marca el crítico una clara diferencia entre el personaje y el creador: según Bonet Mojica, Fitzgerald "era demasiado lúcido, demasiado sensible y honesto como para aceptar el pacto" que le proponía la industria cinematográfica de Hollywood.

En efecto, el escritor norteamericano se negó a "entrar en el juego" y "se descubrió a sí mismo como una pieza de porcelana china", que él mismo definió como "eso que uno se pregunta si vale la pena conservar". Mientras que Pat Hobby se deja arrastrar por las exigencias del nuevo cine, Fitzgerald, aunque aparentemente entregado al negocio, no dudó en reflejar su desencanto y frustración en sus últimos trabajos (*The Crack-Up*, *The Pat Hobby Stories* y *The Last Tycoon*).

En el párrafo siguiente, el crítico proporciona algunos datos relevantes sobre *Historias de Pat Hobby*: consiste en "diecisiete narraciones que mantienen una total unidad", Fitzgerald las escribió "en los dos últimos años de su vida", fueron publicadas en la revista *Esquire*, y, según el crítico, "se les ha querido atribuir un carácter 'alimenticio'". Uno de los que así los interpretó fue el crítico Carlos Pujol, quien comentó, en una de las críticas reseñadas anteriormente, que "los diecisiete cuentos que protagoniza Pat Hobby fueron uno de los últimos trabajos alimenticios de Scott Fitzgerald". Es cierto que Fitzgerald escribía relatos para sobrevivir, para poder alimentar su vapuleada economía, pero, según Bonet Mojica, eso no les resta valor, y en el caso de *Historias de Pat Hobby*, además de tener un "valor literario y testimonial [...] encajan perfectamente en el conjunto de la obra del escritor".

Tras estas observaciones sobre la obra de Fitzgerald, el crítico recorre brevemente la experiencia del escritor en Hollywood. En 1927 viaja por primera a la meca del cine y, a pesar de "llevar una vida cómoda", adopta el "papel de loco excéntrico para distanciarse de un ambiente que le repugna". Su "segunda intentona" fue en 1931, pero Irving Thalberg, "quien se esconde bajo el Monroe Stahr de *The Last Tycoon*", rechaza la adaptación realizada por Fitzgerald. Hacia finales de los años treinta vuelve a Hollywood, pero sigue lidiando con problemas (en esa época tuvo lugar "su violenta ruptura con el productor Walter Wanger"). Estos fracasos hacen que "el frágil estado de salud de Fitzgerald" se resienta: un escritor "idealista y romántico, demasiado puro como para no desmoronarse, física y moralmente, cuando su mundo se vino abajo". El crítico concluye el artículo con la siguiente reflexión: "Fitzgerald nos dio una visión —mordaz y despiadada— de Hollywood. Sin un atisbo de esperanza Pat Hobby —un perfecto alienado— irá hundiéndose en su fracaso, en el recuerdo de un pasado con piscina. 'De cemento, pero piscina después de todo'".

La última aportación relativa a *Historias de Pat Hobby* proviene del número 563 de *La Estafeta Literaria*, publicado el 1 de mayo de 1975. En un artículo dedicado a la nueva colección de Bolsillo de Luis de Caralt, llamada BUC (Biblioteca Universal Caralt), el autor destaca seis títulos, entre los que se encuentra *Historias de Pat Hobby*, publicada ese mismo año (esta edición se sumaba a la ya existente de 1971, correspondiente a la serie La Torre de Marfil). En un breve párrafo el autor expone sucintamente los aspectos más relevantes de dicha colección (aunque no son dieciséis historias sino diecisiete) y lo expresa de la siguiente forma:

> Las dieciséis historias de *Historias de Pat Hobby* figuran entre lo mejor de F. Scott Fitzgerald. Las historias fueron apareciendo espaciadamente en publicaciones periódicas a medida que las necesidades económicas obligaban al autor a ahondar en su drama personal. A través de ellas puede seguirse la crisis de fecundidad y de desánimo de un hombre que se sentía testigo de una época —la América de entreguerras— que se encaminaba con ciega frivolidad hacia la segunda gran catástrofe del siglo (n.p.).

A modo de conclusión, *The Pat Hobby Stories,* el fiel retrato de un Hollywood en decadencia, constituye uno de los últimos trabajos de Fitzgerald, que corresponden a la etapa más pesimista y amarga del escritor. Aunque Fitzgerald tenía planificado reunir en una colección todos los relatos de Pat Hobby, escritos para la revista *Esquire*, no la pudo llevar a cabo él mismo al fallecer prematuramente en diciembre de 1940. Llama la atención que de esta obra menor se haya podido recopilar más material que de otras obras más importantes de Fitzgerald, como *Suave es la noche* o *A este lado del paraíso*, que fueron publicadas en España antes que *Historias de Pat Hobby*. Una posible explicación podría ser el ascenso en popularidad que experimentó el escritor en la década de los setenta, pero, por otro lado, las novelas *Hermosos y malditos* y *El último magnate* fueron publicadas posteriormente y no recibieron la misma difusión que esta colección. Por tanto, podríamos considerar como un factor determinante en el interés generado por *Historias de Pat Hobby* los medios que más publicidad le dedicaron y la editorial que publicó la colección.

No parece que sea coincidencia que *Historias de Pat Hobby* fuera publicada por la prestigiosa editorial catalana Luis de Caralt y que el periódico que publicó hasta tres largas reseñas en el mismo año fuera la catalana *La Vanguardia Española*. En cambio, las ediciones de otras obras que obtuvieron una menor difusión, como *El último magnate* (Rodas) o *Hermosos y malditos* (Alfaguara), fueron publicadas por editoriales madrileñas. No obstante, *Suave es la noche* fue publicada por Plaza & Janés en 1978 y no consiguió la misma repercusión. Este hecho se podría deber a que Luis de Caralt era un editor falangista y *La Vanguardia Española*, tras la Guerra Civil, tenía una tendencia abiertamente franquista, por lo que podía ser tendenciosa e inclinarse por la más conservadora Luis de Caralt y no favorecer tanto a Plaza & Janés. En cualquier caso, *Historias de Pat Hobby* recibió en el año de su primera publicación en España una gran publicidad, a pesar de que actualmente no se encuentra entre las obras más valoradas de Fitzgerald.

4.1.2. *Los relatos de Basil y Josephine*

The Basil and Josephine Stories constituye otra de las obras póstumas de Fitzgerald, publicada originalmente en 1962 y editada en España por Alianza Editorial en 1977. Se trata de una colección que a su vez contiene dos colecciones de relatos independientes; por un lado, los que versan sobre Basil Duke Lee y, por otro, aquellos sobre Josephine Perry. Estos fueron inicialmente publicados en *The Saturday Evening Post*, y de ellos Fitzgerald seleccionó varios (cinco de Basil y tres de Josephine) para su cuarta colección de relatos, *Taps at Reveille*, publicada en 1935 y que contenía un total de dieciocho relatos.

En este libro analizaremos la recepción de *Los relatos de Basil y Josephine*, publicada por Alianza Editorial en 1977 y traducida por Rafael Ruiz de la Cuesta. En total se cuenta con seis reseñas, que corresponden a la primera edición (de la reedición de 1981 no se ha encontrado ninguna reseña).

Encontramos la primera crítica el 31 de julio de 1977 en el periódico *Diario 16*,[83] firmada por la escritora Carmen Martín Gaite. El artículo, titulado "Del narcisismo al desencanto", aborda de forma exhaustiva los principales aspectos de *Los relatos de Basil y Josephine*. Como comienzo, Martín Gaite introduce "el tema de la adolescencia", que, según la escritora, "ha sido abordado por tantos escritores y desde tan variados enfoques que puede considerarse fundamental en la literatura". Sin embargo, destaca "la penetración, frescura y sutileza que despliega Scott Fitzgerald" en esta colección de relatos. La obra, "absolutamente deliciosa", contiene un fragmento que Martín Gaite rescata como prueba de su afirmación:

> Entre los trece años, edad en la que se alcanza la adolescencia y los diecisiete, cuando se es una especie de joven de imitación, hay un período en que la juventud está fluctuando a todas horas entre un mundo y el otro, impulsada hacia experiencias sin precedentes y tratando inútilmente de retroceder a los días en que no había que pagar por nada (15).

Fitzgerald, gracias a "ese talento suyo para seleccionar el dato significativo, para recrear ambientes y emociones fugaces", consigue "algo tan difícil como hacernos sentir el paso imperceptible del tiempo". Según Martín Gaite, es este uno de los puntos fuertes de *Los relatos de Basil y Josephine*: "a través de una serie de acontecimientos, aparentemente triviales y desligados entre sí, vemos crecer a Basil y Josephine, sentimos cómo se transforman de un verano a otro, cómo van viendo melladas sus ilusiones". Sobre los protagonistas, que no llegaron a conocerse en ninguna de las historias, la escritora nos ofrece la siguiente reflexión:

[Basil y Josephine] se sienten instados a componer su imagen de adolescentes con arreglo a los modelos fascinantes que les suministra la sociedad norteamericana de su tiempo, donde campean las nociones de éxito y fracaso, a tenor del auge creciente del dinero. Esclavos del magnetismo que en ellos produce el lujo, la aventura, la belleza y el deporte, ambiciosos y mitómanos, se lanzan a vivir sus sueños en rebeldía contra las normas y prohibiciones de los adultos, ávidos de crecer, de conquistar una personalidad propia, de ser admirados (15).

Más adelante, Martín Gaite concluye que "el libro es una historia de sus fracasos [de Basil y Josephine] [...] donde se incuba esa inseguridad que en la edad adulta se disfrazará de dureza, agresividad o cinismo" y añade que estas historias "constituyen una creación absolutamente original y sugerente, a la altura de las mejores de su autor". En definitiva, *Los relatos de Basil y Josephine* son un claro ejemplo del "proceso de maduración a contrapelo que nos llevó del narcisismo al desencanto".

El 31 de julio de 1977 *El Diario de Mallorca* publica una reseña de *Los relatos de Basil y Josephine* en la sección de "Cultura: Los libros". En ella, el autor, anónimo, hace balance de la trayectoria profesional de F. Scott Fitzgerald, "considerado como el iniciador de 'la generación perdida'". Además de mencionar sus novelas más célebres, apunta como posible motivo de que sus relatos quedaran relegados a un segundo plano "las dudas del propio escritor, que parecía considerarlos apropiados para ser publicados en revistas, mas no para formar un libro". De estos relatos, el crítico hace el siguiente comentario:

Tienen la característica de una interesante unidad, no sólo por la presencia de los personajes que dan nombre al libro, Basil y Josephine, sino por la temática, el lugar, y muchos otros personajes que de pronto irrumpen en la escena y hacen recordar otros relatos anteriores. Leídos en conjunto [...] se tiene la sensación de estarse adentrando en las páginas de una novela, por esas afinidades y esas características de afinidad ya apuntadas (10).

En un segundo párrafo, el crítico subraya algunos de los rasgos más frecuentemente resaltados del escritor como, por ejemplo, el hecho de que "siempre optó por confesar sus sentimientos a través de su obra", "se mostró como hombre propio a los placeres, aunque eso no fue óbice para que opusiera una línea ética", o "procura ser un testigo de su época". Por otro lado, el crítico también menciona sucintamente dos aspectos fundamentales de la narrativa de Fitzgerald, el autobiográfico y el poético, exponiéndolo de la siguiente manera: "[...] relata en estos breves trabajos aspectos de su infancia y adolescencia [...] La habilidad del escritor en estos relatos consiste en la dosis de poesía y en la dosis de materialidad que consigue a través de los personajes".

En *El País Semanal* del 18 de septiembre de 1977 apareció una breve reseña en la sección "Leer un libro" de *Los relatos de Basil y Josephine*. A pesar de su brevedad, la reseña nos proporciona algunas afirmaciones destacables, como, por ejemplo, el que se trata de "dos historias paralelas centradas en el desarrollo de dos personalidades en formación"; en efecto, estos relatos presentan la evolución de los jóvenes Basil y Josephine, lo que hace que sus historias se acerquen al género novelístico de *bildungsroman*; y, por otro lado, "el sexo, el despertar hacia él, es el tema que motiva a ambos protagonistas, especialmente a Josephine". Por último, el crítico hace referencia "al detallado estudio que a modo de introducción" precedía el volumen, firmado por Jackson Bryer y John Kuehl.

Pocos días después, el 23 de septiembre de 1977, *El Norte de Castilla* publica en la sección "Libros" una reseña de *Los relatos de Basil y Josephine*. Siguiendo el ejemplo de muchos otros críticos, el autor de este breve comentario se hace eco de la creciente fama del escritor norteamericano, manifestándolo de la siguiente forma: "Fitzgerald es uno de los grandes de la literatura norteamericana, un escritor de excepcional calidad, que se ha convertido definitivamente en un clásico". De esta colección de relatos subraya las introducciones de Bryer y Kuehl, "que sirven para acentuar la personalidad del autor, destacando que buena parte de las narraciones cortas ofrecen el vivir, desde la adolescencia, en la Norteamérica de los años de la primera guerra mundial".

El 10 de noviembre encontramos otra reseña en *El Diario de Mallorca* de *Los relatos de Basil y Josephine* titulada "La primavera de F. Scott Fitzgerald". En esta ocasión, la reseña, firmada por Eduardo G. Murillo, ofrece una amplia visión tanto de la obra reseñada como de su autor, ofreciendo al lector detalles importantes de ambos.

A modo de introducción, Murillo recorre los años posteriores a la muerte de Fitzgerald y su revalorización en los años cincuenta, comentando que "su obra y su persona caen en un relativo olvido hasta que [...] es redescubierto por la crítica joven y analizado en profundidad". De esta revalorización destaca que "su prestigio no ha cesado de acrecentarse" y que no solo "se le han dedicado miles de artículos, ensayos y estudios", sino que también "sus novelas han conocido sucesivas ediciones y se han traducido a casi todos los idiomas". Concluye este repaso reprobando a un Hollywood "que tanto contribuyera a su destrucción cancelando y desfigurando los guiones que escribiera para la pantalla" y que "ha lanzado al mercado fastuosas producciones [...] con las que engatusar al espectador y llenar sus arcas; baste recordar la irritante versión de *El gran Gatsby* [...] y el fracaso de [...] *El último magnate*". Sin embargo, "poco importa eso".

El siguiente párrafo comienza con una contundente afirmación, expresada de la siguiente forma: "La obra de Fitzgerald ya no admite más dudas: nos hallamos ante uno de los grandes maestros de la literatura universal". Destaca el uso de "ya" al hablar de un escritor que, desde sus comienzos, en el año 1920, suscitó todo tipo de reacciones: críticas, alabanzas, reproches, indignación, admiración, pero, sobre todo, dudas de su talento como escritor y de su papel como representante de una época. Sin embargo, Murillo no duda en afirmar que "nadie como él ha sabido plasmar una época y una gente" y que Fitzgerald es "el pintor costumbrista de años y personas que nunca podremos conocer", además de ser "pesimista y vital, bello y maldito".

De las novelas el crítico alude al "ímpetu de la juventud que intenta abrirse paso (*A este lado del paraíso*)", al "inevitable desmoronamiento de la pareja (*Los malditos y los bellos, Suave es la noche*)", y a "como una ironía más del destino, [Fitzgerald] ha culminado su vida y su obra con una novela definitiva (e inconclusa) sobre el ascenso y la caída en el mundo del cine (*El último magnate*)". En cuanto a los relatos, Murillo comenta que Fitzgerald "escribió una gran cantidad de relatos para poder subsistir" y que "se publicaban en revistas y periódicos como *Esquire* o el *Saturday Evening Post*". Además, hace mención a otras colecciones de relatos publicadas en España hasta entonces como, por ejemplo, *El derrumbe* o *Historias de Pat Hobby*, y de *Los relatos de Basil y Josephine* explica que no fueron recogidos en un libro por su autor, ya que "Scott mantuvo serias reservas sobre la calidad de estos y se resistió a su encuadernación, temeroso de engañar al lector que esperaba otra novela".

En la última parte de la reseña Murillo remite "al lector al excelente prólogo de Jackson Bryer y John Kuehl", ofreciendo un resumen de los puntos tratados que resultan más importantes. El libro consta de los nueve relatos de Basil, en los que "Scott vuelve la mirada a su infancia y describe, con su mejor estilo, la evolución de un adolescente". El crítico, firme admirador de Fitzgerald, comenta que "es admirable la sensibilidad con la que retrata a este personaje", llevando al lector a "sentir una punzada de nostalgia". Como temática principal Murillo destaca la adolescencia, como hiciera anteriormente Martín Gaite, perfectamente retratada en el personaje de Basil: "los escarceos amorosos precoces ("Una fiesta de ésas")", "los primeros pantalones largos ("Una noche en la feria")", o "el deseo de destacar entre los demás ("Se cree maravilloso", "La sombra capturada")". No obstante, estos relatos no son un mero retrato de un adolescente y sus aventuras: "Scott Fitzgerald nos está hablando de sus vivencias, reviviendo su niñez al tiempo que la observa desde fuera como un espectador imparcial".

De los personajes, Murillo hace una breve comparación entre los "(anti) héroes" de Fitzgerald y Basil, del que observa que lo que le diferencia de los demás "es el triunfo que obtiene sobre todas las situaciones difíciles que sobrevienen". Más adelante, desarrolla esta idea mediante la siguiente reflexión:

> Dick Diver, Jay Gatsby, Anthony Patch son víctimas de una mujer que los aniquila para siempre, reflejo de la experiencia personal de Scott. Basil, en el último relato,

sale a una terraza y contempla "sus estrellas de siempre: símbolos de ambición, lucha y gloria". El niño se ha hecho hombre y ya nada puede interponerse en su camino hacia el éxito. Así se veía Scott al volver la mirada hacia el "cielo azul del pasado" (23).

Por otro lado, el crítico reseña los relatos de Josephine, con los que no se muestra igual de entusiasta que con los de Basil, ya que son "menos redondos", aunque "igualmente interesantes". A la protagonista de estas historias la describe como una "jovencita devoradora de hombres […] perteneciente a una clase social elevada […] prototipo de mujer fatal que encontramos en todas las novelas de Scott, si bien, […] es vencida por sus propias armas". Inicialmente, Fitzgerald "acarició la idea de reunir a sus dos personajes en un relato final que concluyera ambas series" y, aunque no llegó a ocurrir, Murillo presume que, de haber sido así, "Basil habría ingresado en la larga lista de fracasados a los que Fitzgerald diera vida". Como conclusión, el crítico manifiesta una vez más su entusiasmo por el escritor de la siguiente manera: "A cincuenta años de distancia, el lector encontrará en este soberbio volumen unos relatos tan fragantes como el día en que fueron concebidos. Scott Fitzgerald sigue vigente…".

En *El País* volvemos a encontrar una reseña sobre *Los relatos de Basil y Josephine* el 19 de noviembre de 1977. La reseña, breve y sin firmar, comienza con una expresión un tanto farragosa y plena de anacolutos:

> Cuando aparecido *El gran Gatsby* (1925), la redacción de *Suave es la noche* (1934) le plantea dificultades, Scott Fitzgerald escribió, entre 1928 y 1931, para su publicación en 'Saturday Evening Post', con una directa finalidad económica, estos relatos que, aunque lo pensó en repetidas ocasiones, nunca publicó en forma de libro y sólo aparecieron así en 1973 (12).

Como en reseñas anteriores, el crítico subraya el paralelismo entre las vivencias de Basil y Josephine y las del escritor, quien "está recordando su propia adolescencia y se está refiriendo a la mujer que amó durante aquellos años", probablemente en referencia al primer amor de Fitzgerald, Ginevra King. Continúa el análisis de la temática con la siguiente observación, de nuevo expresada en términos confusos:

> […] al tiempo que ambas series de relatos plantean la misma problemática, el aprendizaje de Basil a través de sus fracasos y triunfos con el sexo opuesto, el descubrimiento de su propia personalidad por Josephine a través de sus continuas conquistas, y en ellos se repiten una misma estructura y lugares y personajes; por lo que estos adolescentes se encuentran a la misma altura que los demás protagonistas de Fitzgerald y el libro tiene una estructura similar a la de sus novelas (12).

Es discutible que estos dos personajes se encuentren "a la misma altura que los demás protagonistas de Fitzgerald", ya que nada tiene que ver la profundización psicológica otorgada por Fitzgerald a los héroes, o antihéroes, de sus novelas y la de Basil y Josephine, quienes, al fin y al cabo, fueron los protagonistas, un tanto superficiales, de las historias escritas a contratiempo para ganar oxígeno en los difíciles años posteriores a la publicación de *The Great Gatsby*.

Por último, el crítico admite que, a pesar de las similitudes entre los dos protagonistas, "existe una desigualdad entre ellos —los de Josephine son inferiores a los de Basil", apunte que otros críticos también señalaron anteriormente. Los cinco relatos dedicados a Josephine Perry fueron escritos después de los de Basil Lee, más en concreto entre los años 1930 y 1931, cuando Fitzgerald todavía tenía entre manos la laboriosa *Tender Is the Night*, y él mismo los consideraba de menor calidad que los de Basil, lo que constituye uno de los motivos que le llevó a desestimar la idea de recogerlos en un libro. Por otro lado, los nueve relatos de Basil Duke Lee (la palabra *duke* prevé las altas expectativas del joven) son en general mejor considerados que los de su compañera Josephine, probablemente por la exquisita precisión con la que Fitzgerald retrata los sentimientos de Basil, fiel reflejo del propio escritor: la temprana ambición por la riqueza y la fama y el amor adolescente por una joven de la alta sociedad (Ginevra King). Como conclusión, el crítico asevera que los relatos "son admirables muestras del talento de Scott Fitzgerald, que se presentan en una buena traducción de Rafael Ruiz de la Cuesta, con un interesante prólogo de Jackson R. Bryer y John Kuehl".

The Basil and Josephine Stories, aunque de inferior calidad que otras obras del escritor, consiguieron, gracias a la vitalidad de sus dos jóvenes protagonistas, propulsar a un decaído Fitzgerald, quien, entre el alcohol y las crecientes deudas, intentaba fatigosamente terminar su cuarta novela. En estos relatos Fitzgerald representa de forma vívida el mundo con el que tantas veces había soñado, fastuoso y alegre, que se vio rápidamente disipado a consecuencia de los turbulentos años treinta y sus constantes problemas personales.

4.1.3. *El precio era alto*

The Price was High: Fifty Uncollected Stories es una colección de relatos póstuma editada por Matthew Bruccoli y publicada en 1979. La edición española fue publicada en 1982 por Bruguera, que contó con la traducción de Marcelo Cohen.[84] Esta colección reúne relatos que Fitzgerald escribió para periódicos y revistas durante gran parte de su carrera profesional, principalmente para solventar sus problemas económicos, y que no habían sido incluidos en ninguna colección hasta la presente. Aunque muchos de estos relatos fueron descartados por el propio autor por considerar que no tenían el valor suficiente como para formar parte de alguna de sus colecciones, estos siguen siendo una muestra exquisita y fresca de un estilo y elegancia que se mantuvieron intactos hasta el final de su carrera. Aun así, los relatos de la última etapa difieren de los iniciales al evocar un clima de desconfianza y pesimismo acorde a los tiempos, como señala Marcelo Cohen en su prólogo: "Fitzgerald ya había comprendido que detrás de la riqueza fácil flotaban una anodina sordidez, el cálculo y el delito".

Al tratarse de la publicación de una obra menor de Fitzgerald, y al haber sido publicada en 1982 (año límite de esta investigación), no contamos con un gran número de críticas; tan solo cinco han sido encontradas, la mayoría breves y escuetas. Sin embargo, resultan interesantes por la visión que ofrecen de Fitzgerald, la de un autor ya consagrado y, por lo tanto, muy cercana a la que se mantiene hoy en día del escritor.

La primera mención la encontramos en *La Hoja del Lunes* de Madrid en la edición del 8 de agosto de 1982, en un artículo titulado "Libros". En la sección "Cultura y ocio" comentan brevemente algunos títulos nuevos, entre los que se encuentra *El precio era alto*. Junto con la novela de Jack Kerouac *Los vagabundos del Dharma*, se señala que Bruguera en su edición "Libro Amigo" publica esta nueva colección de cuentos de Fitzgerald.

Tras esta breve mención, encontramos en la edición de febrero de *El Norte de Castilla* una reseña de *El precio era alto* en la sección de "Revista de libros", escrita por el periodista Miguel Ángel Pastor. Las primeras líneas que el crítico le dedica a Fitzgerald dejan de manifiesto su consolidación como uno de los más importantes de Estados Unidos: "Este gran escritor americano, injustamente tratado por la sociedad de su tiempo, quiso vivir exclusivamente de la literatura". Si hay algún punto en común en gran parte de las críticas aquí reseñadas es el trato injusto que recibió Fitzgerald en su tiempo, y en España en concreto hasta los años setenta. De la colección de relatos el crítico no aporta mucho: tan solo se limita a comentar que "redactó varios cuentos que ofreció a revistas y periódicos con desigual fortuna, ya que Scott Fitzgerald no encajaba perfectamente en los esquemas tradicionales de la narrativa". Por último, alaba el trabajo de Marcelo Cohen, del que afirma "ha preparado esta edición, manifestando que los cuentos, alguno de ellos mediocre, llevan el sello de un narrador voluntariamente fiel a su tiempo". En efecto, la calidad de los relatos recogidos en esta colección es irregular y de esto era consciente Fitzgerald, quien a veces dejaba de lado la calidad literaria con el único fin de conseguir dinero fácil.

La siguiente reseña, publicada en *La Hoja del Lunes de Barcelona* el 22 de febrero, refleja unas ideas muy similares a la anterior. En la sección "Cultura y sociedad" aparece una breve reseña de *El precio era alto* sin firmar. En ella se resalta "la excelente traducción de Marcelo Cohen" y se vuelve a mencionar que "aunque algunos cuentos son mediocres, como reconoce el traductor, su publicación ofrece una magnífica oportunidad para seguir la trayectoria vital y literaria del gran autor de *A este lado del paraíso*". Como la columna está dedicada a los últimos lanzamientos de la editorial Bruguera, el crítico señala la novela *A este lado del paraíso*, editada por Bruguera en 1968, como buque insignia del escritor norteamericano. Los adjetivos usados en la breve crítica, como "excelente, "magnífica" y "gran", indican el aprecio del que gozaba Fitzgerald en la década de los ochenta en España.

El Libro Español, en el mes de febrero, publica en la sección titulada "Internacional" una reseña ("La industria de las publicaciones por entregas") de la edición italiana de *The Price was High*. *Il prezzo era alto* fue publicado por la editorial Arnoldo Mondadori Editore[85] en enero de 1981, un año antes que en España, y contó con la traducción de Bruno Oddera.[86] La breve reseña comenta, en términos poco esclarecedores, los siguientes aspectos de la edición: "En este libro Bruno Oddera ha traducido 24 cuentos, ágiles, para poder leerlos agradablemente, y también más cómodamente para hacerse luego olvidar; desde algún lampazo de escritura Fitzgerald llega a ponerse en una luz simpática". De nuevo esta colección de relatos es relegada al plano de puro entretenimiento que ofrece poco más que una lectura agradable del festivo mundo de Fitzgerald.

El 6 de junio de 1982 *El Diario 16* publica la reseña titulada "Mercado de sueños" en la sección "El quiosco". El autor de la reseña, anónimo, hace un retrato poco amable de Fitzgerald o, al menos, vuelve a retratarlo como años atrás, cuando los críticos se centraban más en el estilo de vida del escritor que en su obra en sí. El título "Mercado de sueños" alude a la faceta hollywoodiense del autor y, por lo tanto, a la más trivial y frívola.

Como comienzo, el crítico menciona al poeta alemán Bertolt Brecht y su paso por Hollywood de la siguiente forma: "Era la época en que Brecht estaba en las colas de los escritores exiliados frente a las puertas de los grandes estudios de Hollywood y hacía poemas hablando de aquel mercado". Otro escritor que se vio obligado a recurrir a Hollywood, aunque por distintos motivos, fue Fitzgerald. De él el crítico subraya su procedencia de "antiguas familias aristocráticas de la Irlanda medieval" y que "fue aquella elegancia heredada la que nutrió" obras como *A este lado del paraíso* o *El gran Gatsby*. Concluye su crítica aportando la siguiente visión del escritor: "Al fin, bastante borrachín, escritor a sueldo de Hollywood, con su mujer internada por locura, encontró el destino de un verdadero aristócrata: la destrucción". Nos encontramos ante una reseña que arroja algunos datos dispersos sobre Fitzgerald, con unas conclusiones simplistas, y que nada tienen que ver con la colección de relatos *El precio era alto*.

4.2. Recepción de las biografías

En 1951 se lanzaba al mercado la primera biografía de Fitzgerald, *The Far Side of Paradise*, obra de Arthur Mizener.[87] De la reactivación del interés por el escritor se hacía eco la prensa norteamericana, como, por ejemplo, la revista *Minnesota History*, donde el crítico John T. Flanagan ese mismo año apuntaba que "a Fitzgerald revival is apparently under way" (115), o el periódico *Chicago Sunday Tribune*, donde también se afirmaba que "the making of books by and about F. Scott Fitzgerald goes on apace", aunque se mostraba más pesimista en su perdurabilidad, al vaticinar, erróneamente, que "quite soon, however, the frenzy will doubtless subside" (*Clark* 125).

En efecto, esta biografía, más otros tantos estudios y ensayos sobre el escritor, dieron el pistoletazo de salida a la revalorización de Fitzgerald diez años después de su muerte, no solo en Estados Unidos sino también en otros países, como refleja esta reseña publicada en el periódico británico *Manchester Evening News* en noviembre de 1951: "To-day [sic] all of Fitzgerald's books are in print again both here and in America. He has received more critical attention since his death than he ever got during his lifetime" (Symons 2).

Aunque Edmund Wilson censuró algunas de las anécdotas contadas en esta primera biografía, ya que le parecía que distorsionaban la relación de Fitzgerald y Zelda, en términos generales *The Far Side of Paradise* reactivó el interés por la obra de Fitzgerald. Y también por su vida personal; la biografía trata abiertamente algunos de los problemas con los que tuvo que lidiar Fitzgerald a lo largo de su carrera como, por ejemplo, su alcoholismo o los problemas de salud mental de Zelda.

Tras *The Far Side of Paradise* se publicaron muchas otras obras dedicadas a Fitzgerald. Entre ellas, destacan (hasta el año 1982) la italiana *L'arte di F. Scott Fitzgerald* (1961), de Sergio Perosa; *Scott Fitzgerald* (1962), de Andrew Turnbull; *Francis Scott Fitzgerald, the Last Laocoon* (1967), de Robert Sklar; *Scott Fitzgerald* (1971), de K.G.W. Cross; *Crazy Sundays: F. Scott Fitzgerald in Hollywood* (1972), de Aaron Latham; *F. Scott Fitzgerald and the Art of Social Fiction* (1980), de Brian Way; *Scott Fitzgerald* (1981), de André Le Vot; y *Some Sort of Epic Grandeur: The Life of F. Scott Fitzgerald* (1981), de Matthew J. Bruccoli.

De las anteriormente mencionadas en España se tradujeron cuatro: *Scott Fitzgerald* (1971), *Domingos locos (Scott Fitzgerald en Hollywood)* (1974), *Francis Scott Fitzgerald, el último Laoconte* (1974) y *Scott Fitzgerald* (1981). Aquí trataremos dos de ellas, *Domingos locos* y *Scott Fitzgerald*, de las únicas que se han podido encontrar reseñas en las diversas fuentes consultadas. Como se ha venido comentando en capítulos anteriores, la valorización de Fitzgerald en nuestro país no llegaría hasta finales de los años sesenta y principios de los setenta. Por lo tanto, no es de extrañar que la primera biografía de Fitzgerald, de 1951, no fuera traducida al español; de hecho, no sería hasta 1974 cuando una editorial española, Anagrama en este caso, tradujera una biografía del escritor. El análisis de estas primeras biografías de Fitzgerald publicadas en España aportará información valiosa para completar la visión que se iba formando del escritor a medida que se iba abriendo camino en el panorama literario mundial.

4.2.1. Domingos locos (Scott Fitzgerald en Hollywood)

La editorial Anagrama publicó en 1974 *Domingos locos (Scott Fitzgerald en Hollywood)* con la traducción de Antonio Desmonts. Esta biografía, publicada originalmente en 1972, fue llevada a cabo por Aaron Latham,[88] quien, en el prólogo, adelanta la experiencia de Fitzgerald en Hollywood: "Hollywood had Scott Fitzgerald down as a drunk" (5). En cierto modo, el propio Fitzgerald se forjó la reputación de "escritor borracho", como prosigue diciendo Latham en su introducción:

> He himself had helped to shape that image by writing a story called "Crazy Sunday" which immortalized a party where he had too much to drink and [...] during Fitzgerald's Hollywood years, from 1937 to his death in 1940, when all his days seemed to be turning into crazy Sundays, when he seemed to be caught up in a drunken party which would not end, when he went on making a fool of himself day after day. Toward the end he couldn't find work (5).

Sin embargo, y como el tiempo ha demostrado, sus coetáneos fueron excesivamente críticos con Fitzgerald y su obra y, en muchas ocasiones, fue injustamente censurado. Latham expone de la siguiente manera los últimos años del escritor en Hollywood:

> Most of the time, however, he was not drinking: he was bitterly sober. Most of the time he shunned parties: he had given them up when his success and his wife crumbled at the same time. Most of the time he worked almost desperately hard: the movies seemed to him to offer his last hope of recapturing the fame he had won young and lost young. Unlike William Faulkner and other novelists who went to Hollywood only for the money, Fitzgerald wanted much more: he had come to believe that he could no longer write novels and short stories, but he thought that he could write pictures. "There are no second acts in American lives," he had once written, but in Hollywood he hoped to prove himself wrong. He had gone there for nothing less than to save himself as a writer (5).

Crazy Sundays: F. Scott Fitzgerald in Hollywood es el resultado de una exhaustiva investigación que combina biografía, crítica literaria e información cinematográfica que, en un principio, supuso la tesis doctoral de Aaron Latham para la Universidad de Princeton.

La primera reseña de la edición española, *Domingos locos (Scott Fitzgerald en Hollywood)*, la encontramos en el no. 562 de *La Estafeta Literaria*, publicada el 15 de abril de 1975. El escritor Eduardo Mendicutti[89] lleva a cabo esta reseña en la que analiza en profundidad la biografía de Fitzgerald, dando comienzo a la misma mediante la siguiente pregunta: "¿Quién ignora la fascinación que el cine ejerció siempre sobre Fitzgerald?", a lo que puntualiza: "O más exactamente: la enfermiza obsesión del autor de *El gran Gatsby* por el mundo rutilante de Hollywood, con sus fiestas desaforadas, sus criaturas deslumbrantes, su locura maravillosa". Mendicutti aporta un preciso y vívido retrato del mundo ficticio construido por Fitzgerald que tanto se asemejaba al de la meca del cine. Según Mendicutti, "Hollywood representaba, sin duda, la sublimación del desequilibrio mental y sentimental", y, si alguien conocía de cerca los desequilibrios mentales, ese era Fitzgerald, quien "andaba atormentado por sus propios desvaríos y, en especial, por la locura auténtica sórdida de Zelda, su mujer". Por tanto, "¿qué mejor asilo que el desafuero de Hollywood, su colosalismo desquiciado, su abigarrada brillantez?". Es cierto que Hollywood le proporcionaba a Fitzgerald el escenario ideal para "cualquier drama, cualquier incongruencia, cualquier desesperación".

Más adelante, Mendicutti subraya que, a pesar de ser Hollywood un lugar aparentemente hecho a medida para el escritor, "la aventura de los Fitzgerald en la Meca del Cine resultó trágica y, lo que es infinitamente más triste, grotesca". Como se ha comentado anteriormente, Fitzgerald recibió a lo largo de su trayectoria profesional duras críticas, de lo que se hace eco Mendicutti de la siguiente forma: "Sin duda faltó esa dosis de piedad imprescindible para salvar a un hombre que se entrega a ciegas a su propia desdicha". Fitzgerald, "un hombre vencido por sí mismo", no encontró el resurgir de su carrera literaria que tanto necesitaba durante los años en Hollywood; es más, "abandonó casi por completo su creación literaria". En el siguiente fragmento el crítico lamenta la fallida "labor de guionista" de Fitzgerald y reflexiona sobre el impacto del estado de ánimo del autor en sus obras:

> Su labor específica como guionista deja mucho que desear. Cierto que tantos folios desperdiciados, amontonados, inútiles, en los sótanos de los grandes estudios resultan conmovedores y, sobre todo, imprescindibles para el conocimiento completo de su autor; y es que, en tantas situaciones miméticas, en tantos personajes vacuos y tanto diálogo amanerado se derrama, inconsciente, inconfundible, la tragedia de su creador (2077).

Atrás quedaban los felices años veinte, los de Fitzgerald, asfixiado por Hollywood, que "supo ganarse, corromper y envilecer, hasta la muerte, al escritor capaz de plasmar con insólita lucidez el externo ímpetu y la subterránea angustia de la 'era del *jazz*'".

El cuento de Fitzgerald "Crazy Sunday", de donde toma Aaron Latham el título de su biografía, lo resume Mendicutti brevemente de la siguiente manera: "En él [el relato], un hombre valioso, pero ávido, aturdido, acaba haciendo, en una fiesta, el más sórdido de los ridículos ante la escogida sociedad hollywoodiense". El crítico compara con el personaje del relato a Fitzgerald, quien "incapaz de acabar *The Last Tycoon*, […] se empeñó en perfilar una caricatura sangrienta de sí mismo". De manera brillante Mendicutti concluye su reflexión sobre la trágica relación entre Fitzgerald y Hollywood:

> Tuvo amigos: es decir, gente que le compadeció y alguna vez trató de ayudarle. Ahora todos presumen de ello. Contribuyeron a crear un mártir cálido y perdurable, un excelente ejemplar de sangre derramada en nombre de la causa. Y es que, a fin de cuentas, hasta Hollywood puede presumir de las mejores víctimas (2077).

En cuanto a la labor del autor de *Domingos locos*, el crítico destaca "el trabajo minucioso, difícil y completo" que Latham desempeñó en lo que en un inicio fue su tesis doctoral. Precisamente es el "rigor indiscutible" del trabajo lo que lo hace "estremecedor"; según Mendicutti, "la figura de Fitzgerald queda terriblemente indefensa en manos de este investigador implacable, hábil, eficacísimo", tan eficaz que "apenas existen subrayados, todo se explica sin más intervención que la de Fitzgerald". Como consecuencia, el crítico finaliza la reseña con la siguiente observación: "Todo está bien atado. Perfecto. Cruel. Para que nadie que lo lea lo olvide".

La siguiente reseña se publicó en el no. 264 de la revista cultural *El Ciervo*, en la segunda quincena de julio de 1975. En la sección titulada "Cine para leer en verano", su autor, Juan E. Lahosa, reseña seis obras relacionadas con el cine: *Las cartas de Groucho Marx, El cine de Allende*, de Francesco Bolzoni; *El cine soviético visto por sus creadores*, de Luda Schnitzer; *Conversaciones con Ingmar Bergman*, de Björkman, Manns y Sima; *Cómo acabar de una vez por todas con la cultura*, de Woody Allen; y *Domingos locos (Scott Fitzgerald en Hollywood)*, de Aaron Latham.

Lahosa comienza la reseña con la siguiente aserción: "La sorprendente y entrañable personalidad de Scott Fitzgerald es probablemente su mejor novela". En efecto, la vida personal de Fitzgerald ha servido de argumento de numerosas novelas y adaptaciones televisas y cinematográficas. Según el crítico, "Aaron Latham ha organizado como tal [una novela] la reconstrucción a través de testimonios y documentos de las relaciones de Scott Fitzgerald y el Cine [sic]" y subraya que "para el joven Fitzgerald —uno esos tipos que si hubiera vivido noventa años aún habría merecido el halagador y peligroso calificativo de joven— el cine tenía que ser Hollywood". Por una parte, el crítico hace hincapié en una de las cualidades que más admiraba e idealizaba el escritor, la juventud, y que, por tanto, atesoró durante su vida, aunque esta obsesión podía llegar a ser "peligrosa" por su naturaleza efímera. Por otra parte, destaca la relación Hollywood-Fitzgerald, que "más que una relación es una pasión no correspondida, un verdadero contencioso que originó desmedidas tempestades eléctricas en el sistema nervioso de Scott", un Scott que llegó a Hollywood con la autoestima mermada y buscaba allí recuperar su mejor versión de escritor.

Lahosa manifiesta que "esta relación [con Hollywood] fue el campo de una situación límite en la que ambos contendientes [...] revelaron lo mejor y lo peor de sí mismos"; Fitzgerald tuvo momentos de brillantez literaria, que dieron lugar a "algunas narraciones cortas que han pasado a la antología de la prosa norteamericana", pero también momentos de desesperación extrema que le acercaban cada vez más al abismo. Para finalizar la crítica, Lahosa hace la siguiente reflexión:

Estas revelaciones con su indiscutible valor sociológico constituyen el verdadero motor del libro de Aaron Latham, que ha tenido la rara virtud de convertir el rigor de una tesis doctoral en un apasionante testimonio, que al mismo tiempo aporta también a los especialistas —literarios y cinematográficos— un material nuevo de indiscutible valor (7).

Ciertamente *Domingos locos*, una de las primeras biografías de F. Scott Fitzgerald editadas en español, llegó a España en un momento en que se estaba afianzando entre críticos y literatos como uno de los mejores novelistas norteamericanos y se empezaba a dar a conocer al gran público, debido en parte al estreno de la película *The Great Gatsby* en 1974 (el mismo año que se publicó *Domingos locos*).

Por último, finalizaremos con un artículo de la revista *Destino*, de agosto de 1975, titulado "Panorama de libros de cine". En él, el autor Pere Gimferrer (quien también escribió para *Destino* una larga reseña sobre *El último magnate* y *El derrumbe* en septiembre de ese mismo año), reseña cinco obras relacionadas con el cine, entre las que se encuentra *Domingos locos*. Las siguientes líneas, que corresponden al comienzo del artículo, informan de qué trata: "Sin intención de agotarla [...], he creído útil examinar la bibliografía de los últimos meses y en ella mencionar de modo informativo algunos títulos que, incluso para el lector cultivado no especialmente cinéfilo, podrán suscitar interés".

Sobre Hollywood hay dos títulos: *Domingos locos* y *Adiós a Hollywood con un beso*, de Anita Loos. El punto en común de ambas obras es que tratan "del Hollywood mítico, del Hollywood de los años dorados, no de la informe y mercenaria industria americana actual, que vive de los saldos del pasado". Mientras Gimferrer tilda el libro de Anita Loos de "ameno, ingenioso siempre y divertido", el de Latham le resulta "más cruel, más ácido, más veraz, pero en el fondo no menos mítico". De hecho, Fitzgerald formaba ya parte de la mitología, sino del cine, de la literatura norteamericana, como

observa el crítico de la siguiente forma: "Son, de hecho, dos mitologías las que conflu-
yen: la hollywoodiense y la que ha adquirido, desde la década de los sesenta, la figura
de Scott Fitzgerald para las nuevas generaciones de lectores".

Ese interés que se inició a finales de los sesenta hacía necesaria la biografía de
Aaron Latham en España, para brindarle al lector un retrato más completo y preciso
del escritor norteamericano. El libro, "un estudio serio y extremadamente documen-
tado", aborda, entre otros temas, los "trabajos y proyectos para el cine y de su vida en
Hollywood", y, además, "trata de ofrecer los distintos ángulos de esta época de la
existencia del escritor: casi un juego de perspectivas y puntos de vista como el que el
propio Scott usó para narrarnos el infierno de Dick Divers en la Costa Azul". Gimferrer, que con este apunte sobre el personaje protagonista de *Tender Is the Night* demuestra su conocimiento sobre Fitzgerald, manifiesta su satisfacción con el resultado
de *Domingos locos* y concluye la reseña animando al lector a su lectura:

> Indispensable para los fitzgeraldianos el libro, que confirma la imagen a la vez
> seductora y patética de los años duros del declive del novelista, contiene de refilón
> un cuadro de la vida en la caverna encantada —los dominios de Plutón y Caronte—
> del universo clausurado y mágico de los grandes estudios en los años treinta
> ("Panorama de libros de cine" 32).

Con esta biografía sobre F. Scott Fitzgerald, la primera editada en España, se deja de
manifiesto el creciente interés por el escritor y, teniendo en cuenta las críticas aquí
reseñadas, se puede concluir que las dudas que pudiera haber en años anteriores sobre
el talento del escritor norteamericano estaban más que despejadas.

4.2.2. *Scott Fitzgerald*

Scott Fitzgerald, de André Le Vot,[90] fue publicada por Argos Vergara en 1981. Traducida del francés por Enrique Sordo,[91] esta biografía sobre Fitzgerald es fruto de una
investigación de más de veinte años, durante los que Le Vot publicó una tesis doctoral
sobre *El universo imaginario de Scott Fitzgerald*, una monografía sobre *The Great Gatsby*
y una edición bilingüe, inglés-francés, de algunos de los relatos más importantes. Sobre Fitzgerald, Le Vot hace la siguiente reflexión en la introducción (fragmento tomado de la traducción de 1981):

> ¿Quién es Scott Fitzgerald? Casi desconocido en Europa hace una veintena de
> años, largo tiempo desdeñado en beneficio de sus inmediatos contemporáneos
> Hemingway, Dos Passos o Faulkner, al margen del universo de ruido y de furia en
> el que la crítica creía encontrar la esencia de América, parece un fenómeno aislado,

una anomalía. De él se recuerdan el gesto extravagante, la silueta de dandy, sus tumultuosos amores con Zelda, las deudas, el alcoholismo y su paso meteórico por las letras norteamericanas. Para decirlo todo, una notoriedad tan novelesca como efímera, una leyenda, la *Fitzgerald Story*, en la que el artista cuenta menos que el novelista, y el novelista cuenta menos que el hombre público (8).

De *Scott Fitzgerald* se han encontrado diversas reseñas en revistas y diarios nacionales, además de ser algunas de ellas de gran extensión. Esto coincide con la proliferación de trabajos sobre Fitzgerald en España en los años ochenta, cuando el lector común comenzaba a mostrar un mayor interés por la obra del escritor norteamericano.

La primera reseña la encontramos el 16 de agosto de 1981 en *El País*. El artículo "La fascinación por la leyenda de Scott Fitzgerald" está firmado por Genoveva Dieterich, escritora que meses antes había realizado una extensa reseña sobre *Hermosos y malditos* para el mismo diario. El artículo va acompañado de varias fotografías del autor: dos de él solo, otra junto a Zelda, y dos portadas de libros, una de la primera edición de *The Great Gatsby*, y otra de la reseñada, *Scott Fitzgerald*.

Dieterich comienza la reseña haciéndose eco de esa "fascinación" en auge por el escritor y lo expresa de la siguiente manera:

> Sobre F. Scott Fitzgerald, su vida y su obra, se han escrito innumerables páginas. Los estudios críticos y biográficos, los ensayos, artículos, monografías y memorias a él dedicados constituyen una densa y creciente bibliografía. En esta selva erudita, cada vez más intrincada, destacan piezas excelentes, incluso definitivas, como las biografías de Arthur Mizener y Andrew Turnbull, [...] los estudios críticos de Edmund Wilson, Malcolm Cowley, John Kuehl, Matthew Bruccoli, Jackson Bryer ("La fascinación por la leyenda de Scott Fitzgerald" 8).

No obstante, también señala que "el lector español [...] tiene un conocimiento desigual, intermitente, de la obra fitzgeraldiana y, aún más, de la crítica y estudio de ella"; en efecto, pocas biografías habían sido traducidas al español hasta la fecha, por lo que la vida de Fitzgerald seguía "ofreciendo considerables lagunas", aunque "las grandes obras del autor" estaban "al alcance del aficionado". Según Dieterich, "la escasa afición al género biográfico" se debería fundamentalmente a que las editoriales no apostaban por este tipo de obras y, por consiguiente, no se llevaban a cabo las suficientes traducciones. Este es el caso de las biografías de Fitzgerald, de las que tan solo un bajo porcentaje fueron editadas en España en los años setenta y principios de los ochenta. De los trabajos publicados hasta entonces, la crítica observa:

> Hasta ahora, el lector interesado en Fitzgerald ha tenido que contentarse con la información fragmentaria que le transmitían obras indudablemente importantes,

pero que presuponían conocimientos especializados en el tema, como *Domingos locos*, de Aaron Latham; *El último Laoconte*, de Robert Sklar, y el magnífico ensayo de Lionel Trilling en *La imaginación liberal*[92] ("La fascinación por la leyenda de Scott Fitzgerald" 8).

Para Dieterich, la biografía de Le Vot sitúa "en perspectiva la realidad y la leyenda en la vida del novelista americano" y consigue hacer "transparente la interrelación entre ésta [sic] y su obra literaria". A pesar de que "es una regla casi general […] que un personaje histórico" sea "interpretado, entendido y situado con más tino por los estudiosos de su mismo mundo cultural", Le Vot realiza un trabajo de investigación excelente, descubriendo "facetas, relaciones y conexiones sorprendentes". Además, consigue "iluminar" a sus precursores "con una visión renovadora desde un ángulo cultural diferente".

Tras recorrer brevemente los puntos más relevantes de la biografía, Dieterich, en relación a los últimos años de Fitzgerald, cuestiona "las causas, las concomitancias, las incógnitas y las fatalidades que contribuyeron a la *caída* de los que parecían *elegidos de los dioses*". De este "complejo tema" determina que "habría que empezar por negarse a admitir la leyenda de la *caída* y por considerar con la mayor reserva los tópicos del novelista suicida, fracasado, irresponsable, alcohólico que se superponen a una realidad más compleja y menos moralizante". En el caso del escritor norteamericano, "artística y psicológicamente, el fenómeno Fitzgerald es más profundo y rico de lo que hace suponer el estereotipo". En este aspecto, Dieterich parece reprobarle a Le Vot caer en "el peligro de la fascinación por la leyenda fitzgeraldiana" y centrar la segunda parte de su biografía en las penurias sufridas por el escritor en los años treinta, dominando la narración un tono "lúgubre y melodramático". Los pasajes dedicados a las supuestas aventuras amorosas de Fitzgerald también forman parte de esa leyenda y es ahí donde Le Vot "nos presenta la insólita imagen de un Fitzgerald febrilmente mujeriego, en curioso contraste con el Fitzgerald homosexual que nos insinuaban ya autores como Aron [sic] Latham y otros".

El propio Hemingway (quien, según Dieterich, estaba "en tantos sentidos equivocado sobre el valor literario real y la importancia de su amigo y compatriota dentro de las letras modernas") censuró la primera biografía sobre Fitzgerald, *The Far Side of Paradise*, de Arthur Mizener, calificándola "injustamente de necrofílica y profanadora", a pesar de que Mizener se mantuvo "en los límites de la más absoluta discreción". La crítica se opone a la "tendencia mitománica [sic] […] que prefiere seguir contribuyendo a la leyenda de un autor, haciendo caso omiso de la realidad", pero considera "que un escritor pertenece también a la literatura y a sus lectores, y que éstos [sic] tienen derecho a conocer su obra y su vida sin censura alguna". Por tanto, son necesarias las biografías que arrojen luz sobre la persona además de sobre el escritor, pero sin caer en "leyendas".

En los cuarenta y dos años que habían transcurrido entre su muerte y la presente reseña, Fitzgerald había acumulado una gran variedad de leyendas, entre las que se encontraban "la de *la era del jazz, la juventud genial, el amor fatal, la ruina prematura, el talento malgastado, la locura y la muerte*". Según Dieterich, estas leyendas son "una simplificación, aunque, como toda leyenda, contenga un núcleo de verdad", y aconseja "apartar la mirada fascinada de esa leyenda, eminentemente negativa, y fijarla en la realidad, la de la lucha artística y humana de un gran escritor por sobrevivir la catástrofe, por salvar su talento, sus sentimientos y su fe en la vida". Añade que "sólo así puede valorarse en toda su magnitud la obra y la vida de Fitzgerald". Para finalizar la reseña, Dieterich desarrolla esta idea de aportar una visión real de un autor y la argumenta del siguiente modo:

> Su gloria póstuma [de Fitzgerald], que Le Vot registra admirativamente, se explica precisamente por esa realidad positiva que se refleja en la poesía, el humor y la generosidad de sus obras de madurez, y que hace que aún hoy leamos con emoción. La realidad en el caso del autor de *Tender is* [sic] *the Night* y *The Last Tycoon* supera, con mucho, la leyenda ("La fascinación por la leyenda de Scott Fitzgerald" 8).

Como conclusión, estamos ante una reseña que ofrece un marco contextual y biográfico excelente sobre *Scott Fitzgerald*. Comienza tratando las publicaciones de obras biográficas en España; prosigue con un breve análisis del trabajo realizado por Le Vot; compendia los aspectos más reseñables de la vida de Fitzgerald y finaliza con una reflexión sobre cuál es la mejor forma de abordar la biografía de un escritor. Además, deja patente el gran interés, o fascinación, que suscitaba F. Scott Fiztegrald en nuestro país a principios de los ochenta.

El 22 de agosto de 1981 el periódico *Avui*[93] publicó un artículo en catalán sobre *Scott Fitzgerald* escrito por Marta Pessarrodona[94]. "El millor personatge de Scott Fitzgerald" comienza informando que "André Le Vot ha escrit una biografia de Scott Fitzgerald, que ens explica europeament aquest escriptor nord-americà", pero que "no ha aconseguit de fer un llibre viu sobre l'autor de *Tendra és la nit*". Sobre esta afirmación puntualiza que a la biografía de Le Vot, "especialista francès en l'obra de Fitzgerald", a pesar de conseguir "explicar-nos europeament un autor ianqui", le falta "la 'ficcionalitat' anglesa en l'art de la biografia, que ha donat obres tan brillants com el *Proust* de Painter o la *Virginia Woolf* de Quentin Bell". Según Pessarrodona, estos dos autores, Painter y Bell, "ens retornaven vius Proust i Woolf", mientras que el Fitzgerald de le Vot "continua ben difunt a la tomba familiar de Baltimore".

Más adelante, Pessarrodona señala, como han hecho otros autores, la dualidad de la figura de Fitzgerald; es decir, su capacidad de crear personajes para sus narraciones y la de hacer de él mismo uno más, aspecto que la crítica apunta de la siguiente forma:

> La recent publicació, en versió castellana, […] d'André Le Vot, ens demostra una vegada més que, en aquest camp artístic que anomenem literatura, hi ha uns certs tipus de conreadors que no sols són capaços de crear personatges ficticis […] sinó que també esdevenen per a la història personatges fictitis, o "novellescs", si volem (25).

Por otra parte, subraya la perspectiva europea que adopta Le Vot al narrar la historia del escritor norteamericano del siguiente modo:

> Le Vot no oblida mai que parla per a un auditori (en principi francés) que no està al cas de la història que visqué Fitzgerald com ho està un lector ianqui i, en conseqüència, no sols ens assabentem d'un personatge, sinó també de tota una època, en la qual hi hagué esdeveniments tan notables com la gran guerra i la crisi econòmica del 1929 (25).

Europa jugó un papel muy importante para muchos de los componentes de la generación literaria americana de los años veinte, que constituyó "una veritable cultura (i conseqüentment literatura) trepitjant fort mundialment"; algunos de sus escritores, como Hemingway y Fitzgerald, "foren sempre uns ianquis a Europa, més concretament a París", con lo que parece haber una correspondencia "en el fet que sigui un professor de la Sorbona que avui s'encarregui d'una biografia de Fitzgerald, un americà a París tant de temps". Sobre Hemingway y Fitzgerald añade la siguiente observación:

> Le Vot és especialmente bo […] esmenant la plana al Hemingway memoralista del que aquí coneixem com París era una fiesta, on el masclisme del gran narrador el porta, això no obstant, a una imatge distorta de Fitzgerald i francament maliciosa de Zelda […] un personatge encara més novellesc que el mateix Fitzgerald (25).

Mientras que Pessarrodona aprueba la perspectiva que ofrece Le Vot de la relación entre los Fitzgerald y Hemingway, no parece estar de acuerdo con la del matrimonio y, en concreto, con la de Zelda. Según la crítica, Le Vot "continua oferint la imatge del matrimoni Fitzgerald on Scott és la victima i Zelda la victimitzadora inconscient"; innegablemente, Zelda ejerció una gran influencia sobre Fitzgerald, posiblemente no siempre positiva, pero Fitzgerald sobre ella también. De hecho, Zelda "va veure morir el seu desig de ser ballarina, pintora i, gairebé, escriptora, i aconseguí només acabar una novella, *Save me the Waltz* (1932) i deixar-ne una altra d'inacabada, *Caesar's Things*". Pessarrodona hace una reflexión final muy interesante, y actual, sobre la visión patriarcal dominante de la época y que, en el caso de las biografías sobre Fitzgerald, se hacía especialmente patente en los capítulos dedicados a Zelda. Esta reflexión la expresa del siguiente modo: "Tenim, doncs, una biografia avui molt correcta d'un personatge i una època fascinants, encara que continua essent com sempre una visió patriarcal de la historia. Ai las!"

El Correo Español publicó una breve reseña sobre *Scott Fitzgerald* el 23 de agosto de 1981, en la sección "Libros", escrita por el crítico Esteban Sánchez. En ella, Sánchez resalta el buen trabajo de Le Vot en su biografía sobre Fitzgerald, "poco conocido en España", ya que "resulta una muestra de lo que debe ser una obra de este tipo". Le Vot lleva a cabo un estudio sobre la obra y la persona de Fitzgerald "y consigue atraer al lector en el estudio técnico-literario y psicológico de escritor".

De Fitzgerald comenta que "supuso una 'nueva ola' para la literatura norteamericana, y su vida, atormentada y tormentosa, es una muestra de los esfuerzos literarios norteamericanos para alcanzar un nivel literario europeo". Sánchez concluye la reseña señalando que la obra "se lee con interés y facilidad" y añade que "sería interesante que la editorial [Argos Vergara] publique obras de Fitzgerald", como *El gran Gatsby* o *A este lado del paraíso*, "símbolo del rechazo de la juventud americana de su época, pues entendemos serán muy bien acogidos por los lectores españoles". En 1981 *The Great Gatsby* había sido editada por dos editoriales españolas, con sus respectivas reediciones, Plaza & Janés y Edicions 62 (en catalán); mientras que *This Side of Paradise* tan solo había sido editada, más tres reediciones, por Alianza Editorial. Por tanto, no es de extrañar que el crítico anime a otras editoriales a publicar las obras de Fitzgerald ante el creciente interés por el escritor norteamericano.

Un año más tarde, en 1982, se encuentran las dos últimas reseñas que trataremos, publicadas ambas en *Cuadernos Hispanoamericanos*[95], con una distancia de tan solo tres meses entre una y otra. La primera se encuentra en el número 384 de junio de 1982 y está firmada por Galvarino Plaza[96]. Bajo el título "Paseo por la realidad y el mito: radiografía de un creador y su época. *Scott Fitzgerald*", en el presente artículo el crítico lleva a cabo un extenso y exhaustivo análisis de la biografía *Scott Fitzgerald* de André Le Vot.

Plaza comienza tratando la generación de escritores americanos de los años veinte, donde "se mueve la sombra de una personalidad creadora que se llamó Scott Fitzgerald, y cuya auténtica identidad ha tardado bastante tiempo en llegar a convertírsenos en la aprehensible integridad de un escritor"; más adelante, el autor estadounidense es descrito como "el representante del triunfalismo arrollador de un mundo emergido de una prosperidad de dilatados campos de maíz o innúmeros surtidores de petróleo". Según Plaza, de Fitzgerald nos ha llegado fundamentalmente su leyenda, el mito del escritor, lo que ha hecho "que no nos permitiera entrar en contacto real con su obra". El crítico, al igual que hiciera Dieterich en su reseña un año antes, subraya la influencia que ejercía el mito en torno a la figura de Fitzgerald y cómo esta desviaba la atención del lector, dejando a veces de lado la obra en sí. Plaza admite la fuerza de la personalidad del escritor, "un auténtico creador que juega con la realidad de su tiempo y que más se asemeja a un personaje novelístico que al penetrante descriptor del mundo que lo rodeaba y del cual hace gala en todas sus novelas". De nuevo, encontramos en una reseña a un crítico que le otorga a Fitzgerald características más propias de un personaje de ficción que de un escritor de carne y hueso.

Entre algunos de los motivos que el crítico señala como contribuyentes al mito de Fitzgerald se encuentra "la sensación de que aún pareciera que el destino no ha concluido su elaboración total con la vida y la obra de este escritor, tan próximo en el tiempo y a veces tan lejano en la realidad". Plaza añade que Fitzgerald "continúa, después de muerto, rodeado de ese mismo halo de leyenda que se empecinó en crearse, como si él también se contemplara como un personaje de su propia ficción" y que fueron también "los escritores de su entorno" los que "contribuyeron, en gran medida, a esta personificación". Entre ellos, se encontraría Hemingway, quien, en diversas ocasiones y, en especial en *A Moveable Feast*, le dedicó largos pasajes a Fitzgerald y a sus extravagantes aventuras, aunque presentando más bien un retrato despiadado de su compatriota. Además, puntualiza Plaza, "los estudios literarios [...] de su generación han sido esporádicos, y más que estudios son biografías, con lo cual continúa siendo Fitzgerald un personaje, más que un creador".

Sobre el autor de *Scott Fitzgerald*, el crítico asevera que "nos encontramos abocados en estos momentos a la empecinada búsqueda de otro de estos alucinados indagadores del mundo de Fitzgerald", el profesor de la Sorbona Le Vot, en el que "está patente la pasión por el novelista norteamericano, pasión que le ha llevado a remover la apretada trama de una existencia con el propósito de entregar la dimensión exacta de la realidad". Plaza ensalza el trabajo de Le Vot, quien permaneció "entregado al estudio veinte años" y de los que ha resultado "una obra de investigación literaria merecedora de una valoración mucho más exhaustiva de lo que puede ser esta breve reseña". En contraposición, el crítico destaca "la innumerable cantidad de trabajos ocasionales con motivos anecdóticos, en periódicos y revistas" que "hacen hincapié en ese aspecto de la vida de Fitzgerald relacionada con su etapa *autodestructiva* que incide con su época de 'escritor a sueldo': guionista alcohólico que coincide con su estancia en Hollywood"; es decir, la mayoría de artículos o ensayos sobre Fitzgerald resaltan fundamentalmente la parte que más se asemeja a un drama del propio Hollywood que a la vida real del escritor.

En el caso de *Scott Fitzgerald*, Le Vot se adentra en la vida de la persona y no se queda solo en ese "aspecto de la vida del novelista-personaje [...] es decir, un esbozo de la vida de un personaje, pero no la realidad vital, creadora, de un universo novelístico"; es decir, utilizar "lo más superficial en detrimento de los más significativo:

lo consecuencial a un escritor, su obra de retratista de una época y unos seres". Según Plaza, las cualidades que hacen de su investigación un trabajo excelente son "su capacidad de conjugar antecedentes" y "su lucidez" en la forma de tratarlos; no conformarse con "el fácil recorrido de los hechos inmediatos a su vida"; y "cuestionarse esa existencia desde un variado prisma de posibilidades esclarecedoras". Ciertamente, el crítico continúa, "todos los hechos, que en esta obra se muestran como resultado de una metódica búsqueda son analizados en profundidad, dotándolos de una carga de humanidad que no desequilibra el contenido estrictamente científico que impera a lo largo de este estudio".

En el prólogo de *Scott Fitzgerald*, que hemos incluido al principio de este capítulo, y como muestra de ser un "investigador minucioso", Le Vot "nos lanza a la cara" una pregunta vital sobre la obra y la personalidad del novelista: "¿Quién es Scott Fitzgerald?", de la que Plaza comenta es "una trampa tendida a nuestro subconsciente", ya que el tiempo verbal en presente "nos está llevando a un despertar ante el hecho de una vigencia existencial, Fitzgerald no es quien era, sino quien es". En efecto, la realidad que rodea a Fitzgerald en los años ochenta no es la misma de las décadas anteriores, en las que el autor era casi un completo desconocido y del que lo poco que se sabía eran algunos datos superficiales divulgados de manera dispar y con poco impacto entre los lectores españoles. Esa realidad estaba todavía "por verse, por ahondarse".

Es más, la pregunta del inicio "parece haberse hecho el mismo Fitzgerald a lo largo de su vida… Pregunta para la que parece no haber encontrado respuesta […] o el atisbo de una autoexplicación [sic] liberadora, capaz de redimirle de la duda de sí mismo". Puede que Le Vot concibiera la pregunta sin buscar una respuesta, sino que "solamente nos entrega […] una sucesión de hechos vitales que van recomponiéndonos un proceso creador a la vez que un cuadro de toda una época". A raíz de esta idea, Plaza plantea la siguiente reflexión sobre *Scott Fitzgerald* en las últimas líneas de la reseña:

> La indudable validez de este estudio radica en su tratamiento de la realidad: mirar lleno de ternura que nos va devolviendo un universo cargado de humanidad y del cual aún no tenemos su exacta y auténtica mensura. Pocos estudios biográficos suelen, como éste [sic], aunar en un todo la frialdad de unos datos y la estremecida ternura por el hecho vital que los generó (89).

En líneas generales, nos hallamos ante una amplia y completa reseña sobre *Scott Fitzgerald*. El crítico principalmente subraya la capacidad de su autor para indagar en la vida de Fitzgerald y, a través de sus conclusiones, presenta al lector a la persona detrás de las novelas, no simplemente a un personaje más sacado de ellas. Es importante resaltar el año en que fue escrita, 1982, cuando el fenómeno literario de Fitzgerald estaba en pleno auge. Considerado en numerosos países como indiscutiblemente uno de los mejores novelistas norteamericanos del siglo XX, en España ese hueco se lo estaba ganando, tras años de verse relegado a un segundo plano. Además, encontramos similitudes con la reseña de Genoveva Dieterich, al destacar ambos el paralelismo que existía, y al que habían contribuido las publicaciones hasta entonces del escritor, entre la persona y el mito: el de un escritor que más bien parecía sacado de sus novelas. En cualquier caso, la palabra mito o leyenda conlleva connotaciones positivas: un mito es aquella persona admirada y recordada a pesar del paso del tiempo. En el caso de Fitzgerald, entre su muerte y el recuerdo y admiración hubo un largo olvido, pero que en 1982 se podía dar por zanjado.

Tres meses más tarde, en septiembre de 1982, *Cuadernos Hispanoamericanos* publica una segunda reseña de *Scott Fitzgerald*, esta vez firmada por Carmen Bravo-Villasante[97]. El artículo, titulado "Una minuciosa biografía" ofrece un exhaustivo resumen de la vida de Fitzgerald: desde su niñez, pasando por sus comienzos y su triunfo precoz, su relación con Zelda y Hemingway, y su declive final en los años en Hollywood. A continuación, se analizarán aquellos pasajes que resultan más relevantes para la visión que se estaba forjando de Fitzgerald en aquellos años.

Como introducción a la biografía de Le Vot, Bravo-Villasante lamenta la escasez de libros pertenecientes a este género en España, al ser ella misma una escritora que dedicó parte de su trabajo a las biografías y a los ensayos. Esta idea la expone del siguiente modo: "No nos cansaremos de decir que en España tiene escaso éxito la biografía"; más adelante, advierte que "únicamente se dan premios a la novela y a la poesía" y que, por tanto, "novelistas y poetas, en apariencia, son los únicos creadores". Además, puntualiza que la biografía y el ensayo "despiertan gran interés en otros países, especialmente en los anglosajones, propensos a la introspección y al análisis de las vidas de tipos de excepción". Aporta el siguiente argumento a favor de la publicación y divulgación de biografías: "Nada más interesante para el que admira una obra literaria que conocer la vida del autor de esta obra, e indirectamente la génesis de la misma obra. En muchos casos vida y obra íntimamente ligadas esclarecen al hombre y a su creación".

A continuación, la crítica procede a valorar el trabajo de Le Vot, del que comenta que "ha escrito una gran obra del novelista norteamericano Scott Fitzgerald, una biografía minuciosa, […] que no se pierde en áridos y eruditos pormenores" y que consigue se lea "con apasionamiento e interés, que es como se deben leer los libros". Más adelante, concluye tajante: "Magnífica biografía la de Le Vot que nos lleva de nuevo a la lectura de las novelas de Scott Fitzgerald".

En cuanto a la estructura, Bravo-Villasante distingue dos partes en esta biografía: la primera "refleja el triunfo precoz, la gloria, las locuras frívolas, el derroche"; y la segunda parte "la cruel derrota, la impotencia, la desesperación, la ruina, la verdadera locura, el alcoholismo y el desprecio". En efecto, generalmente la vida de Fitzgerald es planteada en forma de dicotomía: del triunfal joven, ambicioso y algo narcisista, al decaído escritor alcohólico, al que solo le queda la compasión de los demás.

Tras una extensa descripción de los acontecimientos más importantes de la biografía del escritor, la crítica se detiene en la relación que Fitzgerald estableció con Hemingway, de la que comenta lo siguiente:

> En esta amistad hay una atracción de contrarios. Hemingway representa todo lo que Fitzgerald no ha sido ni podrá ser nunca, una síntesis armoniosa entre el escritor y el hombre de acción, que al final de su vida no resultará tan armoniosa como se pensaba, ya que el suicidio de Hemingway, veinticuatro años después de la muerte de Fitzgerald, es indicio de un desequilibrio muy propio de la llamada generación perdida (87).

Por supuesto, tampoco deja de lado a una de las personas más influyentes en la vida de Fitzgerald, Zelda, quien sentía "una atracción morbosa […] hacia la autodestrucción" que, unida a "la afición desmedida por la bebida", la lleva "a una esquizofrenia que a partir del año 30 la obliga a estar recluida de clínica en clínica". Bravo-Villasante también muestra la faceta más amable de Zelda, aquella "joven de espíritu novelesco, de viva imaginación, famosa por sus locos desatinos y por sus desprecios de los convencionalismos, aficionada a las galas y a las conquistas, con enorme alegría de vivir peligrosamente".

Por último, la crítica reconoce que "quedan multitud de pormenores de esta biografía, interesantísimos para el lector", y agrega una conclusión sobre la obra de Fitzgerald muy similar a las que se han analizado de la misma época; la narrativa de Fitzgerald, en apariencia frívola y superflua (imagen que fue fomentada en los tiempos del escritor y perduró durante las décadas posteriores) tiene, en efecto, "una profundidad que contrasta con la ligereza aparente". Concluye, sin embargo, con una comparativa entre Fitzgerald y con quien siempre había sido su rival literario, y con el que tantas veces había resultado perdedor, ofreciendo la siguiente observación:

> A su lado Hemingway nos parece un escritor elemental, Fitzgerald es mucho más complejo. Si para Hemingway el tema único era la guerra o la caza, para Fitzgerald el tema primordial es el interior del hombre en toda su complicada maquinaria, mejor dicho el ser humano: mujeres y hombres en situaciones nada elementales (87).

En resumen, nos encontramos ante una reseña más objetiva, más a modo de recapitulación de la obra que la anterior, donde el autor se decantaba por expresar una opinión más crítica sobre el trabajo de Le Vot y no tanto por compendiar su contenido. Cierto es que los dos críticos no dudan en poner de relieve la calidad de *Scott Fitzgerald*, de la que destacan la profundidad del estudio, su minuciosidad, y la capacidad de generar interés en el lector; además, ambas ofrecen un análisis de la obra basado en argumentos tanto históricos como literarios, guiando con precisión al lector por el mundo "fitzgeraldiano".

Es significativo también el gran espacio que le dedica la renombrada *Cuadernos Hispanoamericanos* a esta obra, que es sin lugar a duda de mucha menor relevancia que las novelas del escritor, pero que, sin embargo, recibieron menos atención cuando fueron publicadas años antes. Esta creciente atención deja de manifiesto el lugar que ocupaba Fitzgerald en la literatura en la España de los años ochenta; que una biografía del autor lograra extensas reseñas en periódicos y revistas nacionales confirmaba lo que críticos y literatos venían señalando años atrás: Fitzgerald era un escritor a la altura de los más grandes novelistas del siglo XX. Considerando todas las reseñas analizadas sobre *Scott Fitzgerald*, podemos concluir que proporcionan una visión muy positiva de Fitzgerald, continuando la línea ascendente que ya se iniciara a principios de los años setenta.

4.3. Recepción de las adaptaciones cinematográficas

Fitzgerald tuvo a lo largo de su carrera profesional una estrecha relación con el cine, especialmente con Hollywood, donde pasó, de forma intermitente, sus últimos años. Aunque su carrera como guionista no le proporcionó el éxito perdido que él tan desesperadamente buscaba, sí le brindó el material suficiente para basar su última novela en el mundo del cine e intentar desenmarañar sus entresijos.

De su incursión en el cine se hace eco el periodista Fernando García Román en su artículo "Fitzgerald y el cine: Amor y desilusión", publicado en *Diario 16* en octubre de 1977. El autor no duda en tildar la primera adaptación, de 1974, de *The Great Gatsby* de "horrenda versión", pero señala que "sirvió para que uno de los mejores escritores de nuestro siglo Francis Scott Key Fitzgerald comenzase a merecer en España mayor atención que la que hasta entonces le prestaban algunos aficionados a la literatura". "Horrenda versión" porque, según García Román, la película dirigida por Jack Clayton tan solo ofrecía "inexpresividad, [...] y trucos de novelilla rosa o de revista cursilona de modas", sin ser capaz de transmitir la "personalidad tan atractiva y tan compleja como la del personaje que daba título a la obra".

Según el crítico, la relación de Fitzgerald y el cine se refleja a la perfección en la pobre adaptación de *The Great Gatsby*, que no fue más que la "pedorreta comercial, la desvirtuación, escupiendo a un portentoso talento natural y estrujándolo para sacar mentiras de folletín barato". Efectivamente, no fue justo Hollywood con el escritor norteamericano y así continúa elaborando esta idea García Román:

> Fitzgerald sintió una irresistible atracción por el cine, quizá tentado por la fuerza económica que éste representaba, tal vez consciente del gran vehículo de comunicación que suponía, acaso interesado por la cálida vibración de un medio que pudiera acabar con el exceso de soledad y la miseria de la literatura, pero el séptimo arte pagó con ingratitud su entrega, pues no sólo lo desvalorizó como guionista, sino que además deformó sus mejores novelas una vez muerto (25).

Fitzgerald, angustiado por las continuas deudas y por la debilitada salud mental de Zelda, se mudó en 1927 a Los Ángeles para dedicarse al cine. En un principio, trabajó para First National Pictures, donde sus primeros guiones no llegaron a rodarse, como fue el caso de *Lipstick*. Años más tarde, en 1932, fue contratado por la Metro, donde estuvo relegado a un segundo plano, lo que le llevó a trabajar para compañías independientes, colaborando entre otras películas en *Gone with the Wind* (aunque su guion finalmente se descartó), dirigida por Victor Fleming en 1939. Paralelamente, en 1938, Fitzgerald inició la que sería su quinta y última novela, *The Last Tycoon*. En ella, aunque inacabada, reflejaría la desesperación de sus últimos años, en los que su talento y energía se apagaban lentamente hasta su muerte en diciembre de 1940.

4.3.1. *The Great Gatsby*

La primera adaptación de *The Great Gatsby* llegó a las pantallas en 1974, contando con grandes figuras del cine como Jack Clayton, director y Francis Ford Coppola, guionista, y en el reparto con Robert Redford, Mia Farrow y Bruce Dern.

A diferencia de la novela, que pasó prácticamente inadvertida durante los primeros años desde su publicación en España, la película atrajo inmediatamente la atención de la mayoría de diarios y revistas españolas, reflejando así la fuerza que el cine hollywoodiense ejercía en gran parte del mundo. De las numerosas referencias encontradas en las diversas fuentes, se han seleccionado aquellas que mejor evidencian la contribución que supuso la adaptación al cine de *The Great Gatsby* a la revalorización de Fitzgerald en España.

En primer lugar, encontramos en *El Correo Español* (*El Pueblo Vasco*), una reseña escrita por el periodista Félix Bilbao el 25 de septiembre de 1974. En las primeras líneas, el crítico pone de manifiesto su opinión sobre la adaptación de *The Great Gatsby*, muy acorde a la comentada en la introducción de Fernando García Román, expresándola de la siguiente manera:

Ya está, ya está aquí el gran Gatsby, ya tenemos otra tontería para pasar el otoño, el invierno y quién sabe si la primavera. Otro golpe a los años veinte, que ya nadie sabe si fueron felices o cómo rayos fueron; otra vuelta de manivela al piano de la nostalgia comercial, al organillo de una melancolía de "marketing" (20).

En la reseña, Bilbao centra su crítica en las modas absurdas y fugaces, en este caso, la moda "Gatsby". El público se deja llevar por estas modas sin saber de dónde provienen, simplemente las llevan a cabo de manera frívola. En el siguiente párrafo retrata cómo se venden estas modas, casi como si se tratara de una prenda en un mercadillo:

Apresúrese, señora; apresúrese, caballero, hay retales para todos es la última oportunidad de coger el tranvía llamado deseo; llamado nostalgia, llamado aburrimiento, tranvía que, como los ríos, van a la mar, que es el morir, o sencillamente, va a encerrar. El último tranvía estilo "Gran Gatsby" que queda en España es un tranvía pequeño, con banderitas, que hay en Barcelona, y que sube, como puede, el Tibidabo, con niños y aldeanas, bajo las cúpulas modernistas que soñara el señor Andréu. Todo muy Chicago años veinte. Con perdón, todo muy Barcelona años veinte (20).

La película basada en la novela de Fitzgerald, "pobre Scott, roto, olvidado, quemado", "anda por ahí glorificando y trivializando lo que ya es erudición del alma dormida y convirtiendo una gran obra literaria en un jersey a rombos para vender y comprar", y en esta maniobra de *marketing* en la que se convierten algunas obras maestras caen "todos los dulces pájaros de juventud y de pubertad, sin haber leído la novela ni haber visto la película" paseándose de "gran Gatsby con carnet de identidad por el Madrid preotoñal". El crítico lamenta que valiosas obras literarias se consuman a través del cine "como un sorbete", provocando que se trate con trivialidad y desconocimiento tiempos pasados, y así volviendo a modas de forma superflua. Bilbao expone esta idea de la siguiente manera:

[…] y ahora hay que volver a esa tontería de las gorras con visera y los lazos de lunares, porque la penetración de mercados, los corredores de muestras de tejidos se han apropiado de Jorge Manrique, de Marcel Proust y de otros profesionales del tiempo perdido, para vendernos a plazos y por parcelas el derecho de la melancolía (20).

El crítico señala que la moda de emular modas pasadas, que lo "retro" sea sinónimo de éxito en ventas, se debe a que "ya no saben qué vendernos y nos venden tiempo, el tiempo perdido, nuestra más íntima nostalgia familiar". Considera que "los expertos en mercados han descubierto que si la literatura y el arte venden tiempo, melancolía, intimidad, también ellos pueden darle a todo eso la forma de unos calcetines 'retro' y colocárnoslo a buen precio". En definitiva, Bilbao muestra hartazgo ante el aluvión de modas vanas que desproveen de valor a clásicos como es el caso de la magnífica y, malinterpretada por muchos, *The Great Gatsby*.

El 20 de octubre, tan solo unas semanas más tarde, el mismo diario publica otra reseña de la película de *The Great Gatsby*, firmada por su autor con las iniciales D.B. Resulta interesante el contraste de perspectiva y tono entre esta reseña y la de Félix Bilbao. Mientras que la primera reseña critica severamente la película por trivializar la novela de Fitzgerald y la consiguiente moda "de folletín barato" basada en "Gatsby", esta segunda se centra en destacar, e incluso alabar, algunos aspectos de la adaptación cinematográfica.

Tras resaltar que "la proyección de esta película ha venido precedida de una extraordinaria campaña de lanzamiento", el crítico afirma que era muy esperado el estreno en España considerando el "éxito en las pantallas de todos los otros países". Además, hace una breve referencia a la técnica, de la que subraya que contiene una "pretendida lentitud como para rodear todo de un ambiente sentimental un tanto decente, quizá en un intento de plasmar el sentimiento nacional de los norteamericanos en esa época". Continúa el sucinto análisis alabando "la meticulosidad con que ha sido dirigida por Jack Clayton" ya que "todos los detalles han sido cuidados hasta el extremo", a pesar de señalar que "el único reparo" es su lentitud.

En cuanto a los personajes, observa que desprenden "una ambivalencia de sentimientos", que podría deberse a querer "crear intencionadamente una sensación sutil y ambigua muy de acuerdo con el ambiente en que se desarrolla la película". Tratándose de una película estrenada en los años setenta, no falta en la crítica un apunte sobre la moralidad de la misma, de la que comenta su autor que "queda reservada a un público mayor, muy formado, y aún así con considerables reparos". En términos generales, el autor valora el éxito que precede a la adaptación de *The Great Gatsby*, y, a diferencia de la reseña anterior, se decanta por una adjetivación positiva, como "perfecta elección de los protagonistas", "extraordinaria campaña de lanzamiento" o "perfección técnica".

La Voz de Galicia publicó el 21 de diciembre de 1974, en la sección de "Cine", una reseña de *The Great Gatsby*, proyectada en los cines del Teatro Colón en La Coruña. Esta reseña, firmada por su autor como Altamira, se asemeja en sus ideas a la escrita por Félix Bilbao. Por un lado, destaca el éxito mundial que alcanzó la película, en contraposición a la falta de calidad de la misma, cuya principal baza es el elenco de artistas que formaron parte del proyecto, aprovechándose "de dos mitos cinematográficos —Robert Redford y Mia Farrow".

A lo largo de la reseña nos encontramos con referencias al boom de Gatsby, como la "película que ha resultado ser el último filón de oro del nunca tímido sistema de producción y propaganda norteamericano". Tras resumir brevemente el argumento, "la subida al poder, con el desclasamiento y los complejos consiguientes", comenta del director Jack Clayton, británico, que "retratar la sociedad norteamericana subsiguiente a la Gran Guerra exige —a juzgar por los resultados de la película— ser algo más que un buen realizador: exige ser norteamericano". El crítico concluye la reseña con tono quejoso que todos los factores que forman parte de la película resultan en el auge "de la moda Gatsby" pero no le hacen justicia a la novela del gran escritor norteamericano. Esta idea la expone de la siguiente manera:

> [...] un mosaico que nos aclara muy pocas cosas sobre la época y el problema concreto planteado en los primeros minutos de proyección, que sólo ha servido —suprema ironía— para poner de actualidad una forma de vestir y de maquillarse, y unos gestos que no tienen sentido en el mundo nuestro de hoy. Como no tiene poner en pie una gran obra para ofrecernos simplemente decoración (33).

La última crítica reseñada recoge las ideas principales expuestas en las anteriores y la expresa con precisión en su título: "*El gran Gatsby*, un film 'bonito', pero vacío". Esta reseña tardía, del 19 de febrero de 1975, se publicó en el diario *El Eco de Canarias* en la sección "Resumen semanal cinematográfico", firmada por Claudio Utrera[98]. El hecho de que meses después de su estreno (la película se estrenó en España en noviembre de 1974) hubiera periódicos y revistas que le dedicaran un espacio en sus secciones de cine demuestra el impacto que tuvo la película de *The Great Gatsby* mundialmente, y en concreto, en España.

Utrera afirma de forma tajante que la película no es más que la "desvirtualización absoluta que se ha hecho de la obra de Scott Fitzgerald", y da fe "de la falta total de fidelidad a la novela del escritor americano". Sin embargo, no culpa de esta falta de calidad a Jack Clayton, cuya labor "ha sido notablemente limitada" por los "propios condicionamientos inherentes a la gestación de una película de 'productora', y por miedo a enfrentarse con una de las grandes obras literarias del siglo XX", además de contar con un guion "superficial hasta límites insospechados". De hecho, los "aciertos son achacables" tan solo a la "lucidez creadora" del realizador; de entre estos aciertos el crítico destaca algunos como, por ejemplo, "la indiscutible belleza" de los planos iniciales o "la secuencia completa en el hotel Plaza de Nueva York", poniendo de manifiesto "con notable brillantez que este director conoce su oficio", si bien no le acompañan los factores anteriormente mencionados.

En compendio, "estos fugaces momentos no aportan casi", resultando en una película que "es pura superficialidad", repleta de "imágenes vacías de cualquier intención crítica o explicitadora [sic], que provocan en el espectador un irresistible sopor y un empalago insufrible de esteticismo gratuito". El "empleo de una estética espectacular y decorativista [sic]" dista mucho del "estilo brillante y poético, pero sencillo e intimista de Fitzgerald", dando lugar a un "film publicitario" más que a "un largometraje argumental". Para finalizar la reseña, el crítico le ofrece al espectador un consejo, que formula de la siguiente forma: "Antes de finalizar, un consejo: si no ha leído la novela, léasela antes de ver el film. No estoy intentando hacer publicidad de la novela, tan sólo pretendo que el espectador inquieto corrobore lo anteriormente expuesto".

En términos generales, los autores de las reseñas coinciden en su opinión sobre la adaptación cinematográfica de *The Great Gatsby* y muestran claramente su decepción de lo que potencialmente podría haber sido una gran obra artística, dado el valor de la novela que se trataba. Fundamentalmente subrayan dos rasgos que caracterizan a la película: por un lado, se trata de una superproducción norteamericana, reforzada principalmente por una campaña de lanzamiento millonaria, dando lugar a frívolas modas pasajeras que poco tienen que ver con el lugar y el momento (los años veinte norteamericanos con la España de los años setenta) y, por otro lado, la mediocridad de la producción, que en nada se asemeja a la obra maestra de Fitzgerald.

Sin embargo, en relación a la recepción del escritor norteamericano en España, indudablemente el éxito comercial de la película dirigida por Jack Clayton constituiría uno de los factores que contribuyeron a la valorización y auge de Fitzgerald en los años setenta, por parte tanto de críticos como del público en general, a pesar de que la crítica no fuera tan amable, tachándola de superflua y de desmerecer su conexión con el talentoso escritor norteamericano. La siguiente cita de enero de 1974 escrita por el crítico Robert Ebert[99] refleja con precisión esta idea:

> […] and one other small item: How could a screenplay that plundered Fitzgerald's novel so literally, that quoted so much of the narration and dialogue, have ended with a rinky-dink version of "Ain't We Got Fun" instead of the most famous last sentence of any novel of the century? Maybe because the movie doesn't ever come close to understanding it: "And so we beat on, boats against the current, borne back ceaselessly into the past".

4.3.2. *The Last Tycoon*

The Last Tycoon, estrenada en 1976, tuvo una trayectoria muy similar a la de *The Great Gatsby* en cuanto a la recepción por parte de la crítica. Para su adaptación se contó con el prestigioso director Elia Kazan y con Harold Pinter como guionista, además de un importante elenco de estrellas del cine, entre las que se encontraban Robert de Niro, Tony Curtis y Jack Nicholson.

Sin embargo, y como le ocurriera a *The Great Gatsby*, y a pesar de contar con una excepcional plantilla de artistas, las críticas no fueron muy favorables, dejando entrever que el proyecto fue una cuestión más económica que artística. Lo que sí refleja con claridad el estreno de *The Last Tycoon* a mediados de los años setenta es que Fitzgerald se encontraba entre aquellos escritores que atraían al público, y las películas basadas en sus novelas, a diferencia de años atrás, eran un reclamo para el espectador. Las numerosas reseñas y artículos dedicados a esta nueva adaptación al cine de una de sus novelas ponen de relieve la gran popularidad del escritor. Como se hiciera con *The Great Gatsby*, se ha realizado una selección de aquellas reseñas que puedan resultar más representativas de lo que supuso el estreno de *The Last Tycoon* en la visión y recepción del escritor en España.

En primer lugar, analizaremos una reseña publicada en *Diario 16* el 3 de mayo de 1977 firmada por Carlos Semprún Maura[100]. "Sencillamente una catástrofe" es el título que da nombre a esta reseña, evidenciando la opinión del crítico sobre la película basada en la última novela de Fitzgerald. En el primer párrafo Semprún ofrece una esclarecedora explicación del significado de "catástrofe" en este contexto:

> La leyenda cuenta que hubo varios terremotos en California. Pero como éste [sic] ninguno. San Francisco y Los Angeles se incendiaron por causas desconocidas, pero como incendio éste [sic] los supera todos. El ejemplo del incendio tampoco es muy logrado, porque puede haber incendios vistosos, pueden ser siniestros pero bellos espectáculos y éste [sic] es de una tristeza subida. ¿Cómo es posible reunir a tantos talentos para tan pobre resultado? Ni terremoto, ni incendio, las cosas como son, esta película es una catástrofe (22).

En consonancia con la reseña de Félix Bilbao sobre la película de *The Great Gatsby*, Samprún también apunta "que a Hollywood le encanta últimamente volver a su pasado como si no creyera en su presente" pero con resultados poco acertados. Del romanticismo "moderno" de Fitzgerald "no queda nada", al igual que no queda nada "de esa mirada aguda, a la vez crítica y fascinada, que Fitzgerald lanzaba sobre la meca del cine". Ni el talento de Elia Kazan, "un director que conoce el oficio", ni el de Harold Pinter en su función de guionista, se acercan a la novela inconclusa de Fitzgerald, resultando en una historia sobre "los problemas de la ambición y del fracaso, ya vistos mil veces en películas mil veces más interesantes que ésta [sic]".

El articulista Jesús Fernández Santos[101] escribió un extenso artículo en *El País*, publicado el 5 de mayo de 1977 bajo el título de "Domingos locos", sobre la adaptación de *The Last Tycoon* y su vínculo con la novela de Fitzgerald. Tras hacer un breve repaso de las circunstancias que rodearon la escritura de *The Last Tycoon* y las semejanzas entre su protagonista, Monroe Sthar, y el propio escritor norteamericano, el crítico le concede a la película contener "todos esos sueños, esos apuntes irónicos, esa melancolía" que caracterizan a *The Last Tycoon*; no obstante, hay una "falta de adecuación entre el espíritu y el ritmo del filme y el interés del público ajeno al libro, puede que sean la causa de cierta sensación de narración sin terminar", aun contando con "un reparto espectacular". Efectivamente, *The Last Tycoon* no es considerada como una de las obras más representativas de Fitzgerald, por lo que no tuvo la transcendencia de obras como *The Great Gatsby* o *Tender Is the Night* y esto resultaría en un mayor desconocimiento de la novela y sus circunstancias por parte del público.

De nuevo, aunque de manera más sutil, nos encontramos con una crítica desfavorable, que lamenta que, a pesar del "tacto y gracia" de su director, la película contiene una "complacencia desmedida". Fernández Santos concluye el artículo con la siguiente reflexión:

> Ni la excelente interpretación de Robert de Niro, ni la inclusión de escenas con filmes que anuncian títulos famosos posteriores, los apuntes escénicos, la ambientación y la música de Jarre, acaban de rematar esta obra, ni de poner en pie unos años y un medio que el mismo escritor definía como *una fuga hacia un pasado prodigioso y romántico que quizá no vuelva a repetir en esta época nuestra* (29).

La tercera y última reseña representa cómo la crítica del cine de la mayoría de los periódicos y revistas reseñaban la película de Elia Kazan. Un gran número de reseñas y artículos coinciden en reflexionar sobre el mundo del cine en Hollywood, en la relación de ese mundo con F. Scott Fitzgerald, o cómo se relacionó él con ese mundo, y en brindar unas sutiles pinceladas sobre su talentoso director y reparto de estrellas. La encontrada en *La Hoja Oficial del Lunes* publicada el 9 de mayo de 1977 adopta ese tono conciliador y amable con la película de *The Last Tycoon*.

La reseña, firmada por su autor con las iniciales A.S., se titula "*El último magnate*, de Kazan", resaltando de esta forma al reconocido director, ya que supone que el título de la novela de Fitzgerald puede resultar desconocido a la mayoría de los lectores. De hecho, es Elia Kazan el protagonista de la misma, y el crítico no duda en elogiarlo a él y su producción. Los siguientes ejemplos así lo reflejan: "es el Hollywood de los años treinta, que Elia Kazan nos restituye en toda su grandeza y también con sus debilidades", " su realización [de Elia Kazan] es serena, de un realismo mágico y una expresión inspiradísima", "todo es justo, preciso sin que nada sobre o falte", "*El último magnate* describe a la perfección el Hollywood fabuloso y a todos los representantes de sus censo", "el personaje de Monroe Sthar revela la maestría de Scott Fitzgerald y Elia Kazan", o "gran película, redondeada por la coincidencia de varios talentos excepcionales: Scott Fitzgerald, Elia Kazan, los intérpretes todos sin un fallo". En este caso, y en contraposición con todas las analizadas sobre *The Great Gatsby*, el crítico iguala la calidad de la novela con la de la película, o, al menos, la de sus autores, Fitzgerald y Kazan. Sin duda, supone un mayor reclamo el reconocido y galardonado director (ganó dos Óscar a lo largo de su carrera) que la menos conocida novela del escritor, aunque la calidad de la película, la última del realizador británico, no está a la altura de sus obras anteriores.

Por último, se observa que la tónica general de las reseñas de *The Last Tycoon* difiere de las de *The Great Gatsby*. Mientras que las de *The Great Gatsby* se focalizan en el éxito, las modas, la superfluidad de la historia y en lo mucho que dista de la obra original, las reseñas de *The Last Tycoon* tienden a tratarla con más benevolencia, debido probablemente en parte a la presencia de su renombrado director. Sin embargo, se puede concluir que la gran mayoría de las críticas coinciden en elogiar a Fitzgerald y a posicionarlo como uno de los grandes escritores del siglo XX. En definitiva, y como señalaron algunos críticos, las adaptaciones cinematográficas, aun no pudiendo ser recordadas por su calidad, impulsaron significativamente la popularidad del escritor norteamericano en nuestro país.

CAPÍTULO V
Fitzgerald durante la España democrática: 1983-2000

CAPÍTULO V FITZGERALD DURANTE LA ESPAÑA DEMOCRÁTICA: 1983-2000

Con la Transición la cultura española había recobrado una función esencialmente cultural y no política, como ocurrió durante el Franquismo. Las décadas ochenta y noventa reconocieron el pluralismo cultural de la sociedad española; en las comunidades autónomas proliferó la organización de actos culturales, conferencias, exposiciones, congresos, conciertos y festivales. A su vez, desde el Ministerio de Cultura, se apostó por la divulgación cultural en todas sus formas, al igual que se promocionaron los estudios universitarios y se abogó por las ayudas financieras a artistas y grupos teatrales independientes.

Entre los muchos ejemplos de esta proliferación cultural en el país se podrían destacar la publicación de dominicales culturales en la prensa, como, por ejemplo, *Babelia*, que *El País* empezó a publicar en 1991; en 1986 se inauguró en Madrid el Centro de Arte Reina Sofía, que desde entonces no ha dejado de acoger grandes exposiciones de arte contemporáneo; ese mismo año también tuvo lugar la inauguración del Museo Nacional de Arte Romano, obra del arquitecto Rafael Moneo; en 1997 fue el turno del Museo Guggenheim en Bilbao, de Frank O. Gehry; y en 1999 se terminó el Auditorio de San Sebastián, de Moneo. Todas estas obras, junto a muchas más, contribuyeron a crear un nuevo clima cultural en España.

La literatura española también reflejó este dinamismo cultural, donde se encuadraba la nueva sociedad plural y abierta. Esta literatura se deshizo de tendencias literarias dominantes y mostró una amplísima diversidad de estilos, temas y formas literarias. En esta sociedad española tan deseosa de diversidad cultural se consolidó definitivamente Fitzgerald, cuya obra divulgaron las principales editoriales españolas, en español, catalán, gallego, euskera y asturiano, además de numerosas biografías, estudios, ensayos y artículos en la prensa que vieron la luz durante la España democrática.

5.1. Mercado editorial y narrativa en la España democrática

5.1.1. Mercado editorial en España: edición en lenguas cooficiales y traducción de la literatura norteamericana

El mercado editorial español de los años ochenta y noventa experimentó un período de consolidación y transformación, marcado por cambios políticos, económicos y culturales que impactaron significativamente en la industria del libro. Durante esta época, el retorno a la democracia y la descentralización del Estado propiciaron un resurgir de las literaturas en lenguas cooficiales como el catalán, el gallego y el euskera, así como un interés creciente por preservar y fomentar el uso del asturiano en ámbitos literarios y culturales.

En los años ochenta, la industria editorial española vivió una etapa de expansión vinculada a la creciente alfabetización y al auge de la cultura como motor del desarrollo social. Este período coincidió con el fortalecimiento de grandes grupos editoriales como Planeta, Santillana o Anaya, que dominaron el mercado gracias a su diversificación y capacidad para incorporar nuevos autores, géneros y formatos. A partir de los años noventa, el mercado editorial se globalizó y se intensificó la concentración empresarial, con fusiones y adquisiciones que consolidaron a estos grupos en el ámbito internacional. Además, fueron varias las empresas extranjeras que encontraron en el panorama español oportunidades para reforzar su presencia, como fue el caso de Bertelsmann, que compró Plaza & Janés, y de Hachette, que a su vez adquirió Anaya y Salvat.

Por otro lado, también es significativo cómo en la década de los noventa el negocio editorial comenzó a influir de manera más directa en los contenidos literarios, orientando la publicación de libros a satisfacer las demandas comerciales del mercado, lo que implicaba una mayor producción de *best sellers*. Asimismo, los medios de comunicación jugaron un papel crucial en la popularización de ciertos autores y géneros literarios. Por consiguiente, la literatura comenzó a estar cada vez más vinculada al entretenimiento masivo, con campañas publicitarias que intentaban crear "fenómenos literarios", por lo que las editoriales, adaptadas al nuevo mercado, comenzaron a apostar por libros fáciles de leer, que funcionaran en las estanterías de las librerías y fueran accesibles para un gran número de lectores.

Paralelamente, en esta etapa de grandes cambios en el mercado editorial, las editoriales independientes jugaron un papel crucial al ofrecer catálogos más especializados y dar cabida a autores menos comerciales. Estos pequeños sellos editoriales se consolidaron en España gracias a propuestas novedosas que cubrían nichos de mercado desatendidos por las grandes editoriales. Uno de sus objetivos principales era el de presentar los libros, normalmente de géneros más marginales, como objetos artísticos de cuidada estética. Entre estas pequeñas editoriales destacan Ediciones Carena, Lengua de Trapo, Páginas de Espuma, Igela (euskera), Ediciones Trabe (asturiano y español) e Ir Indo (gallego, español, inglés y francés). Los primeros años del siglo XXI fueron testigo de la proliferación de esta clase de editoriales independientes, como, por ejemplo, Nórdica, Periférica o Libros del Asteroide. Gracias a su innovación en el ámbito editorial todas ellas recibieron en 2008 el Premio Nacional a la Mejor Labor Editorial Cultural que otorga el Ministerio de Cultura, poniendo de manifiesto por qué España se posicionaba como la cuarta potencia editorial mundial en el año 2002, por detrás de Estados Unidos, Reino Unido y Alemania.

5.1.1.a. Edición en lenguas cooficiales

La descentralización autonómica promovida por la Constitución de 1978 fue un factor decisivo para el desarrollo de la edición en lenguas cooficiales. Los gobiernos autonómicos implementaron políticas culturales que incentivaron tanto la producción como el consumo de literatura en estas lenguas. En Cataluña, el catalán experimentó un renacimiento literario y editorial. Algunas editoriales, como Edicions 62 y Grup Enciclopèdia Catalana, desempeñaron un papel central, publicando tanto obras clásicas como contemporáneas. Además, se establecieron políticas educativas que fortalecieron el uso del catalán como lengua vehicular en las escuelas, lo que incrementó la demanda de libros en esta lengua. Por lo que respecta al gallego, editoriales como Xerais, Ir Indo o Galaxia lideraron la edición en gallego, favoreciendo tanto la recuperación de clásicos de la literatura gallega como la publicación de autores contemporáneos. El gallego se consolidó como una lengua literaria viva gracias a iniciativas de promoción cultural y apoyo institucional.

De igual modo, la edición en euskera avanzó significativamente, apoyada por el Instituto Etxepare y otros organismos culturales. Elkar y Erein fueron algunas de las editoriales que promovieron la literatura en esta lengua, incluyendo tanto traducciones de obras internacionales como originales de autores vascos. Aunque el asturiano no es una lengua cooficial, durante este período se llevaron a cabo esfuerzos para promover su uso literario e instituciones como la Academia de la Lengua Asturiana y editoriales como Trabe publicaron obras en esta lengua, contribuyendo a su visibilidad cultural.

El impulso a las lenguas cooficiales contribuyó a diversificar el panorama literario español, reflejando la riqueza cultural del país. Sin embargo, estas lenguas enfrentaron desafíos relacionados con la limitada promoción en mercados masivos y la competencia con el español. En resumen, los años ochenta y noventa fueron decisivos para consolidar el mercado editorial español y garantizar la preservación de las lenguas minoritarias, estableciendo las bases para su desarrollo futuro.

5.1.1.b. Auge de las traducciones de literatura norteamericana

Este período de tiempo también fue fundamental para la traducción y difusión de la literatura norteamericana en España. Este interés respondió a un creciente apetito por las corrientes literarias internacionales, en especial las provenientes de Estados Unidos, cuyo auge estuvo marcado por la influencia de movimientos como el posmodernismo y el realismo sucio[102].

Durante estas décadas, las editoriales españolas desempeñaron un papel crucial en la introducción de autores norteamericanos en el mercado hispanohablante. Entre algunos de los autores más destacados dentro de la corriente del realismo sucio encontramos a Raymond Carver y Charles Bukowski, quienes ganaron gran popularidad en España gracias a sus obras que reflejaban con crudeza la vida cotidiana y las tensiones sociales de la época. Algunas de las editoriales que lideraron la traducción de estos autores fueron Anagrama y Alfaguara; la primera cuenta en su catálogo con numerosas traducciones de la obra de ambos autores: de Carver cuenta, por ejemplo, con *Catedral* (1986), *De qué hablamos cuando hablamos de amor* (1987), o *Short Cuts* (1994); y de Bukowski ofrece obras como *Hollywood* (1989), o *Pulp* (1994).

Además de las novedades literarias, las editoriales españolas apostaron por la reedición de clásicos norteamericanos como Fitzgerald, Faulkner y Steinbeck (las traducciones de las obras de Fitzgerald en este período se tratarán más adelante). Esta literatura proporcionaba a las generaciones nuevas de escritores españoles una narrativa más clásica y menos experimental, más cercana a las corrientes decimonónicas, de gran influencia para escritores como Antonio Muñoz Molina o Jesús Ferrero.

Los años ochenta y noventa continuaron siendo testigo del esplendor de la ciencia ficción en España, por lo que editoriales como Minotauro se decantaron por la traducción de la obra de Philip K. Dick, Ursula K. Le Guin o Ray Bradbury. Por último, la década de los ochenta fue especialmente importante para la traducción de la generación *beat*, como las obras de Jack Kerouac y Allen Ginsberg, que fueron publicadas y promovidas por editoriales como Anagrama. El éxito de estos autores en nuestro país podría deberse a que sus obras conectaron con un público joven que buscaba en la literatura un reflejo de sus inquietudes.

En síntesis, la traducción de la literatura norteamericana se consolidó como un segmento clave del mercado editorial, marcando tendencias y estableciendo nuevas líneas estéticas y narrativas. Estas traducciones no solo respondieron a un interés cultural, sino que también se adaptaron a un público cada vez más globalizado y ávido de descubrir otras realidades a través de la ficción. En cuanto a las lenguas cooficiales, si bien la mayoría de las traducciones de literatura norteamericana se realizaron al español, hubo un incremento progresivo en la traducción de estas obras al catalán, gallego y euskera, aunque en menor escala. Esta tendencia estuvo apoyada por políticas culturales autonómicas que incentivaron la producción editorial en dichas lenguas, promoviendo no solo autores locales, sino también la adaptación de literatura universal. Por consiguiente, se podría concluir que estas décadas fueron una etapa de gran efervescencia en el ámbito de la traducción literaria, permitiendo a los lectores españoles acceder a una amplia gama de voces norteamericanas que enriquecieron el panorama cultural y literario del país.

5.1.2. Narrativa española y la influencia norteamericana

La narrativa española de las décadas de los ochenta y los noventa experimentó una profunda transformación estilística y temática, enmarcada en el contexto de la consolidación democrática y la integración cultural europea. Este período se caracterizó por la diversificación de géneros, la exploración de nuevas formas de narrar y una mayor apertura a influencias internacionales, destacándose especialmente la narrativa norteamericana como una de las corrientes más influyentes en los autores españoles contemporáneos.

El fin del Franquismo y la Transición democrática permitieron a los escritores una mayor libertad creativa, reflejada en una narrativa menos encorsetada por los dictados ideológicos. A la vez, el auge del mercado editorial y la proliferación de traducciones literarias facilitaron el acceso a una amplia variedad de influencias extranjeras. Entre las principales tendencias narrativas de este período se podrían destacar la posmodernidad y la experimentación formal, caracterizadas por la intertextualidad, la fragmentación y el cuestionamiento de los límites entre géneros. Como ejemplos podemos citar a Javier Marías y Antonio Muñoz Molina, quienes incorporaron elementos del realismo psicológico y el análisis introspectivo, influenciados por novelistas norteamericanos como Henry James, cuya obra se estaba redescubriendo en España. Además, figuras contemporáneas como Paul Auster y Don DeLillo influyeron en el interés por los temas urbanos, el azar y las reflexiones metafísicas.

Por otra parte, la narrativa histórica también se hizo un hueco en la literatura española del momento: la exploración del pasado reciente, principalmente en relación con la Guerra Civil y el Franquismo, se enriqueció con la influencia de la narrativa norteamericana, especialmente con autores como Faulkner, con su habilidad para tratar la memoria y la historia desde perspectivas fragmentadas, dejaron una huella en escritores como Luis Mateo Díez y Antonio Muñoz Molina. Este

último, en obras como *El jinete polaco* (1991), aborda el peso de la memoria individual y colectiva con un estilo que dialoga con el modernismo norteamericano. La
influencia del realismo minimalista norteamericano, de prosa austera y directa,
como, por ejemplo, la de los autores Raymond Carver y Richard Ford, fue determinante para escritores como Juan José Millás y Julio Llamazares, quienes adoptaron
un estilo contenido y evocador para narrar historias íntimas y cotidianas. Esta tendencia también se refleja en Eduardo Mendoza, quien, en obras como *La verdad
sobre el caso Savolta* (1975, pero aún influyente en los ochenta), explora con ironía los
entresijos de la sociedad urbana.

Por último, a finales de los ochenta y principios de los noventa emergió una
nueva generación de escritores influidos por la contracultura norteamericana: Ray
Loriga y José Ángel Mañas reflejaron en sus obras la estética y los valores de la llamada "generación X", caracterizada por un tono desencantado y referencias a la cultura
pop. Dentro de esta categoría, encontramos obras como *Historias del Kronen* (1994), de
José Ángel Mañas, que incorporaron una narrativa fragmentada y directa, evocando la
inmediatez de escritores como Bret Easton Ellis.

Como conclusión, la narrativa española de los años ochenta y noventa no solo
consolidó su identidad a nivel nacional, sino que también se enriqueció con influencias internacionales, destacando la literatura norteamericana como una de las más
decisivas. Esta interacción permitió a los autores españoles renovar sus formas de
narrar y abordar temas universales, estableciendo un diálogo fructífero que contribuyó
a la proyección internacional de la literatura española.

A pesar de que la influencia de Fitzgerald en la narrativa de nuestro país ha
sido menos directa que la de otros autores anglosajones como Hemingway o Faulkner,
sus contribuciones literarias han permeado la literatura española, especialmente en los
temas, estilos y enfoques narrativos de algunos autores contemporáneos, al igual que
también ha influido indirectamente a través de su impacto en el cine y la cultura popular. Las adaptaciones cinematográficas de sus obras, en especial *El gran Gatsby*, han
sido una puerta de entrada para nuevas generaciones de lectores y escritores que in-
corporan su visión del "sueño americano" y su exploración de grandes temas universales, como el amor, la ambición, la decadencia o la nostalgia.

5.2. Novelas

Como hemos podido observar, los primeros años de la década de los ochenta fueron
testigo del comienzo de la consagración de Fitzgerald en España. A partir del año
1982 en adelante se consolidaría el escritor en nuestro país y, para así demostrarlo, en

este capítulo se llevará a cabo un análisis de algunas publicaciones en la prensa que así lo refleja, a modo de visión global.

En primer término, nos centraremos en las novelas, que iremos repasando en orden según el número de ediciones y reediciones entre 1983 y el 2000. Comenzaremos con *El gran Gatsby*, que es la que cuenta con un mayor número de ediciones. Hasta 1982 fueron tres las editoriales españolas que la publicaron: Plaza & Janés, Edicions 62 (en catalán) y Círculo de Lectores. La traducción de E. Piñas de la primera edición de *El gran Gatsby* y la de Ramón Folch i Camarasa al catalán son las dos con las que se contaban hasta entonces.

Habrá que esperar a 1983 cuando la editorial madrileña Alfaguara edita la novela con la traducción de José Luis López Muñoz, quien tradujo por primera vez *Hermosos y malditos* en 1981 para Bruguera. A esta editorial se unirán Editorial Orbis (Barcelona), Igela (Pamplona), Ediciones Trabe (Oviedo) y Unidad Editorial (Madrid) en publicar *El gran Gatsby*; en total, fueron ocho las editoriales que publican la novela entre 1953 y el 2000. Además, para la edición de 1988 Círculo de Lectores contó con Mario Vargas Llosa como prologuista, evidenciando la relevancia de la novela en nuestro país. "Un castillo en el aire" es el título del análisis que ofrece Vargas Llosa sobre la novela, que más tarde incluiría en su obra *La verdad de las mentiras* (1990), junto con otros veinticuatro ensayos sobre algunas de las novelas más destacadas del siglo XX. En ella, Vargas Llosa presenta su perspectiva sobre la novela y analiza en profundidad las características distintivas de la consagrada obra. En su reflexión, el autor expone su interpretación sobre la perdurabilidad de la novela en la literatura universal:

> Aunque no sea lo bastante compacto y misterioso para ser genial, es un bello libro, que ha conservado intacta su frescura, y al que el tiempo corrido desde su aparición, en 1925, ha conferido el valor de símbolo de lo que fue la irregularidad e impremeditación de la vida en una época de alegre irresponsabilidad y decadente encanto (27).

Los personajes son indudablemente una pieza clave en la historia de Fitzgerald, y de su protagonista Vargas Llosa comenta que "por su manera de encarar la realidad, huyendo de ella hacia una realidad aparte, hecha de fantasía, [...] Jay Gatsby no es un hombre de carne y hueso, sino literatura pura"; de Daisy opina que también "es un personaje deliciosamente inmaterial, una linda mariposa que revolotea, indiferente, por una vida que es para ella sólo forma, superficie, juego, diversión". A estos personajes se le suman Nick Carraway, "generoso intermediario", Tom Buchanan, de "simple estupidez y mediocridad", y los más secundarios Jordan Baker y Meyer Wolfsheim, quienes ayudan a completar una novela "muy escrita y muy soñada", donde Fitzgerald traza hábilmente un "mundo frágil, engañoso, de bellas apariencias, como una alegre fiesta de disfraces en la que las refinadas máscaras y los rutilantes dóminos ocultaran muchos monstruos y espantos".

Para finalizar el ensayo, Vargas Llosa presenta la falta de un final contundente como rasgo característico de la literatura de Fitzgerald, y del siguiente modo expone este aspecto de la novela:

> Como todos los relatos y novelas que Scott Fitzgerald escribió, esta ficción también nos da la impresión de haber quedado inconclusa, de que alguien o algo faltó para darle esa esfericidad suficiente y compacta de las obras maestras. Pero la inconclusión, en *El gran Gatsby*, tiene una razón de ser, pues es también atributo del mundo que describe, de los seres que inventa. En éstos [sic] y en aquél [sic] hay un vacío, algo que no llegó a cuajar del todo, que se quedó a las puertas del horno, una indefinible sensación de que la vida entera se quedó a medio hacer, que se escurrió de las manos de la gente cuando iba a ser una vida plena y fértil. ¿Es el secreto del éxito de *El gran Gatsby* haber mostrado en una ficción el inacabamiento [sic] de una época, su romántica condición de promesa incumplida? ¿O lo que Scott Fitzgerald encarnó en la inconclusión de su historia fue su propio destino, de joven príncipe de la literatura que no llegó a rey? La respuesta justa es tal vez afirmativa para ambas preguntas. Porque, en su caso particular, el genio precoz que escribió *A este lado del paraíso*, premonición de una futura obra maestra que nunca hizo, prefiguró trágicamente el tiempo en que su anunciado talento se desperdició y frustró, un tiempo que, a fin de cuentas, no fue otra cosa que el palacete de Gatsby: un castillo en el aire (29).

A las ediciones anteriormente mencionadas se les suman las llevadas a cabo por Igela y Ediciones Trabe que versaron la novela en euskera y asturiano respectivamente (la primera edición en gallego, *O gran Gatsby*, la realizó la editorial Ir Indo en 2002); la primera, *Gatsby handia*, en 1990 a manos del escritor y traductor Xabier Olarra, y la segunda en 1998 por el profesor y traductor Alfonso Velázquez. Por último, para la edición del 2000 Círculo de Lectores incluyó un prólogo de Justo Navarro, quien ha traducido numerosos relatos de Fitzgerald[103] y quien, además, escribió en 1996 un extenso artículo, que trataremos más adelante, en la revista *Letra Internacional* en conmemoración del centenario del nacimiento del escritor.

Desde 1983 hasta el 2000 se llevan a cabo un total de dieciocho ediciones y reediciones de *El gran Gatsby*, por lo que se podría concluir que la novela se consagra como una de las más importantes dentro de la literatura norteamericana en España. A modo de ilustración analizaremos brevemente algunas reseñas significativas de este período.

De la primera edición de Alfaguara, de 1984, *El Adelantado de Segovia* publica una breve reseña resaltando la traducción de José Luis López Muñoz (hasta la fecha solo se contaba con la traducción de E. Piñas al español) y la que es "una de las novelas más representativas del escritor norteamericano".

El siguiente artículo, publicado en *ABC Cultural*, data de 1999, con motivo de la edición llevada a cabo por Unidad Editorial, y está firmado por el escritor Jesús Ferrero.[104] Bajo el título de "La muerte del héroe americano", Ferrero realiza un análisis pormenorizado de *El gran Gatsby*, dejando de manifiesto sus conocimientos sobre la obra. Incluye detalles que pueden pasar desapercibidos en una primera lectura de la novela, como, por ejemplo, la interpretación de la palabra que Nick califica de "obscena" y que, aunque en la novela no se llega a nombrar, en la adaptación de Jack Clayton, su guionista, Francis Ford Coppola, interpretó como "mierda". Según Ferrero, Fitzgerald deja en el aire una posible homosexualidad de Gatsby, y de Nick ("una homosexualidad poco ejercida, como ocurre con la homosexualidad de Nick"), ya que muy probablemente esa palabra garabateada por unos chicos fuera "maricón". Asimismo, Ferrero formula la siguiente pregunta con respecto a esta idea: "¿Qué sabemos de Gatsby? Sabemos que le gusta Daisy. O mejor: sabemos que la necesita. Pero, ¿le gustan de verdad las mujeres? ¿Demuestra alguna vez verdadero deseo hacia ellas, deseo carnal, real, explícito?". El artículo gira principalmente en torno a esta idea de la posibilidad de un Gatsby gay (con insinuaciones como el juego de palabras que presupone Ferrero entre "Jay Gatsby" y "Gay Gatsby") y, por lo tanto, introduce en el estudio de la novela una lectura novedosa que podría cambiar el concepto de su héroe, o, más bien, de su antihéroe, como concluye Ferrero del siguiente modo:

> Todo lo dicho convierte a Gatsby en un héroe antirromántico, en contra de todas las ingenuidades seudosicológicas y seudomorales que se han vertido sobre él y sobre una novela que, también en contra de lo que se había dicho de ella, tuvo un éxito muy relativo en América y ninguno en Inglaterra, quizá porque sólo la supo leer [T.S.] Eliot (y ya fue mucho) (27).

Con estas palabras el crítico denuncia las interpretaciones que han simplificado a Gatsby, atribuyéndole ingenuamente motivaciones psicológicas o morales idealizadas. Esta crítica podría extenderse a la tendencia a leer a Gatsby como un personaje enteramente noble, ignorando los aspectos oscuros y contradictorios de su carácter. En efecto, estas interpretaciones tienden a justificar las acciones de Gatsby como producto de un trauma emocional o a presentarlo como un mártir del amor o del sueño americano. En cambio, Ferrero sugiere que la novela pone en cuestión precisamente esos valores, presentándolos como ilusiones vacuas y propone la interpretación de Gatsby como "héroe antirromántico" porque su búsqueda está fundamentada en el materialismo y la obsesión, más que en la pureza del amor. La reconstrucción de su relación con Daisy es un intento desesperado de otorgar sentido a su vida a través de un ideal vacío.

En resumen, Ferrero, con su aguda reflexión, replantea el significado de *El gran Gatsby* y de su protagonista, alejándolos de lecturas idealizadas. La obra, bajo esta óptica, se transforma en una crítica mordaz a las ilusiones del sueño americano y a los valores superficiales de la sociedad de los años veinte. Además, su comentario sobre la recepción de la novela recalca la importancia del tiempo y de la mirada crítica para redescubrir el verdadero valor de un texto literario.

Un año más tarde, *ABC Cultural* publicó otro extenso artículo sobre *El gran Gatsby*, esta vez firmado por Carlos Fuentes.[105] El autor repasa algunos de los temas principales de la novela: la idea de héroe social, en contraposición al héroe tradicional, y su tendencia "arribista" y de "self-made man", "prototipo de la cultura norteamericana"; su narración en primera persona, que dota a la novela de "un observador objetivo y distante"; y "la conjunción perfecta del sueño y de la pesadilla norteamericanos", una combinación de ideas ampliamente tratada en la cultural norteamericana. Fuentes hace referencia a la popularidad de la novela al afirmar que "*El gran Gatsby* es generalmente considerada la mejor novela norteamericana del siglo XX", y que, aunque haya "faulkerianos irredentos", como él mismo, o "adalides" de Hemingway, "en una votación general, *Gatsby* ganaría el Óscar literario". Con esta afirmación del reputado escritor queda de manifiesto la fama y respeto de los que gozaba Fitzgerald en el año 2000 y, a pesar de que "el sueño" de Fitzgerald "ha muerto", su literatura, y especialmente *The Great Gatsby*, estaban más vivos que nunca.

Suave es la noche podría considerarse la segunda novela de mayor fama de Fitzgerald, y así lo demuestran las seis ediciones y reediciones que se llevaron a cabo en España en el período que nos atañe, que, aunque lejos de las dieciocho de *El gran Gatsby*, son superiores al resto de sus novelas, como veremos más adelante. La adaptación cinematográfica de 1962 se emitió en numerosas ocasiones durante los años ochenta, lo que también promocionó la novela entre el público español.

Cabe recordar que la primera edición de la novela en España tuvo lugar en 1963, a la que le siguieron cuatro más, incluida la edición en catalán de 1968. Hasta 1983 solo dos editoriales publicaron *Suave es la noche*, Plaza & Janés y Edicions 62, con dos traducciones, la española de Marcelo Cervelló y la catalana de Terenci Moix. De las seis ediciones de entre 1983 al 2000 destaca la de Alfaguara de 1990, con las reediciones de 1993 y del 2000. Esta editorial contó con la traducción de Rafael Ruiz de la Cuesta, quien tradujo *Los relatos de Basil y Josephine* en 1977 para Alianza Editorial. En 1995 la editorial barcelonesa RBA, en su colección Clásicos del siglo XX, publicó *Suave es la noche*, con la traducción de Ruiz de la Cuesta, sumando un total de cuatro editoriales que editaron esta novela.

Con el fin de ilustrar una opinión argumentada, aunque más bien desfavorable, de *Suave es la noche* en estos años, tomaremos como ejemplo un amplio artículo publicado en *El Periódico del Común de La Mancha* en 1993, a raíz de la segunda edición de Alfaguara de la novela. El artículo, firmado por el periodista Andrés Hurtado, comienza repasando algunos de los detalles más significativos de la biografía de Fitzgerald y destaca que "casi todo lo que publicó fue llevado al cine". En efecto, como se ha visto anteriormente, las adaptaciones cinematográficas tuvieron, en general, una buena acogida y supusieron un trampolín para la fama de Fitzgerald en la cultura popular.

En cuanto a la novela, Hurtado se muestra displicente al afirmar que "lo mejor [...] es el título", el cual "es hermoso y prometedor (y más cuando va acompañado de un nombre que actualmente goza de un gran prestigio literario: Francis Scott Fitzgerald), pero lo que hay detrás de él defrauda lamentablemente". El crítico añade que la versión original escrita por el escritor norteamericano no seguía un orden cronológico, que en cambio sí tiene las versiones modificadas por Malcolm Cowley, ya que esta parecía ser la intención de Fitzgerald antes de morir, y que "afortunadamente" la edición de Alfaguara respeta. Según Hurtado, esta disposición no lineal de los hechos "introduce ciertos elementos de dramatismo e intriga que es de temer que ha echado a perder la absurda labor de Cowley". Otro aspecto que reprueba el crítico es el narrador, a quien califica de "redundante e irritantemente confidente, que le proporciona al lector explicaciones de todas clases y que constantemente está inmiscuyéndose en la acción y opinando sobre todo". Continúa la crítica del narrador de la siguiente manera: "[...] esta tendencia del autor a entrometerse en los actos de sus personajes deja carentes de sentido ciertos recursos técnicos (sobre todo el monólogo interior) introducidos en la novela".

De su temática Hurtado asevera que la novela presenta "un mundo superficial y conservador, mucho más sentimental que romántico", y afirma tajante que "la prolijidad rompe continuamente el ritmo narrativo [...] y transmite una detestable sensación de autocomplacencia", produciendo en el lector una sensación de "estar leyendo algo completamente gratuito". Tampoco parece aprobar el estilo que despliega Fitzgerald en *Suave es la noche*, que tacha de pretencioso, nutrido "de imágenes presuntamente ingeniosas, profundas y brillantes que en ciertos momentos traspasan la barrera de la cursilería". A esto se une, según Hurtado, una traducción saturada de frases enrevesadas y pomposas, como, por ejemplo, "aparcó bruscamente sus pequeñas posaderas en una silla sobre la que había un cojín de tela plateada". Por último, concluye esta reseña con la siguiente observación: "[...] la novela se lee sin mayores dificultades y puede que sea entretenida y amena si no se le exige nada más".

En conclusión, estamos ante una reseña escrita con detenimiento y conocimiento de la obra que, tras un breve resumen de los datos biográficos más manidos de Fitzgerald, muestra las que serían para el crítico algunas de las deficiencias de la cuarta novela del escritor. Algunas novedades con respecto a reseñas anteriores de esta novela es que no es una reseña plana e insustancial en la que se limita a aportar un resumen de la trama, si no que analiza de manera detallada distintos aspectos de la historia, mostrándose crítico con algunos de ellos, proporcionando así una visión más personal y subjetiva que en otros casos.

Hermosos y malditos la editó por primera vez en España Bruguera en 1981; anteriormente, en 1973, la editorial Rodas había publicado la edición argentina titulada *Los malditos y los bellos*. Bruguera la volvería a editar los siguientes tres años, en 1982, 1983 y 1984, y en 1986 la editaría Plaza & Janés. Esta novela no volvería a editarse hasta el año 2002, en esta ocasión por la editorial Debolsillo, que siguió contando con la traducción de José Luis López Muñoz, como las dos editoriales anteriores. Por tanto, hasta el año 2000, *Hermosos y malditos* contaba con seis ediciones en total, de cuatro editoriales distintas. La falta de ediciones en los años noventa evidencia la baja repercusión de esta novela, que se podría considerar de las menos relevantes de Fitzgerald. En cambio, las numerosas ediciones de los años ochenta se puedan deber a la novedad que supuso *Hermosos y malditos* en esta década, mientras que en los años noventa se ralentizaron las ediciones del escritor en general, lo que provocó que de muchas de sus obras no se publicaran en esos años.

En términos generales, las reseñas de este período de *Hermosos y malditos* son similares a las analizadas anteriormente. Como ejemplo, esta reseña de 1987, que, coincidiendo con la publicación llevada a cabo por Plaza & Janés, publicó *ABC Cultural* a manos del periodista Luis de Paola, quien concluye su crítica del siguiente modo:

> *Hermosos y malditos* es un escenario burgués, en el que se suceden personajes y acontecimientos en los que el autor entrevió, con profundidad psicológica, humor y sentido poético, el trasfondo de la última experiencia romántica norteamericana. Una novela que es un mundo, como todas las grandes novelas (11).

De Paola, además, añade que "su genialidad [de Fitzgerald] consistió en eternizar su presente, su mundo", es decir, el autor, como muchos otros, destaca el talento del escritor.

Por su parte, *El último magnate*, al igual que *Hermosos y malditos*, fue en un primer lugar editada por Rodas con la edición argentina de la novela, en los años 1972 y 1974. En 1982 llegó la primera edición española de *El último magnate*, llevada a cabo por Bruguera, con la traducción de Jaime Silva, y reeditada en 1984, pero habrá que esperar a 1991 para encontrar otra edición de la novela inconclusa de Fitzgerald, en este caso realizada por Anagrama.

En 1993 el especialista en Fitzgerald Matthew Bruccoli editó una versión nueva de la novela, titulada *The Love of the Last Tycoon*, en la que le dio forma a los diecisiete capítulos originales teniendo en cuenta las anotaciones que había dejado el escritor. Esta versión contó con la traducción de María Lozano Mantecón y la publicó la editorial madrileña Cátedra en 1997, bajo el título de *El amor del último magnate*. En el prólogo la traductora subraya la importancia de esta edición ya que permite una comprensión más profunda de la obra y de las intenciones de su autor.

Fue precisamente en 1997 cuando Cátedra editó por primera vez obras de autores de habla inglesa en su colección Letras Universales, iniciada en 1984: la primera fue *Tom Jones*, de Henry Fielding, seguida por *El último mohicano*, de James Fenimore Cooper. La novela de Fitzgerald fue el tercer título de lengua inglesa de la colección, lo que pone de manifiesto el interés en el escritor del mercado editorial español, probablemente incentivado tras el centenario de su nacimiento el año anterior. Estas obras fueron sucedidas, ya en 1999, por otros clásicos de la literatura norteamericana e inglesa, como *Un yanqui en la corte del rey Arturo*, de Mark Twain, *Relatos. Diccionario del Diablo*, de Ambrose Bierce, *Moll Flanders*, de Daniel Defoe, o *Pamela*, de Samuel Richardson. Hasta el año 2000 Cátedra no edita otra obra de algunos de los componentes de la generación perdida, en este caso *Desciende, Moisés*, de William Faulkner. De hecho, de esta generación de escritores solo editaría *Las uvas de la ira*, de John Steinbeck, en 2005, y *Manhattan Transfer*, de John Dos Passos, en 2018, dejando fuera de su catálogo al prestigioso Hemingway, lo que se podría deber a su intención de ofrecer obras menos editadas en nuestro país. En 2024 se lanza *Ecos de la Era del Jazz y otros ensayos*, con la traducción de Juan Ignacio Guijarro, convirtiéndose en la cuarta obra de Fitzgerald editada por Cátedra.

De la publicación de 1984 se han podido encontrar diversas reseñas de las que se pueden extraer conclusiones parecidas a las anteriores: destacan que sea una novela inconclusa que "a pesar de sus imperfecciones, es la obra más madura de Fitzgerald" y que constituye una de las mejores novelas "que se han escrito sobre Hollywood" (*Diario 16*, 1984).

Por último, la primera novela de Fitzgerald, *This Side of Paradise*, que, a pesar de haber sido una de las primeras en ser editada en España, es la que cuenta con menos ediciones en este período de tiempo y además solo la edita Alianza, en los años 1968, 1971, 1981 y 1984. Hasta 2003 no la vuelve a editar la misma editorial, con la misma traducción de Juan Benet, en su edición El libro de bolsillo. Por otro lado, la primera edición en catalán data de 1984, *Aquest costat del paradís*, publicada por la editorial Grijalbo, con la traducción del poeta Francesc Parcerisas. En 2003 Destino se convertiría en la segunda editorial en editar *This Side of Paradise* en catalán, *En aquest costat del paradís*, con la traducción del poeta Josep Maria Fulquet. Dado que solo se cuenta con la reedición de 1984 no ha sido posible encontrar reseñas de esta edición más allá de algunas referencias en periódicos.

5.3. Relatos y otros

5.3.1. Relatos y *El crack-up*

Las colecciones de relatos que se habían publicado en España hasta 1982 fueron *Historias de Pat Hobby* (Luis de Caralt, 1975) y *Los relatos de Basil y Josephine* (Alianza Editorial, 1977). Estas dos colecciones no contaron con muchas ediciones en los años siguientes, ya que las editoriales se centraron en publicar otras colecciones que resultaban más novedosas, como veremos más adelante.

Historias de Pat Hobby tuvo dos ediciones más hasta el año 2000: la primera en 1990, de Ediciones 29, que contó con la traducción de Ramón Hervás, y la segunda, de 1993, esta vez llevada a cabo por Anagrama, con la traducción de Mariano Antolín-Rato.[106] En cambio, *Los relatos de Basil y Josephine* solo contaron con una reedición más en 1988.

Mientras que estas dos colecciones no tuvieron gran repercusión, *El crack-up* gozó de una mayor popularidad en estos años gracias a las ediciones de Bruguera en 1983 y de Anagrama en 1991 (reeditada en 1998), ambas con la traducción de Antolín-Rato. Hasta ese momento las librerías españolas solo contaban con la edición argentina, titulada *El derrumbe* (Ediciones Rodas, 1975).

De entre las numerosas reseñas que se han encontrado de *El crack-up* en estos años, nos centraremos en dos que reflejan las opiniones más significativas sobre la misma. En primer lugar, de la edición de Bruguera de 1983 Leopoldo Azancot[107] escribió una extensa crítica en *ABC Cultural*. Entre las ideas principales encontramos la de Fitzgerald como testigo de una época, "su vida discurrió en sincronización perfecta con su época, que lo alzó y hundió con ella", y de aquellos años de hundimiento del escritor, en los que "encontrará en sí fuerzas suficientes para enfrentarse con su destino, con sus demonios íntimos, con su decadencia física, e hiciera por primera vez lo que nunca antes osara: olvidarse de sí en aras de su arte", para descubrir "que la vida —aquella vida en cuyo nombre se había dejado arder— no tiene sentido fuera del que le confiere la creación artística". Según Azancot, *El crack-up*, ese conjunto de escritos "biográficos-narrativos", ilustra "con rara acuidad" ese proceso creativo, ofreciendo al lector "un testimonio prácticamente sin parejo en la literatura norteamericana" del siglo XX.

De estos escritos, que "se hacen leer con fascinación", Azancot extrae la siguiente conclusión sobre la creatividad de Fitzgerald:

> [...] se trataba de un escritor centrípeto, [...] su acción creadora se iniciaba con el deslumbramiento ante el hallazgo de un aspecto de la realidad al que podía conferir

espontáneamente un sentido más profundo que el obvio para todos, y que luego, a través de un largo movimiento en torno a su yo, ese aspecto de la realidad entraba en el santuario de su intimidad última y se reflejaba en los espejos allí dispuestos, amalgamándose con otros (4).

En 1998 *La Voz de Albacete* publica una crítica de *El crack-up*, correspondiente a la reedición de ese mismo año por parte de Anagrama, firmada por el escritor y periodista Antonio Magán y titulada "La euforia y el desengaño". En ella, Magán afirma con rotundidad que a Fitzgerald "le fue suficiente vivir los locos años veinte para convertirse en un guiñapo consumido de gloria frenética para morir a los 44 años en el olvido", resultando *El crack-up* en "su testamento". Durante esos años de desencanto y dificultades, el escritor norteamericano "supo que estaba acabado como mito, como ejemplo a seguir y como escritor y dejó de escribir para el público y entonces lo consiguió", ya que "pudo por una vez en su vida mojar la pluma en la tinta de la verdad y parir un clásico". Según Magán, "a Fitzgerald lo atropelló el tren de la fama y sin ambages lo reconoce"; se podría decir que "en *El crack-up* ya no hay dulce y vibrante charlestón". Además, el crítico hace una breve comparación entre Fitzgerald y Hemingway y Dos Passos, quienes "criticaron el estilo personal de Fitzgerald en *El crack-up*, pero creo que fue más por envidia, porque escribía mejor que ellos, que por puro convencimiento". Como conclusión, Magán sostiene que en esta obra Fitzgerald refleja "cómo el crack [sic] del 29 acabó con una generación de soñadores, [...] una pandilla de hedonistas engañados por el primer empujón de euforia de un siglo que rompía el cascarón después de una gran guerra".

Durante estos años las editoriales también mostraron interés en otras obras de Fitzgerald aún inéditas en España, que consistían o bien en colecciones de cuentos completas o simplemente cuentos independientes. Las novedades que tuvieron lugar entre 1983 y el 2000 son las siguientes: *Pizcas de paraíso* (Alianza Editorial, 1983), *El diamant gran com el Ritz* (Edhasa, 1987), *El crucero de la Chatarra Rodante* (Anagrama, 1990), *Babilonaria itzultzea* (Erein, 1996), y *Cuentos* (Alfaguara, 1997). Además, en 1988 el suplemento "Domingo" de *El País* publicó el relato inédito *Una vida plena*, que sacó a la luz por primera vez ese mismo año la revista de la Universidad de Princeton, *Princeton University Library Chronicle*, cuyo título original era *A Full Life*.

Bits of Paradise es una colección de veintiún relatos inéditos de Fitzgerald y Zelda, once y diez respectivamente, publicada por Scribner's en 1973. Alianza Editorial la editó en 1983 bajo el nombre de *Pizcas de paraíso*. Posteriormente, la editaría RBA en 2009 y 2012, pese a tratarse de una colección de poca relevancia. En cuanto a las ediciones españolas del célebre relato *The Diamond as Big as the Ritz*, la primera que se encuentra es la de Edhasa en catalán de 1987. Habrá que esperar a la publicación de *Cuentos 1 y 2* en 1998 para encontrar este relato y *Regreso a Babilonia* en español; este último lo editó dos años antes Erein en euskera. En cambio, la recopilación de artículos *The Cruise of the Rolling Junk*, obra de menor importancia que muchas otras colecciones que no se habían editado aún en España,[108] salió a la venta en 1990 a manos de Anagrama, bajo el título de *El crucero de la Chatarra Rodante*, aunque no volvería a ser editada.

Por último, encontramos *Cuentos 1 y 2*, la antología de relatos más completa Fitzgerald anterior al año 2000, editada por Alfaguara en 1998 y traducida por Justo Navarro. Consiste en dos volúmenes de 44 cuentos ordenados cronológicamente, seleccionados por Matthew Bruccoli, entre los que destacan "El extraño caso de Benjamin Button", "Un diamante tan grande como el Ritz", "El joven rico" y "Regreso a Babilonia".

La Vanguardia publicó en 1998 un extenso artículo sobre esta recopilación, firmado por Robert Saladrigas. En "El mundo perdido de F.S. Fitzgerald" Saladrigas explica que "los cuentos fueron su fuente de ingresos más generosa" y que constituyen "un mural revelador de su talento", aunque, puntualiza el crítico, "el relato fue un recurso para vivir a lo grande y sobrevivir". Por este motivo Fitzgerald se sentía en la obligación de "ofrecer algo vendible a las revistas de gran tirada, de ahí las irregularidades en la calidad de algunos textos". Según Saladrigas, "los relatos [...] han de ser vistos como complementos indispensables de las novelas, pero sólo en contadas ocasiones se sitúan a su misma altura". Para finalizar, el crítico hace un repaso por la bibliografía española disponible hasta la fecha, mencionando la desaparición de la editorial Bruguera y la consiguiente descatalogación de las novelas *Hermosos y malditos*, *El último magnate* y la recopilación de cuentos *El precio era alto* (por entonces estas obras solo las había editado dicha editorial). Saladrigas concluye el artículo aseverando que "algunas ausencias me parecen, sencillamente, lamentables", haciendo referencia a la todavía escasa bibliografía del autor en España.

Por tanto, a modo de conclusión, se podría afirmar que, aun habiéndose consolidado la reputación de Fitzgerald en nuestro país, las décadas de los ochenta y los noventa no fueron especialmente fructíferas en las ediciones de su obra, y, como afirmaba Saladrigas, quedaban muchas obras importantes por editarse, especialmente las colecciones de relatos. Sin embargo, a partir del 2000 se evidencia un claro aumento en el número de ediciones tanto de las novelas como de los relatos, al igual que de biografías y otros estudios; además, la proliferación de las ediciones de los relatos, algunos inéditos, en estos últimos años refleja un mayor reconocimiento de los mismos y el interés que continúa suscitando el escritor en nuestro país.

5.3.2. Biografías

A las cuatro biografías publicadas en España hasta 1982 se le sumarán otras cuatro más hasta el año 2000: *Ansia de amor* (1988), de Scott Donaldson;[109] *Zelda, la vida de Zelda Scott Fitzgerald* (1990), de Nancy Milford; *F. Scott Fitzgerald y Zelda Fitzgerald: Cartas de amor y guerra* (1994); y *Hemingway contra Fitzgerald, auge y caída de una amistad literaria* (2002), de Scott Donaldson. Esta última se ha incluido al tratarse de un estudio sobre otra de las relaciones que más interés ha generado en la vida de Fitzgerald, aquella con Hemingway, el cual pretende esclarecer la compleja amistad que mantuvieron ambos escritores. Entre las mayores novedades se encuentra la correspondencia entre el matrimonio Fitzgerald, que arroja luz sobre la vida íntima del escritor, que tanto interés ha seguido suscitando. Por otro lado, la biografía de Zelda ilustra la gran influencia que ejerció sobre Fitzgerald, tanto en su vida personal como profesional, y la atracción por el escritor en la España de entonces.

De ahí que la editorial barcelonesa Montesinos editara en 1988 la biografía escrita por Scott Donaldson *Fool for Love* (1983), bajo el título de *Ansia de amor*, con la traducción de Ramón Margalef. *La Vanguardia* se hacía eco de esta publicación con el artículo "Scott Fitzgerald: té para dos", del escritor Miguel Dalmau. En él, Dalmau resalta la relación con Zelda, a quien convirtió en "su ideal", dotando a todas sus heroínas de "la audacia, la vivacidad y la sonrisa de Zelda, porque Zelda era la cómplice y la musa con la que Scott había soñado en su adolescencia". El crítico también destaca otra de las grandes inspiraciones de Fitzgerald, el alcohol, su apoyo más fiel en momentos de bloqueo pero que al mismo tiempo lo convertía en "un diablo violento y corrosivo, al que sus amigos dieron por imposible".

Zelda, la vida de Zelda Scott Fitzgerald (Ediciones B, 1990) es, al igual que *Hemingway contra Fitzgerald, auge y caída de una amistad literaria* (Siglo XXI, 2002), un ejemplo más de la fascinación que despertaba la vida personal de Fitzgerald y quienes le rodeaban. El exhaustivo artículo de Robert Saladrigas publicado en *La Vanguardia* en 1990, "Zelda, una historia de vampirismo", evidencia el atractivo del matrimonio Fitzgerald para el lector. En él, Saladrigas reseña la obra de Nancy Milford, publicada originalmente en 1970, en la que se refleja el fuerte carácter de "la bella heroína" de Montgomery: "independiente, segura de sí misma, egoísta y carente de principios morales", como la propia Zelda se describía. Una personalidad gemela a la de Fitzgerald, que los llevó a "construirse y destruirse mutuamente", aunque ella "jamás habría aceptado a Scott si éste [sic] no le hubiera prometido un fastuoso y efímero reinado social desde un trono de cartón".

El objetivo principal de esta biografía es el de dar respuesta a la pregunta de quién era realmente Zelda. Hasta entonces, afirma Saladrigas, "los lectores europeos de posguerra supimos de Zelda a través de la vida de Scott y de sus novelas y relatos" y "descubrimos que ella había sido en realidad la inspiradora del extravagante mundo de contrastes que tan magistralmente reflejó […] pero disponíamos sólo de un testimonio parcial y aún no completo". Aun siendo la perspectiva de ella prácticamente desconocida "era casi obligado sospechar que la importancia de Zelda rebasaba los límites del papel de contrapunto de Scott que le atribuían los mejores biógrafos y exégetas de éste [sic]".

Cuando en 1932 se publicó el libro de Zelda, *Save Me the Waltz*, Fitzgerald se enfureció al considerar que le arrebataba el material que él estaba usando para su laboriosa *Tender Is the Night*; de ahí que le prohibiera volver a escribir sin su autorización expresa, ya que él "es el creador y Zelda, generadora en gran medida del material que ha utilizado en su obra, no tiene derecho alguno a hurtárselo". Según Saladrigas, "Zelda es así víctima de un terrible proceso de vampirización existencial y artístico que no conoce límites". En efecto, Zelda, de gran capacidad artística (previo a su internamiento definitivo en un sanatorio mostró su habilidad en danza, pintura y escritura), se vio relegada a un segundo lugar, puesto que "su suerte estuvo decidida desde que unió su futuro al de Scott, insaciable en el afán de llenar su vida a medio hacer con la ficción de la vida que compartía con Zelda".

En términos generales, la obra reseñada "es una biografía seria, responsable y esclarecedora, que sitúa a los dos protagonistas en sus respectivos y justos lugares" y, concluye el crítico de forma tajante, "ahora sabemos algo más de la estela que Zelda dejó […] es justo que comparta la memoria de los lectores con Scott Fitzgerald, porque sin ella es dudoso que éste [sic] hubiera ocupado el espacio que hoy tiene en la historia de la literatura".

En 1994 la publicación de *F. Scott Fitzgerald y Zelda Fitzgerald: Cartas de amor y guerra* (editorial Grijalbo) afianzaba la popularidad del escritor en España, dando a conocer detalles de su intimidad hasta entonces desconocidos por el público. La correspondencia entre Fitzgerald y Zelda sacaba a la luz otras facetas del mítico escritor norteamericano: en ella se revelan sus inseguridades, decepciones, deudas y adicciones, aunque también están impregnadas del amor y comprensión que se profesaban el uno al otro. Como expone el periodista Valentí Puig en su reseña para *ABC* de ese mismo año, Fitzgerald y Zelda "eran como dos inválidos y todavía se escribían cartas de amor: habían vivido siguiendo todas las instrucciones de un manual de autodestrucción y aún enarbolaban un orgullo original, fruto de la inmadurez perpetua".

En último lugar encontramos *Hemingway contra Fitzgerald, auge y caída de una amistad literaria*, publicada por Siglo XXI de España Editores en el año 2002. La biografía de Scott Donaldson se centra en la amistad y rivalidad, como señalan muchos de los biógrafos de ambos, entre dos de los escritores norteamericanos más influyentes del siglo XX. La periodista cultural Elsa Fernández-Santos la reseñó en *El País* en el 2000, dos años antes de que la obra fuera editada en España, poniendo de manifiesto el atractivo de la figura de Fitzgerald en nuestro país. Como el título del artículo anuncia, "Un libro descifra las claves de la destructiva amistad entre Hemingway y Scott Fitzgerald. Scott Donaldson analiza la relación sadomasoquista que se estableció entre los dos autores", el estudio de Donaldson trata de desentrañar la compleja relación de Fitzgerald y Hemingway. Fernández-Santos se hace eco de algunas de las peculiaridades de esta relación, como, por ejemplo, de las que se podrían considerar los tres vértices fundamentales de su amistad: "literatura, masculinidad y alcohol".

Estos "dos gigantes de la literatura contemporánea" se conocieron en París por primera vez en 1925 y desde entonces mantendrían una relación de luces y sombras, desde la admiración mutua al desdén. Para Donaldson, "el carácter masoquista del autor de *El gran Gatsby* encajó como un guante con las tendencias sádicas del autor de *El viejo y el mar*", quien se jactaba de gustarle hacer daño mientras que a Fitzgerald, según el biógrafo, le gustaba sufrir. Estos rasgos opuestos determinaron una amistad marcada por los alardes de masculinidad de Hemingway, quien despreciaba la presunta debilidad de Fitzgerald, a quien se refería frecuentemente como "mariquita" o "cobarde"; Hemingway tampoco soportaba la devoción de este por Zelda, de quien, según él, se debía de haber deshecho años atrás. Un aspecto que sin duda tenían en común era el abuso del alcohol que, según Fernández-Santos, utilizaban "para espantar sus depresiones y angustias".

A modo de conclusión, la publicación de estas biografías pone de relieve lo atractivo que seguía resultando el mundo de Fitzgerald décadas después de su muerte. Con ellas el lector podía adquirir nuevas perspectivas que le facilitaban la interpretación de la obra literaria de Fitzgerald, tan empapada de sus vivencias. Además, junto a estas biografías hubo otras representaciones de su obra y vida que tanto ayudaron a difundirlas en España: fundamentalmente, las diversas adaptaciones cinematográficas que aún seguían siendo televisadas, entre las que se encuentran *Beloved Infidel* (1959), *Tender Is the Night* (1962), *The Great Gatsby* (1974), *The Last Tycoon* (1976), y *F. Scott Fitzgerald in Hollywood* (1976).

5.4. Relevancia

La revalorización de la obra de Fitzgerald comenzó hacia finales de los años cuarenta en Estados Unidos. A partir de entonces su consagración en la literatura universal se iría dando progresivamente en multitud de países. En España, como hemos visto anteriormente, la valorización del escritor tuvo lugar a partir de los años setenta. Posteriormente, los años ochenta y noventa fueron testigo de la consolidación de su obra, dando lugar a un gran número de ediciones de sus novelas y relatos, al igual que de las numerosas biografías disponibles hasta el momento.

El escritor Robert Saladrigas, quien dedicó extensos artículos a Fitzgerald y su obra, se hace eco del fenómeno del tiempo como "el único garante del verdadero talento" en el artículo "La lujuriosa equidad del tiempo", publicado en *La Vanguardia* en febrero de 1991. En él, Saladrigas reflexiona sobre cómo, tras la fulminante muerte de Fitzgerald en 1940, "su único patrimonio era el fracaso", aunque pronto daría paso a su revalorización posterior contra todo pronóstico. El crítico apostilla que "todo hacía suponer pese a los esfuerzos de unos pocos amigos fieles [...] que estaba irremisiblemente condenado al olvido", puesto que "su época de esplendor había muerto con la falsa euforia de los años del *jazz* y la ley seca"; eran unos años en los que los escritores que triunfaban, como el caso de Hemingway, "en sus obras no definían tanto la sensibilidad y la moral colectiva de una etapa cuanto la fuerza de supervivencia del individuo".

Sin embargo, no solamente se habían recuperado en el medio siglo transcurrido numerosos textos del malogrado Fitzgerald, sino que resultó ser "uno de los escasos autores norteamericanos de aquella generación que se han salvado casi milagrosamente de la rígida criba"; además, muchos de sus textos se han trasladado "con fortuna al lenguaje cinematográfico por la misma industria despótica que se ensañó con él, la bibliografía en torno a su vida y su obra sigue incrementándose hasta el punto de que acerca de Scott lo conocemos prácticamente todo". Ciertamente, en 1991 se había publicado gran parte de su obra, aunque todavía quedaban muchos relatos y colecciones sin editar, que tendrían lugar a lo largo de las dos décadas siguientes.

Con lo que respecta a la actualidad del escritor medio siglo más tarde, según Saladrigas, se debería "a que no sólo invita a leerlo por parte de quienes por primera vez acceden a sus libros, sino que se deja releer gratamente y, al hacerlo y cerrar la última página, uno descubre con cierto asombro que su narrativa conserva intacta la frescura inicial". Como prueba del interés que sigue suscitando, el crítico señala que "el corpus entero de Scott ha sido vertido a nuestras lenguas peninsulares con mejor o peor fortuna". A modo de ejemplos cita una traducción nueva y más fiel de *Suave es la noche* (Alfaguara, 1990), traducida por Rafael Ruiz de la Cuesta, y el ensayo, hasta entonces inédito, *El crucero de la Chatarra Rodante* (Anagrama, 1990), que, a pesar de ser una obra menor, confirma "el secreto" de la permanencia de Fitzgerald, que Saladrigas expone del siguiente modo:

> En primer lugar está primorosamente escrito, como lo están todos sus textos, con irreprochable claridad expresiva montada sobre una estructura serpentina, sin

fisuras. En segundo lugar, el elemento decisivo reside en que los libros de Scott reflejan por un lado los fastos rampantes de un tiempo de opulencia capitalista abierto a todo tipo de frivolidades y excesos, pero por el otro muestra a través de la tragedia que acecha a sus criaturas por el hecho de tener corazón, la profunda infelicidad que condena a los individuos a la autodestrucción (5).

La visión compartida por muchos críticos y lectores de los noventa no se correspondía con la que se mantenía en los años treinta, a lo que Saladrigas hace alusión de la siguiente forma: "Sorprende que a finales de los años treinta […] la sociedad norteamericana considerara que los personajes de Scott eran sencillamente estúpidos y carentes de significación". Esta opinión la compartían algunos escritores reputados de la época, como era el caso de Katherine Anne Porter y Henry Miller, que consideraban que los personajes de Fitzgerald eran demasiado livianos y carentes de interés; una opinión opuesta a la de Saladrigas, quien afirma con asombro que "cuesta hacerse a la idea de que no supieran ver la imagen festiva de los personajes, que en el fondo de su desnudez constituían paradigmas de la angustiada gente, […] víctima sin remisión de este siglo materialista y enloquecido".

Como conclusión, el crítico reflexiona que "quizá las últimas décadas hayan sido favorables a la revaluación de Scott Fitzgerald, en la medida en que de nuevo la sociedad occidental se ha dejado deslumbrar por la ilusión del dinero fácil, la locura de la ostentación, lo frívolo, lo provisional y lo vacuo". Por tanto, Saladrigas trata en este artículo de dar respuesta al atractivo de la obra de Fitzgerald en la actualidad, una obra erigida "en mitología moral de la historia de nuestro tiempo" y un autor que está "venturosamente vivo en la devoción de los lectores".

El 24 de septiembre de 1996, en conmemoración del aniversario del nacimiento del escritor, Terenci Moix le dedicó un amplio artículo en *La Vanguardia*, bajo el título "Con la autoridad del fracaso"[110]. El escritor repasa la obra de Fitzgerald y ofrece al lector algunas reflexiones sobre esta y su vínculo con la vida del autor, teñida por el desasosiego de quien ha vivido una época dorada efímera e irrecuperable. Con el fracaso como eje principal del artículo, Moix se adentra en los momentos más amargos de la vida del escritor, quien "visto desde la perspectiva que da medio siglo de historia, se nos presenta como el cronista de un sueño social efímero, el de la modernidad agresiva".

Desde *This Side of Paradise*, Fitzgerald presentaba "una declaración de principios fatalista", a pesar de haberla concebido como un retrato "optimista y dinámico" de la época. En general, en la obra de Fitzgerald "se hace evidente la capacidad destructora del entorno", retomando una "tradición profundamente americana: el exilio espiritual". Moix también hace referencia a "aquel subjetivismo personal del que tanto se ha acusado a Fitzgerald, es decir, [...] la incapacidad de mantener una distancia estética entre el arte y la vida" que, sin embargo, en muchas ocasiones constituye "un patético revolcón entre la ceniza que confirma que las partes que más nos interesan de Scott son las que le permiten convertir el patetismo en espectáculo y, éste [sic], en testimonio". Víctimas de esa desesperación existencial son sus personajes principales, Jay Gatsby, Dick Divers o Anthony Patch, que "luchaban con la sensación de que al final del éxito siempre les esperaba el fracaso". Hablando "con la autoridad que da el fracaso", concluye Moix, "Scott revela el último secreto de su capacidad de interesarnos".

Letra Internacional también se hizo eco del centenario del escritor en el número 47 de 1996. Los escritores Justo Navarro y Mariano Antolín-Rato, ambos traductores de su obra, le dedicaron los ensayos "El arte de la cursilería" y "Derrotas aceptadas", respectivamente.

Navarro ofrece al lector unas reflexiones sobre el impacto de la narrativa de Fitzgerald en su tiempo, además de hacer un repaso por las características más significativas de sus obras principales, paralelas a su propia historia, que "sigue exactamente la historia de Estados Unidos entre 1920 y 1930: la euforia opulenta de posguerra desembocó en la confusión y la bancarrota". Según el crítico, Fitzgerald escribía "fábulas como quien escribe una autobiografía: como si confundiera vida y fábula, la realidad y los deseos"; efectivamente, fue "la voz de una generación: cuando Fitzgerald contaba sus sueños estaba contando los sueños de sus lectores". De estos sueños Zelda era una pieza fundamental, aquella bella sureña que fácilmente "podía haber pronunciado las palabras de Gloria, protagonista de *Hermosos y malditos*: no quiero vivir sin mi belleza"; el matrimonio Fitzgerald representaba "la nueva moral y las nuevas modas" de los años veinte, aunque sin dejar de ser "dolorosamente conscientes de que las modas son pasajeras".

Entre sus más encomiables logros, apunta Navarro, se encuentra el de haber inventado un mito: "*El gran Gatsby*, la historia del hombre que se crea cara nueva, o cambia de cara o de máscara, para hallar un lugar en el orden del universo". Con esta historia Fitzgerald revela "un mundo engañoso: un mundo que nos hace creer que es posible ser quien quieres ser en los sueños", tal como él mismo había podido experimentar. Lo que continúa haciendo a Fitzgerald vigente, concluye Navarro, es "la rara capacidad" de mostrar "lo cursi, la intimidad de su época, y, a la vez" blandir "el martillo que rompe la cursilería deleznable".

Por otro lado, Antolín-Rato, como también hiciera Moix, pinta un retrato de un escritor "víctima de su leyenda", esa leyenda "de perdedor, fracasado, débil, nostálgico y alcohólico que, sin duda, él mismo alentó; para lamentarlo durante lo que le quedó de vida". Sin embargo, el crítico se lamenta de que en las numerosas biografías del escritor se le reduzca a un simple representante de una generación, y que siempre se resalte que su dificultad de distanciarse de lo que narraba lo convertía en un personaje de sus novelas más que en una persona real, cuando "se merece que se le considere como ese escritor que, según Gertrude Stein, sería leído 'cuando muchos de sus contemporáneos hubieran sido olvidados'". Precisamente una de las preocupaciones fundamentales de Fitzgerald fue la capacidad de "distinguir una emoción sincera de otra que no lo fuera", puesto que, como afirmó el propio escritor, él era "un hombre que podía mentir pero nunca a sí mismo".

La narrativa de Fitzgerald "está llena de vida" y sus personajes, "atractivos, llenos de encanto", "aparecen presentados con una emoción y una intensidad en las frases que sugieren un calor y ternura bastante infrecuentes". Su autor, más allá de simplemente aportar un testimonio de su época, "era capaz de experimentar emociones ingenuas y románticas" y después otorgarles un sentido satírico. A través de Daisy Buchanan, Fitzgerald "ofrece una imagen de la tendencia corrompida de la cultura norteamericana que ha producido un idealismo tan impalpable que perdió contacto con la realidad; y al tiempo, un materialismo tan grosero y duro que resulta inhumano".

Según Antolín-Rato, es precisamente esa capacidad de presentar dos ideas opuestas lo que confiere ironía, "más bien nostálgica", a la narrativa de Fitzgerald: "un lamento enraizado en la forma de sus frases y en la elección de las palabras, en lo adecuado de su expresión, que constituye la clave del tono específico, tan atractivo, de sus escritos". Hacia el final de su carrera, un Fitzgerald agotado escribe los relatos de Pat Hobby, que "demostraban de nuevo una ironía hacia sí mismo y su debilidad; la doble visión realista y romántica que hizo suya", ese "fatalismo que acompaña siempre al moralismo" del escritor.

En último término, el crítico detalla con precisión lo que hace que la obra de Fitzgerald esté más viva que nunca a los cien años de su nacimiento y lo deja patente del siguiente modo:

> Francis Scott Fitzgerald continúa impulsando vida en muchos de sus escritos, siempre apoyados en propias experiencias y emociones que, a veces, el trabajo de escribir impedía llevar a sus últimas consecuencias, pero que arrastran al lector sin necesidad de plantearse por qué continúa con ellos. El estilo de los detalles, el resplandor y movimiento del final de *El gran Gatsby*, o del comienzo de *Suave es la noche*. Las maravillosas aproximaciones y justos fundidos. La ingenuidad honesta del recuerdo, la embarazosa corrección de sus jóvenes. La valentía con que expuso su propio hundimiento que no era tal, en definitiva (67).

CONCLUSIONES

CONCLUSIONES

El objetivo principal de este libro ha consistido en realizar un estudio de la recepción en España de las primeras ediciones llevadas a cabo por editoriales españolas de la obra de F. Scott Fitzgerald. Se ha pretendido dar respuesta a la pregunta de cómo fue recibida la obra en España de un escritor con una carrera profesional tan irregular como fue la de Fitzgerald: comenzó con un éxito fulgurante en 1920 para ver cómo, tan solo cinco años más tarde, su reputación, al igual que las ventas de su tercera novela, *The Great Gatsby*, caían en picado para sumirse en el olvido en el ocaso de su carrera hasta su fallecimiento en 1940.

En términos generales, se puede concluir que la recepción de Fitzgerald en España también fue muy irregular, pero en este caso a la inversa: el escritor pasó de ser un desconocido en los años cincuenta y principios de los sesenta, al menos para el lector común, a ser considerado un excepcional novelista hacia finales del siglo XX. A grandes rasgos, se pueden distinguir dos etapas en la recepción del autor norteamericano en nuestro país: la primera, aquella correspondiente a la década de los cincuenta y sesenta, cuando apenas hay editoriales que se interesen en la edición de su obra, a pesar del resurgir experimentado en otros países, especialmente en Estados Unidos, en las décadas de los cuarenta y cincuenta; la segunda, aquella correspondiente a la década de los setenta y principios de los ochenta, cuando, tras la publicación de las primeras ediciones y reediciones españolas de sus novelas y relatos y los estrenos de las películas *The Great Gatsby* y *The Last Tycoon*, tanto la crítica como el público comienzan a hacerle un hueco entre los novelistas norteamericanos más importantes del siglo.

A continuación, iremos exponiendo las conclusiones específicas que se han podido extraer, las cuales pueden ofrecer posibles explicaciones de la recepción de Fitzgerald en España y los factores que pudieron jugar un papel importante en ella. Estas conclusiones se irán exponiendo de acuerdo con la cronología seguida en este libro, ya que las variaciones en dicha recepción dependen del período en el que se lleva a cabo su estudio.

En primer lugar, es interesante iniciar estas conclusiones haciendo un breve repaso de la recepción de las obras originales del autor. Como hemos apuntado anteriormente, Fitzgerald gozó de un éxito fugaz a principios de su carrera, a raíz de la publicación de *This Side of Paradise* en 1920, que se fue apagando a medida que publicaba sus siguientes trabajos, especialmente a partir de la fracasada obra de teatro *The Vegetable*, de 1923. De esos primeros años en los que "it seemed a romantic business to be a successful literary man" (*The Crack-Up* 69), Fitzgerald pasó a sumirse en un estado de tal frustración y desánimo, tanto en el plano profesional como en el personal, que llegó a escribir en su ensayo "The Crack-Up", en 1936, con tono de derrota, que "I slept on the heart side now because I knew that the sooner I could tire that out, even a little, the sooner would come that blessed hour of nightmare which, like a catharsis, would enable me to better meet the new day" (72, 73). Pocos años después de su muerte, la crítica estadounidense reconocería su talento y pronto señalarían *The Great Gatsby*, como tanto había anhelado el escritor, como una de las mejores novelas norteamericanas del siglo XX.

En España no se editó ninguna de sus novelas hasta 1953, hecho que podría resultar sorprendente, dada la popularidad de la que goza Fitzgerald hoy en día, pero que, como se ha expuesto en el epígrafe de "Otros autores de la generación perdida y su recepción en España", va acorde con las ediciones del resto de escritores norteamericanos de su generación durante la década de los años veinte y treinta en nuestro país. Cabe recordar que la década de los años treinta en España fue un período marcado por las huelgas y sublevaciones que culminaron en la Guerra Civil de 1936, y que, en el panorama literario, se intentó recuperar la tradición realista del siglo XIX, por lo que la narrativa testimonial de los años veinte y treinta de la América de Fitzgerald resultaba muy alejada de la realidad española de entonces, y podría explicar la llegada tardía de su obra a las librerías españolas.

A pesar de que algunas obras de Dos Passos, Faulkner y Hemingway fueron editadas en los años treinta (Steinbeck llegó a España en los años cuarenta), no sería hasta los años cuarenta y, sobre todo, los cincuenta, que se tradujeron sus principales obras. A esto contribuyó en gran medida el reconocimiento que tuvieron estos escritores en vida, y, en el caso de Hemingway y Dos Passos, su conexión directa con España, factores con los que no contaba Fitzgerald para poder resultar de interés en una España más volcada en una narrativa realista, en la línea de Hemingway y Steinbeck, o experimental, como la de Faulkner.

Por las pocas traducciones de obras norteamericanas encontradas durante la España de los años veinte y treinta, correspondientes a las fechas de las publicaciones originales de la obra de Fitzgerald, se podría deducir que la literatura norteamericana apenas tuvo repercusión en nuestro país. Tras un rastreo por el catálogo de la Biblioteca Nacional de España de algunos de los clásicos de la literatura norteamericana, no se ha encontrado ninguna traducción al español correspondiente a los años veinte y tan solo una de los años treinta, por lo que no es de extrañar que la obra de F. Scott Fitzgerald llegara a España tardíamente. Algunas de las obras consultadas son las que se muestran a continuación, en orden cronológico según la fecha de la primera edición en nuestro país: *La letra escarlata* (1930), de Nathaniel Hawthorne; *Las aventuras de Huckleberry Finn* (1944), de Mark Twain; *Aquellas mujercitas* (1950), de Louisa May Alcott; *La ballena blanca* (1953), de Herman Melville; *El rojo emblema del valor* (1971), de Stephen Crane; *Hojas de hierba* (1972), de Walt Whitman; y *El cuervo* (1978), de E.A. Poe.

Este panorama cambió radicalmente a partir de la década de los años cincuenta y sesenta, cuando la literatura norteamericana, con los autores anteriormente mencionados como mayores exponentes, experimentó una gran fama y prestigio mundial. De hecho, desde 1956 hasta 1964 se publicó mensualmente en España la revista *Atlántico: Revista de Cultura Contemporánea*, lanzada por la Casa Americana de la Embajada de los Estados Unidos de América en Madrid. En ella se promovían, entre otras materias, la literatura norteamericana, evidenciando el creciente interés y respeto de los intelectuales españoles por sus exponentes, entre los que todavía no se encontraba Fitzgerald (tras un rastreo por las ediciones digitales de la revista apenas se han encontrado menciones al escritor, y las pocas que hay lo presentan como una figura secundaria).

Además, había un cierto paralelismo entre los exponentes españoles del realismo social y los novelistas norteamericanos, ya que escribían, según Shirley Mangini, "con un realismo sin dogmatismo ni partidismo político, pero con una originalidad y sinceridad contundentes", cuyo éxito, prosigue Mangini, "viene del énfasis en un pueblo en crisis que también refleja su crisis personal" (24).

Sin embargo, Fitzgerald continuó a la sombra de sus compañeros de generación durante esa década de los cuarenta, a pesar de que en Estados Unidos, a los pocos años de su muerte, tuvo lugar un resurgir de su obra. Este hecho se puede deber a que la narrativa de Fitzgerald, a diferencia del resto de la generación perdida, estaba muy alejada, al menos en cuanto a la temática, de la de los escritores españoles de entonces. El realismo social de principios de los años cuarenta tenía como meta denunciar la situación sociopolítica española, donde se vivía un vacío cultural y una desmoralización del arte en general. Como explica Mangini, la literatura de los comienzos del Régimen franquista estaba dividida en "'las dos Españas': por un lado, la España folklórica y optimista [...], y por otro, la España de la miseria, el miedo y la desolación" (16).

Pese a la revalorización en Estados Unidos, donde los titulares anunciaban que "F. Scott Fitzgerald Is Hailed as a New Literary 'Find'11 Years After His Death" (*Hill* 56), y los críticos aseveraban que "now we are catching up; because first class talent is nearly always ahead of critics [...] So here comes Fitzgerald, back from the dead" (*Fineman* 198), parece lógico pensar que las exuberancias de los ricos americanos de los años veinte, unido a la dudosa reputación que tenía el escritor por entonces, no resultaran atrayentes para las editoriales españolas del momento, que tanto tuvieron que luchar contra la represión, censura y aislamiento durante la Dictadura.

A pesar de haber una situación poco propensa a la introducción de autores extranjeros en el país, *The Great Gatsby*, como ya hemos visto, fue traducida y editada en 1953 por la editorial de José Janés, quien fue, junto con otras editoriales vanguardistas (entre las que destacan Luis de Caralt, Seix Barral, Bruguera, Edicions 62, Destino y Planeta), un factor fundamental en la presencia de Fitzgerald en el panorama literario español de mediados del siglo XX; una presencia apenas perceptible, eclipsada todavía por Hemingway y el resto de integrantes de la generación perdida, pero que allanaría el camino a Fitzgerald para hacerse un hueco entre ellos. Así pues, y como se ha visto anteriormente, José Janés, con su empeño férreo en sortear la censura y acercar al lector español a la literatura extranjera, se convirtió en el primer editor de Fitzgerald en España, y el único hasta 1967, cuando Edicions 62 vertió *The Great Gatsby* al catalán.

Janés fue, en palabras de Jorge Herralde, "el editor por antonomasia de la década de los 40 y 50, en las que llevó a cabo una labor impagable en una durísima posguerra, flanqueada por la penuria económica y una censura feroz, que logró ir sorteando con gran imaginación y tenacidad" (qtd. en Mengual 6). La importancia de Janés en la edición de la obra de Fitzgerald durante el período que aquí nos atañe (contamos con siete ediciones y reediciones llevadas a cabo por su editorial entre 1953 y 1982), y en la cultura española en general, es inmensa, y así expresa Mengual el papel tan determinante que tuvo el editor en España:

> [...] no es una exageración decir que la cultura española entre 1939 y 1975 sería otra sin la labor editorial de José Janés, porque si bien es cierto que quizá otros hubieran publicado los libros que él publicó, se hace difícil pensar que alguien hubiera sido capaz de llevar a buen término tal empresa en el breve espacio de tiempo en el que él lo hizo y en las circunstancias propias de una posguerra como la nuestra (7).

Si bien fue un gran avance la labor de Janés al editar *The Great Gatsby* en 1953 y *Tender Is the Night* en 1963, la obra de Fitzgerald pasó prácticamente desapercibida hasta finales de los sesenta. De estas dos ediciones apenas se encuentran reseñas en los principales periódicos y revistas de la época y las pocas encontradas tienden a ser escuetas y a tildar al escritor de "segundón", tras los reputados Hemingway y Faulkner. Además, muchos críticos se seguían haciendo eco de la peor versión de Fitzgerald, perpetuando así la mala reputación que persiguió al escritor en los últimos años de su carrera, aquella de irresponsable y bebedor empedernido. Este aspecto, unido a las temáticas de sus novelas, tachadas de "frívolas" y muy "americanas", no ayudaron a divulgar su obra entre un lector español más interesado en la narrativa realista. Sobre la recepción de Fitzgerald en esa época, Jesús Ferrero, en una entrevista concedida a Xavi Ayén para *La Vanguardia* en agosto de 2021, llamada "Un Fitzgerald nunca visto", comentó que "hasta los años 60 fue considerado un autor menor que escribía para los ricos y famosos, se le lanzaron todos esos tópicos execrables", aunque él afirma tajante que "es un escritor excelente".

La Ley de Prensa e Imprenta aprobada en 1966 flexibilizó, en cierta medida, la labor de las editoriales españolas al relajarse moderadamente la censura y sus restricciones. Por consiguiente, España entró en un período de mayor apertura al extranjero y, por tanto, de un mayor número de ediciones de obras extranjeras. Precisamente, y no por casualidad, desde 1966 hasta 1982 encontramos veinticinco ediciones y reediciones de la obra de Fitzgerald, llevadas a cabo por algunas de las editoriales más punteras del momento en España: Plaza & Janés, Edicions 62, Bruguera, Alianza Editorial, Rodas y Luis de Caralt. Hasta 1967, en España solo se habían editado *The Great Gatsby* y *Tender Is the Night*; sin embargo, los últimos años de los sesenta fueron testigos de la llegada al mercado español de *El gran Gatsby* (en catalán, 1967), *A este lado del paraíso* (1968), *Tendra és la nit* (en catalán, 1968) y *Jovencitas y filósofos* (1969), evidenciando el cambio que se empezaba a experimentar en la edición española y del que también se benefició Fitzgerald.

Además, la prensa, aún con cierto asombro, se empieza a hacer eco de su obra, donde "se evidencia un sorprendente talento" (*El Norte de Castilla*, 1968); España comienza a apreciar al escritor norteamericano, aunque habría aún que esperar algunos años más para su auge definitivo. Ferrero apunta también como posible factor en el interés por la obra de Fitzgerald, y *The Great Gatsby* en concreto, un posible paralelismo entre los años veinte americanos y los años sesenta españoles, ambos prósperos, cuando afirma que "en los años 60 también resucitó porque parecía que la novela hablaba de aquella época, sucede en momentos de vacas gordas" (Ayén 24, 25).

Con la década de los setenta llegó a España una avalancha de material o bien de Fitzgerald o relacionado con él. Con respecto a sus obras, se editaron por primera vez *Historias de Pat Hobby* (1970), *El último magnate* (1972), *Los malditos y los bellos* (1973), *El derrumbe* (1975) (aunque estas tres últimas contaban todavía con la traducción de la edición hispanoamericana), y *Los relatos de Basil y Josephine* (1977); y se reeditaron *A este lado del paraíso* (1971), *Suave es la noche* (1972 y 1978) y *El gran Gatsby* (1974 y 1979). A estas publicaciones hay que añadirle las ediciones de las biografías *Scott Fitzgerald* (1971), *Domingos locos* (1974) y *Francis Scott Fitzgerald, el último Laoconte* (1974). Si bien es cierto que de muchas de estas obras no se han podido encontrar reseñas en las diversas fuentes consultadas, este gran número de ediciones españolas es un claro indicador del interés que estaba despertando Fitzgerald en España.

Entre los factores que pudieron contribuir a este crecimiento en el interés por el escritor en nuestro país cabe mencionar los cambios socioculturales que se estaban experimentando en España a raíz de la nueva política de información iniciada en 1966 y, en general, las nuevas políticas más laxas no aislacionistas, viéndose el país abocado a una apertura gradual al exterior y a la modernización de la economía y la sociedad, como resultado de importantes procesos de transformación de la estructura social (como, por ejemplo, la urbanización, la emigración o la industrialización).

Por lo que respecta al ámbito literario, la narrativa de los setenta, según Víctor F. Freixanes, "profundamente influida por la "nouveau román" [sic], los escritores norteamericanos del 27 y a la búsqueda de nuevas soluciones formales, venía mostrando desde aquella década una clara tendencia a desmarcarse de las modas dominantes en España" (85), y esto, sumado a un interés por una "pluralidad de temas y perspectivas" y una "curiosidad ante el mundo y sus muchas circunstancias" (85), crearon un ambiente literario propicio a una mayor difusión y aceptación de un novelista con un nuevo discurso literario, como era el caso de Fitzgerald.

Por otro lado, para entonces Fitzgerald ya se había consagrado como unos de los grandes novelistas del siglo XX en muchos otros países (en 1963 en un periódico estadounidense, *The Corpus Christi Caller*, el crítico Van Allen Bradley escribía el artículo "From Scott Fitzgerald, A Live Legacy of Letters", a raíz de la publicación de *The Letters of F. Scott Fitzgerald*, donde comentaba que "in the two decades since Fitzgerald's death (Dec 21, 1940), he has grown steadily in stature as critic after critic arose to rank him along William Faulkner and Ernest Hemingway in the gallery of 20th Century immortals"). Por su parte, en España la reputación de Fitzgerald se iba afianzando a medida que llegaban a las librerías más obras de él y sobre él, ya que seguían proliferando en diversos países las biografías y estudios sobre Fitzgerald.

Dada la popularización de la cultura en los años setenta, no sorprende que los estrenos de las adaptaciones al cine de *The Great Gatsby* (1974) y *The Last Tycoon* (1976) impulsaran la fama de Fitzgerald en España, haciéndolo llegar a un público menos académico y especializado, como el que hasta la fecha había mostrado interés en el escritor. Como hemos visto, numerosos periódicos y revistas se hicieron eco de la "moda Gatsby", cuando "la gente se ponía trajes rosados, coincidiendo con la película de Robert Redford" (Ferrero, 2021), y de su creador, y, aunque fue tildada por muchos críticos de "otra tontería para pasar el otoño" (*ABC*, 1974), estas adaptaciones reforzaron el interés editorial en sus obras, dando lugar a las reediciones de *The Great Gatsby* y *The Last Tycoon*, y a nuevas ediciones, como la de *The Crack-Up* y *The Basil and Josephine Stories* (traducidas como *El derrumbe*, según la edición hispanoamericana, y *Los relatos de Basil y Josephine*).

Por último, cabe resaltar el papel fundamental que jugaron en el rescate y valorización del escritor en España algunas de las revistas y periódicos más prestigiosos del país, probablemente en un inicio influenciadas, en cierto modo, por la crítica internacional, que no dudaba en señalar a Fitzgerald como uno de los mejores novelistas del siglo XX. Entre ellas destacan *La Vanguardia*, *Destino*, *ABC* y su revista *Blanco y Negro*, y, posteriormente, *El País*. Estos periódicos y revistas, más otras especializadas, como, por ejemplo, *El Ciervo* o *Cuadernos Hispanoamericanos*, le dedicaron a Fitzgerald y su obra, a manos de críticos reputados y escritores consagrados (como Francisco Umbral, Terenci Moix y Carmen Martín Gaite), extensas reseñas y artículos que alababan el trabajo del escritor y lamentaban su escasa repercusión en el panorama literario español. El "olvido" de Fitzgerald por parte de las editoriales españolas se fue diluyendo a lo largo de la década de los setenta hasta llegar a su consagración en los primeros años de los ochenta, cuando Fitzgerald estaba "más vivo que nunca" (De la Rosa 5).

A principios de los ochenta se llevaron a cabo las reediciones de todas sus novelas, y, al fin, la edición española de *The Beautiful and Damned* (*Hermosos y malditos*, 1981, con la traducción de José Luis López Muñoz), realizada por la editorial Bruguera, y la edición de la colección de relatos *The Price was High* (1979), publicada en 1982 bajo el título *El precio era alto*, a los tres años de la original, dejando de manifiesto que las editoriales españolas consideraban a Fitzgerald un reclamo para el lector español. A estas ediciones hay que sumarle la edición de la minuciosa biografía *Scott Fitzgerald* (1981), de André Le Vot, en ese mismo año, la cual fue reseñada por un considerable número de críticos, promoviendo así no solo la obra sino también la vida del escritor, pero ya no desde un prisma de censura o desaprobación por sus excesos y extravagancias, sino desde la admiración y respeto hacia su persona y trabajo.

Los últimos años que atañen a esta investigación muestran la consolidación, tras un largo y lento camino hacia el reconocimiento, del creador de la que es considerada una de las mejores novelas norteamericanas del siglo XX, *The Great Gatsby*. Como ejemplo de la admiración que despierta la novela actualmente se incluye el siguiente fragmento extraído de la edición de *The Great Gatsby* de 2021 de Siruela, traducida por Jesús Ferrero, quien, en el prólogo, la describió con precisión literaria del siguiente modo:

> Más que un texto construido, esculpido o moldeado, se trata de un texto que flota, que se desliza, que vuela, que se ondula, que sube y baja […] y que deja en el lector una doble sensación: la primera, vinculada a su intensidad emocional, y la segunda, derivada de la melodía incomparable que se despliega por todo el tejido textual, desde la primera hasta la última página, y que perdura en nuestra mente durante

días y días, envolviéndonos en una dimensión dramática, íntima, oscilante y profundamente musical, y en la que podemos volver a entrar en cualquier momento, para sentir de nuevo su magia, resplandeciente e intacta (8).

En resumen, la recepción de Fitzgerald en España, al igual que ocurriera en otros países, aunque de forma más tardía, fue de menos a más, creciendo el interés por su obra gradualmente hasta su consagración como excepcional novelista, dejando en el olvido el fracaso que vivió en los últimos años de su carrera. De hecho, no deja de sorprender pensar que Fitzgerald, de quien no se dejan de publicar trabajos y de reeditar su obra (en 2018 Anagrama editó *I'd Die for You* (2018), colección de relatos inéditos, traducida como *Moriría por ti*), tuviera que lidiar con las críticas y el fracaso y que tardara décadas, al menos en España, en llegar al puesto que ocupa hoy día entre los mejores novelistas del siglo XX.

BIBLIOGRAFÍA

BIBLIOGRAFÍA

OBRAS

Altarriba, Antonio *et al. Los intelectuales y la dictadura franquista. Cultura y poder en España de 1939 a 1975*. Editorial Pablo Iglesias, 2014.

Alvar, Carlos *et al. Breve historia de la literatura española*. Alianza Editorial, 2014.

Álvarez Junco, José y Adrián Shubert. *Nueva historia de la España contemporánea (1808-2008)*. Galaxia Gutenberg, S. L., 2023.

Barranco Ureña, Empar. *Willa Cather: El reverso de la alfombra*. Publicacions de la Universitat de València, 2008.

Basanta, Ángel. *Literatura de la postguerra: La narrativa*. Editorial Cincel, 1981.

Benson, Jackson. *John Steinbeck, Writer: A Biography*. Penguin Books, 1990.

Bradbury, Malcolm y Ruland, Richard. *From Puritanism to Postmodernism: A History of American Literature*. Penguin Publishing Group, 1992.

Brody, Paul. *The Expatriates: Biographies of Lost Generation Writers*. CreateSpace Independent Publishing Platform, 2014.

Brown, David S. *Paradise Lost: A Life of F. Scott Fitzgerald*. Belknap Press, 2017.

Bruccoli, Matthew. *Fitzgerald and Hemingway. A Dangerous Friendship*. Andre Deutsch Ltd, 2003.

---. *F. Scott Fitzgerald: A Life in Letters: A New Collection Edited and Annotated by Matthew J. Bruccoli*. Scribner, 1994.

---. *Some Sort of Epic Grandeur: The Life of F. Scott Fitzgerald*. Hodder and Stoughton, 1981.

---. *The Composition of Tender Is the Night: A Study of the Manuscripts*. University of Pittsburgh Press, 1963.

Casanova, Julián y Carlos Gil. *Breve historia de España en el siglo XX*. Editorial Ariel, 2012.

Cline, Sally. *Zelda Fitzgerald: The Tragic, Meticulously Researched Biography of the Jazz Age's High Priestess*. Arcade, 2012.

Corrigan, Maureen. *So We Read On. How "The Great Gatsby" Came To Be and Why It Endures*. Little, Brown and Company, 2014.

Cortázar, Julio *et al. Las cartas del Boom*. Alfaguara, 2023.

Cullen, Jim. *The American Dream: A Short History of an Idea that Shaped a Nation*. USA: Oxford University Press, 2004.

Culler, Jonathan. *Literary Theory. A Very Short Introduction*. Oxford University Press, 1997.

Dearborn, Mary V. *Ernest Hemingway: A Biography*. Knopf, 2017.

Desmonts, Antonio. *Domingos locos (Scott Fitzgerald en Hollywood)*. Anagrama, 1974.

Donaldson, *Scott. Fitzgerald and the War Between the Sexes: Essays*. Pennsylvania State University Press, 2022.

---. *Ansia de amor. La vida de F. Scott Fitzgerald*. Editorial Montesinos, 1983.

---. *Fool for Love: F. Scott Fiztgerald*. University of Minnesota Press, 2012.

---. *Hemingway contra Fitzgerald: Auge y decadencia de una amistad literaria*. Editorial Siglo XXI, 2002.

---. *Hemingway vs Fitzgerald: The Rise and Fall of a Literary Friendship*. Abrams Press, 1999.

Dos Passos, John. *The Best Times: An Informal Memoir*. Open Road Distribution, 2015.

Eble, Kenneth. *Scott Fitzgerald*. Editores Asociados S.A., 1975.

Ferreras, Juan Ignacio. *La novela en el siglo XX (desde 1939)*. CreateSpace Independent Publishing Platform, 2014.

Fitch, Nöel Riley. *Sylvia Beach and The Lost Generation: A History of Literary Paris in the Twenties and Thirties*. W.W. Norton & Company, 1985.

Fitzgerald, F. Scott. *A este lado del paraíso*. Alianza Editorial, 1968.

---. *El gran Gatsby*. José Janés, 1953.

---. *El gran Gatsby*. Edicions 62, 1967.

---. *El gran Gatsby*. Plaza & Janés, 1974.

---. *El gran Gatsby*. Siruela. 2021.

---. *El último magnate*. Rodas, 1972.

---. *Hermosos y malditos*. Bruguera, 1981.

---. *Historias de Pat Hobby*. Luis de Caralt, 1970.

---. *Jovencitas y filósofos*. Luis de Caralt, 1969.

---. *Los malditos y los bellos*. Rodas, 1973.

---. *Los relatos de Basil y Josephine*. Alianza Editorial, D.L., 1977.

---. *Suave es la noche*. Plaza & Janés, 1962.

---. *Suave es la noche*. Plaza & Janés, 1972.

---. *Tender Is the Night*. Scribner, 1995.

---. *The Crack-Up*. New Directions Publishing Corporation, 1993.

---. *The Great Gatsby*. Scribner, 2013.

---. *The Last Tycoon*. Scribner, 1995.

---. *The Pat Hobby Stories*. Charles Scribner's Sons, 1962.

---. *This Side of Paradise*. Oxford University Press, 2010.

Fitzgerald, Zelda. *Save me the Waltz*. Vintage Classics, 2001.

Freixante, Víctor *et al*. *Doce años de cultura española (1976-1987)*. Ediciones Encuentro S.A., 1989.

Frenk, Susan et al. *A New History of Spanish Writing 1939 to the 1990s*. Oxford University Press, 2000.

Fusi, Juan Pablo. *Espacios de libertad. La cultura española y la recuperación de la democracia (c.1960- c.1990)*. Real Academia de la Historia, 2015.

Geismar, Maxwell. *Writers in Crisis. The American Novel 1925-1940*. Secker & Warburg, 1947.

Goldberg, Ronald Allen. *America in the Twenties*. Syracuse University Press, 2003.

Gurpegui, José Antonio. *Historia crítica de la novela norteamericana*. Editorial ALMAR, 2001.

Hazelgrove, William Elliott. *Writing Gatsby: The Real Story of the Writing of the Greatest American Novel*. The Lyon Press, 2022.

Hemingway, Ernest. *A Moveable Feast*. Arrow, 1994.

Hurtley, Jacqueline. *José Janés, editor de literatura inglesa*. PPU, 1992.

Iser, Wolfgang. *El acto de leer: teoría del efecto estético*. Editorial Taurus, 1987.

Jauss, Hans Robert. *Experiencia estética y hermenéutica literaria*. Editorial Taurus, 1986.

Juliá, Santos *et al*. *La España del siglo XX*. Marcial Pons, Ediciones de Historia, S.A., 2007.

---. *Transición: Historia de una política española (1937-2017)*. Galaxia Gutenberg, 2017.

Keats, John. *The Complete Poetical Works of John Keats*. Boston and New York: Houghton Mifflin, 1900.

Kuehl, John. *F. Scott Fitzgerald. A Study of the Short Fiction*. Twayne Publishers, 1991.

Labrador, Germán. *Culpables por la literatura. Imaginación política y contracultura en la transición española (1968-1986)*. Ediciones Akal, S.A., 2017.

Latham, Aaron. *Crazy Sundays: F. Scott Fitzgerald in Hollywood*. Viking P., 1972.

Le Vot, André. *Scott Fitzgerald*. Argos Vergara, 1981.

Lemus, Encarnación. *Estados Unidos y la Transición española*. Punto de Vista, 2014.

Levine, Robert S. *The Norton Anthology of American Literature*. W.W. Norton and & Company, 2017.

López de Abiada, José Manuel et al. *Entre el ocio y el negocio: industria editorial y literatura en la España de los 90*. Verbum, 2001.

Mangini, Shirley. *Rojos y rebeldes. La cultura de la disidencia durante el Franquismo*. Editorial Anthropos, 1987.

Martín Gaite, Carmen. *El cuarto de atrás*. Madrid: Ediciones Cátedra, 2018.

---. *Entre visillos*. Barcelona: Destino, 2012.

---. *Retahílas*. Madrid: Siruela, 2009.

Martínez Martín, Jesús Antonio *et al. Historia de la edición en España (1939-1975)*. Marcial Pons Historia, 2015.

Mengual, Josep. *A dos tintas. Josep Janés, poeta y editor*. Editorial Debate, 2013.

Millán Jiménez, María Clementa. *Textos literarios contemporáneos: Literatura española de los siglos XX y XXI*. Editorial Universitaria Ramón Areces, 2010.

Miller, James. *F. Scott Fitzgerald. His Art and his Technique*. New York University Press, 1964.

---. *The Fictional Technique of Scott Fitzgerald*. University of Michigan, 1957.

Moret, Xavier. *Tiempo de editores*. Destino, 2002.

O'Nan, Stewart. *West of Sunset: A Novel*. Penguin Books, 2015.

Pedraza, Felipe B. y Milagros Rodríguez. *Historia esencial de la literatura española e hispanoamericana*. Editorial EDAF, 2019.

Pérez Minik, Domingo. *La novela extranjera en España*. Taller de Ediciones JB, 1973.

Pradera, Javier. *La Transición española y la democracia*. Fondo de Cultura Económica de España, S.L., 2014.

Rivas Hernández, Ascensión. *De la poética a la Teoría de la Literatura. Una introducción*. Ediciones Universidad de Salamanca, 2005.

Rollyson, Carl. *William Faulkner Day by Day*. University Press of Mississippi, 2022.

Rosenberg, Emily. *Spreading the American Dream. American Economic and Cultural Expansion 1890-1945*. Hill and Wang, 1982.

Sánchez Vigil, Juan Miguel. *La edición en España. Industria cultural por excelencia*. Ediciones Trea, 2009.

Stein, Gertrude. *The Making of Americans*. Long Dead Editions, 2020.

Suárez-Galbán, Eugenio. *The Last Good Land. Spain in American Literature*. B.V., 2011.

Tate, Mary Jo. *Critical Companion to F. Scott Fitzgerald: A Literary Reference to His Life and Work*. Facts on File. Library of American Literature, 2007.

Taylor, Kendall. *Sometimes Madness is Wisdom: Zelda and Scott Fitzgerald: A Marriage*. Ballantine Books, 2001.

Tusell, Javier. *Historia de España en el siglo XX- 4: La transición demócrata y el gobierno socialista*. Taurus, 2012.

Tusquets, Esther. *Confesiones de una editora poco mentirosa*. Lumen, 2020.

Vaill, Amanda. *Everybody Was So Young: Gerald and Sara Murphy: A Lost Generation Love Story*. Crown, 1999.

Vargas Llosa, Mario. *La verdad de las mentiras*. Seix Barral, 1990.

West III, James L.W. *The Making of This Side of Paradise*. University of Pennsylvania Press, 1983.

Wilson, Edmund. *The Shores of Light. A Literary Chronicle of the Twenties and Thirties*. Farrar, Straus and Young, INC. Publishers, 1952.

PRENSA Y ESTUDIOS

"A este lado del paraíso". *Cuadernos para el Diálogo*, no. 56, mayo de 1968, p. 48.

"A este lado del paraíso". *El Norte de Castilla*, 5 de mayo de 1968, p. 13.

"A este lado del paraíso". *Boletín de la Dirección General de Archivos y Bibliotecas*, no. 105, enero-febrero de 1969, p. 62.

A.S. "'El último magnate', de Kazan". *Hoja del Lunes*, no. 1986, 9 de mayo de 1977, p. 45.

A.Z. "John Dos Passos falleció ayer a los 74 años". *La Vanguardia Española*, 29 de septiembre de 1970, p. 10.

---. "U.S.A. 1922". *La Vanguardia Española*, 26 de mayo de 1972, p. 24.

---. "USA. Algo más sobre Scott". *La Vanguardia Española* 28 febrero 1973, p.59.

Aguado, Lola. "Scott Fitzgerald: 'A este lado del paraíso'". *El Norte de Castilla*, 12 de noviembre de 1974, p. 3.

Alborg, Juan Luis. "Proyección social y personalidad en la novela norteamericana". *La Estafeta Literaria*, no. 188, 1960, p. 1.

Alemán Sáiny, Francisco. "El misterioso Traven". *El Eco de Canarias*, 4 de junio de 1969, p. 12.

Alfaro, José María. "La 'generación perdida' y Gertrude Stein". *ABC Sevilla*, 3 de diciembre de 1974, p. 3.

Alonso, Santos. "Novela en la transición, transición en la novela". *Cuadernos Hispanoamericanos*, 1980, pp. 86-91.

Álvarez, José María. "Historias de Pat Hobby". *Hoja del Lunes*, no. 1672, 26 de abril de 1971, p. 14.

Altamira. "El gran Gatsby". *La Voz de Galicia*, 21 de diciembre de 1974, p. 33.

Ancochea Millet, N. "El caso aparte de F. Scott Fitzgerald". *Destino*, no. 1600, 1 de junio de 1968, p. 50-51.

Antolín-Rato, Mariano. "Derrotas aceptadas". *Letra Internacional*, no. 47, 1996, p. 67.

Arbona, Onofre. "Historias de Pat Hobby". *Diario de Mallorca*, 10 de junio de 1971, n.p.

Armiño, Mauro. "F. Scott Fitzgerald: 'A este lado del paraíso'". *Ínsula*, no. 260-261, julio de 1968, p. 67.

Ayén, Xavi. "Un Fitzgerald nunca visto". *La Vanguardia*, 2 de agosto de 2021, https://www.lavanguardia.com/cultura/20210802/7639015/fitzgerald-nunca-visto.html. Accedido el 17 de agosto de 2023.

Azancot, Leopoldo. "El 'crack-up'". *ABC Sábado Cultural*, 1 de abril de 1983, p. 4.

Bilbao, Félix. "El gran Gatsby". *El Correo Español*, 25 de septiembre de 1974, p. 20.

Bonet, Laureano. "F. Scott Fitzgerald: metáfora de América". *La Vanguardia Española*, 1 de junio de 1972, p. 50.

Bonet Mojica, Luis. "Screenplay by Pat Hobby". *La Vanguardia Española*, 31 de diciembre de 1971, p. 41.

Bradley, Van Allen. "From F. Scott Fitzgerald, A Live Legacy of Letters". *The Corpus Christi Caller*, 1 de diciembre de 1963, p. 31.

Bravo-Villasante, Carmen. "Una minuciosa biografía". *Cuadernos Hispanoamericanos*, septiembre de 1982, pp. 85-87.

Campos-Herrero, Dolores. "Un Scott Fitzgerald inédito en España". *Diario de Las Palmas*, agosto de 1982, p. 8.

Carmona Ristol, Ángel. "Réquiem por Faulkner, el sincero novelista de las pasiones y la niebla". *La Vanguardia Española*, 1962, p. 11.

Cassany, Lluis. "John Steinbeck". *La Vanguardia*, 1979, p. 23.

Castellet, José María. "Hemingway, Premio Nobel 1954". *Revista*, noviembre de 1954, p. 1.

Castillo-Puche, José Luis. "Faulkner". *Blanco y Negro*, 21 de julio de 1962, p. 36.

Clark, John Abbot. "Fitzgerald Still Bustin' Out All Over". *Chicago Sunday Tribune*, 27 de mayo de 1951, p. 125.

D.B. "El gran Gatsby". *El Correo Español*, 20 de octubre de 1974, p. 27.

Dalmau, Miguel. "Scott Fitzgerald: té para dos". *La Vanguardia*, 9 de junio de 1988, p. 49.

Daniel, Frank. "Tender Is the Night". *The Atlanta Journal*, 20 de mayo de 1934, p. 60.

Dasca, María. "La recepción crítica de la obra de John Steinbeck en España entre 1940 y 1964". *Anuari TRILCAT*, 2015, no. 5, pp. 21–34, https://raco.cat/index.php/AnuariTrilcat/article/view/309117.

"De la época de *jazz* a la generación perdida: Scott Fitzgerald, Hemingway: su experiencia española". *ABC*, 21 de enero de 1953, p. 18.

De la Rosa, Julio M. "Scott Fitzgerald". *ABC*, 1981, p. 5.

De Paola, Luis. "Hermosos y malditos". *ABC*, 31 de enero de 1987, p. 11.

Dieterich, Genoveva. "América y los felices años veinte". *El País*, 26 de julio de 1981, p. 5.

---. "La fascinación por la leyenda de Scott Fitzgerald". *El País*, 16 de agosto de 1981, p. 8.

---. "Scott Fitzgerald se consolida como un clásico de la literatura americana". *El País*, septiembre de 1980, p. 22.

Dinneen, Joseph. "Scott Fitzgerald Wrote of the Age of Jazz and Gin". *The Boston Globe*, 23 de diciembre de 1940, p. 24.

Dotor, Ángel. "Breves ensayos críticos. Últimas notas a una gran colección literaria". *Lanza*, no. 12.592, 20 de junio de 1982, p. 12.

E.M. "Libros". *Hoja del Lunes de La Coruña*, no. 822, 11 de marzo de 1963, p. 3.

Ebert, Roger. "The Great Gatsby". *Chicago Sun-Times*, 1 de enero de 1974. https://www.rogerebert.com/reviews/the-great-gatsby-1974. Accedido el 4 de agosto de 2022.

Edwards, Jorge. "Viaje al condado de William Faulkner". *La Vanguardia*, 11 de enero de 1981, p. 28.

"F. Scott Fitzgerald". *The Grand Island Daily Independent*, 24 de diciembre de 1940, p. 6.

"F. Scott Fitzgerald to be Buried in Baltimore". *Fort Worth Star Telegram*, 24 de diciembre de 1940, p. 18.

"F. Scott Fitzgerald: 'A este lado del paraíso'". *La Estafeta Literaria*, no. 395, 4 de mayo de 1968, p. 39.

Fernández-Santos, Elsa. "Un libro descifra las claves de la destructiva amistad entre Hemingway y Scott Fitzgerald". *El País*, 11 de abril de 2000, p. 32.

Fernández Santos, Jesús. "Domingos locos". *El País*, 5 de mayo de 1977, p. 29.

Ferrero, Jesús. "La muerte del héroe americano". *ABC Cultural*, 28 de enero de 1999, p. 27.

Fineman, Morton. "The F. Scott Fitzgerald Story. Tragic Genius Depicted in New Biography". *The Philadelphia Inquirer*, 4 de febrero de 1951, p. 198.

Flanagan, John. "'The Far Side of Paradise: A Biography of F. Scott Fitzgerald.' By Arthur Mizener". *Minnesota History*, vol. 32, no. 2, junio de 1951, p. 115.

Fuentes, Carlos. "'El gran Gatsby' de Francis Scott Fitzgerald". *ABC Cultural*, 15 de abril de 2000, p. 29.

García Guillermo, Julio. "Francis Scott Key Fitzgerald— 'Hermosos y malditos'". *Diario de Lérida*, no. 4,740, 18 de agosto de 1981, p. 10.

García Román, Fernando. "Fitzgerald y el cine: amor y desilusión". *Diario 16*, octubre de 1977, p. 25.

Gimferrer, Pere. "Panorama de libros de cine". *Destino*, no. 1.975, 7 de agosto de 1975, p. 32.

---. "Scott Fitzgerald: el fin de una trayectoria". *Destino*, no. 1.980, 11 de septiembre de 1975, p. 37.

Gomis, Juan. "Fracasos". *El Ciervo*, 1967, p. 12.

Gould, Ray. "Tragic Life of F. Scott Fitzgerald Revealed in Collection 'The Crack-Up'". *The Montgomery Advertiser*, 18 de noviembre de 1945, p. 30.

---. "The Last Novel of Scott Fitzgerald: A Great, Unfinished Masterpiece". *The Montgomery Advertiser*, 18 de enero de 1942, p. 30.

Gullón, Ricardo. "Una leyenda en formación". *Ínsula*, no. 67, julio de 1951, p. 8.

---. "La novela en formación". *Atlántico*, 1955, n.p.

"Hermosos y malditos". *La Nueva España*, 29 de agosto de 1982, p. 31.

Hill, William. "F. Scott Fitzgerald Is Hailed as a New Literary 'Find' 11 Years After His Death". *Evening Star*, 11 de marzo de 1951, p. 56.

"Historias de Pat Hobby". *ABC*, octubre de 1971, p. 55.

"Historias de Pat Hobby". *Boletín de la Dirección General de Archivos y Bibliotecas*, no. 121-122, septiembre-diciembre de 1971, p. 292.

"Historias de Pat Hobby". *La Vanguardia Española*, 15 de abril de 1971, p. 51.

Huasi, Juliá. "Esplendores y ruinas en John Doss Passos". *Cuadernos Hispanoamericanos*, 1981, pp. 67-70.

Hurtado, Andrés. "Suave es la noche". *Periódico del Común de La Mancha*, octubre de 1993, p. 21.

J.L. "Steinbeck ante el mundo". *Blanco y Negro*, 11 de marzo de 1962, p. 54.

J.V.P. "Jovencitas y filósofos". *Blanco y Negro*, 3 de mayo de 1969, p. 103.

Lafont, Antoine. "Historia, psicología, curiosidades". *La Voz de Galicia*, 22 de mayo de 1963, p. 7.

Lahosa, Juan E. "Cine para leer en verano". *El Ciervo*, no. 264, julio de 1975, p. 30.

"La industria de las publicaciones por entregas". *El Libro Español*, no. 289-290, febrero de 1982, p. 80.

"La novela norteamericana. Ciclo de conferencias pronunciadas en el Ateneo de Madrid por don Francisco Indurain, catedrático de Literatura de la Universidad de Zaragoza". *Nueva Alcarria*, no. 736, 31 de enero de 1953, p. 2.

"La Universidad de Princeton publicará un cuento inédito de Scott Fitzgerald". *El País*, 11 de febrero de 1988, p. 46.

"Leer un libro". *El País Semanal*, 18 de septiembre de 1977, p. 4.

"Libros". *La Hoja del Lunes de Barcelona*, no. 2.240, 22 de febrero de 1982, p. 18.

López García, Dámaso. "El hombre unidimensional en Hollywood". *El Diario Montañés*, 5 de febrero de 1982, p. 28.

"Los libros del día". *La Vanguardia Española*, 9 de diciembre de 1953, p. 10.

"Los relatos de Basil y Josephine". *El Diario de Mallorca*, 31 de julio de 1977.

"Los relatos de Basil y Josephine". *El Norte de Castilla*, 23 de septiembre de 1977.

"Los relatos de Basil y Josephine". *El País Semanal*, 19 de noviembre de 1977.

Magadán-Díaz, Marta y Jesús I. Rivas-García. "La industria editorial española: dos décadas clave de transformación y cambio (1996-2016)". *Investigaciones de Historia Económica*, 2021, p. 25-39.

Magán, Antonio. "La euforia y el desengaño". *La Voz de Albacete*, 26 de abril de 1998, p. 66.

Marco, Joaquim. "La novela de un joven rico". *Destino*, no. 1.555, 27 de mayo de 1967, p. 103.

Markey, Gene. "Books and bookmen". *Chicago Tribune*, 2 de marzo de 1924, p. 69.

Martín Gaite, Carmen. "Del narcisismo al desencanto". *Diario 16*, 31 de julio de 1977, p. 15.

Masoliver, Juan Ramón. "No por Nobel, por su costumbrismo". *La Vanguardia Española*, 22 de diciembre de 1968, p. 28.

Mendicutti, Eduardo. "Domingos locos". *La Estafeta Literaria*, no. 562, 15 de abril de 1975, pp. 2077-2078.

"Mercado de sueños". *El Diario 16*, 6 de junio de 1982, p. 9.

"Mesa de redacción". *La Vanguardia Española*, 26 de agosto de 1953, p. 6.

Moix, Terenci. "Con la autoridad del fracaso". *La Vanguardia*, 24 de septiembre de 1996, pp. 49-50.

---. "Scott Fitzgerald en catalá". *Presència*, no. 82, 28 de enero de 1967, p. 5.

Moore, Geoffrey. "Influencia de la literatura americana en Europa desde la guerra". *Atlántico*, no. 10, 1958, p. 5.

Murillo, Eduardo. "La primavera de F. Scott Fitzgerald". *El Diario de Mallorca*, 10 de noviembre de 1977, p. 23.

Navarro, Justo. "El arte de la curselería". *Letra Internacional*, no. 47, 1996, p. 61.

"Una nueva colección de libros de bolsillo". *La Estafeta Literaria* nº 563 1 de mayo de 1975, n.p.

Palomino, Ángel. "Fichas para una computadora buena". *La Estafeta Literaria*, no. 558, 15 de febrero de 1975, p. 19.

Pastor, Miguel Ángel. "Hermosos y malditos', de F. Scott Fitzgerald". *El Norte de Castilla*, 20 de junio de 1982, p. 52.

---. "Letras americanas. 'El precio era alto'". *El Norte de Castilla*, febrero de 1982, p. 23.

---. "Novedades de Plaza y Janés". *El Norte de Castilla*, 12 de abril de 1975, p. 4.

Pérez Pellón, Javier. "Suave es la noche". *El Norte de Castilla*, 3 de julio de 1963, p. 5.

Pessarrodona, Marta. "El millor personatge de Scott Fitzgerald". *Avui*, 22 de agosto de 1981, p. 25.

Piñero Gil, Eulalia. "'I am mad about Spain': la búsqueda de la identidad modernista a través del viaje quijotesto en 'Rosinante to the Road Again' de John Dos Passos". *Revista de Filología de la Universidad de La Laguna*, no. 38, 2019, pp. 185-197.

Plaza, Galvarino. "Paseo por la realidad y el mito: radiografía de un creador y su época. Scott Fitzgerald". *Cuadernos Hispanoamericanos*, no. 384, junio de 1982, pp. 88-89.

Porcel, Baltasar. "El final de la 'generación perdida'". *La Vanguardia Española*, 15 de mayo de 1967, p. 15.

Powers, Murray. "F. Scott Fitzgerald, Once the Ideal Topic for College Youths, Now Dead". *The Akron Beacon Journal*, 29 de diciembre de 1940, p. 50.

Puig, Valentí. "Cartas de amor y guerra (1919-1940)". *ABC*, 9 de septiembre de 1994, p. 14.

Pujol, Carlos. "El gran Gatsby". *La Vanguardia Española*, 2 de abril de 1970, p. 47.

---. "Historias de Pat Hobby". *La Vanguardia Española*, 13 de mayo de 1971, p. 54.

"Los relatos de Basil y Josephine". *El Diario de Mallorca* 31 de julio de 1977: 10.

"Los relatos de Basil y Josephine". *El Norte de Castilla* 23 de septiembre de 1977, p. 4.

"Los relatos de Basil y Josephine". *El País* 19 de noviembre de 1977, p. 12.

"Responso y alabanza de Hemingway". *La Vanguardia Española*, 4 de julio de 1961.

Rojas, Carlos. "Carta a Francis Scott Fitzgerald". *Destino*, no. 2.202, 19 de diciembre de 1979, p. 34.

Sagarra, José María. "Libros y alimentos esenciales". *La Vanguardia Española*, 5 de julio de 1961.

Saladrigas, Robert. "El mundo perdido de Scott Fitzgerald". *La Vanguardia*, 27 de marzo de 1998, p. 42.

---. "Gertrude Stein: un retrato no emotivo". *La Vanguardia*, 10 de abril de 1980, p. 37.

---. "La lujuriosa equidad del tiempo". *La Vanguardia*, febrero de 1991, p. 5.

---. "Un nuevo Hitler". *La Vanguardia Española* 29 octubre 1975, p. 53.

---. "Scott Fitzgerald o el vacío de la inmadurez". *Destino*, no. 1.812, 22 de julio de 1972, p. 35.

---. "Zelda, una historia de vampirismo". *La Vanguardia*, 20 de julio de 1990, p. 3.

Salgado, Enrique. "Dos Passos o la muerte del individuo". *La Voz*, 4 de octubre de 1970, n.p.

Salvador, Tomás. "Adiós al vagabundo escritor, Ernesto Hemingway". *La Vanguardia Española*, 6 de julio de 1961, p. 11.

Sánchez, Esteban. "Scott Fitzgerald". *El Correo Español*, 23 de agosto de 1981, p. 45.

Santos, Dámaso. "Suave es la noche". *El Pueblo Gallego*, no. 18.327, 3 de febrero de 1974, p. 9.

Semprún Maura, Carlos. "Sencillamente una catástrofe". *Diario 16*, 3 de mayo de 1977, p. 22.

Sender, Ramón J. "Evolución, única revolución". *ABC*, 8 de junio de 1977, p. 80.

"Suave es la noche". *El Pueblo Gallego*, no. 13.883, 22 de febrero de 1963, p. 7.

Symons, Julian. "Apostle of Flaming Youth…". *Manchester Evening News*, 8 de noviembre de 1951, p. 2.

Tijeras, Eduardo. "Un escritor: John Dos Passos. Una preocupación: el olor de Nueva York". *ABC*, 29 de septiembre de 1961, p. 27.

Twomey, Lisa A. "La recepción de la obra de Hemingway en España: 'The Old Man and the Sea' como comienzo de un análisis crítico". *Concordia College*, 2008.

"El último magnate". *Diario 16* 21 de octubre de 1984, p. 8.

Umbral, Francisco. "Diario de un snob". *Blanco y Negro*, 12 de octubre de 1974, p. 62.

"'Una vida plena', relato inédito de Francis Scott Fitzgerald". *El País*, 14 de febrero de 1988, p. 54.

Usandizaga, Aránzazu. "Faulkner a estudio". *Cuadernos Hispanoamericanos*, 1981, pp. 130-132.

Utrera, Claudio. "'El gran Gatsby', un film 'bonito', pero vacío". *El Eco de Canarias*, 19 de febrero de 1975, p. 18.

V.D. "'El gran Gatsby', por F. Scott Fitzgerald". *Blanco y Negro*, 16 de noviembre de 1974, p. 74.

ANEXO

ANEXO

Traducciones al español, catalán, euskera, gallego y asturiano de las obras de Fitzgerald publicadas entre 1953 y 2024 en España

Fuente: Catálogo de la Biblioteca Nacional de España

Año	Título	Traductor/a	Editorial
1953	*El gran Gatsby* [*The Great Gatsby*, 1925]	E. Piñas	José Janés (Barcelona)
1963	*Suave es la noche* [*Tender Is the Night*, 1934]	Marcelo Cervelló	Plaza & Janés (Barcelona)
1967	*El gran Gatsby* (ed. catalán) [*The Great Gatsby*, 1925]	Ramón Folch i Camarasa	Edicions 62 (Barcelona)
1968	*A este lado del paraíso*	Juan Benet	Alianza Editorial (Madrid)
1968	*Tendra és la nit* (ed. catalán) [*Tender Is the Night*, 1934]	Terenci Moix	Edicions 62 (Barcelona)
1969	*Jovencitas y filósofos* [*Flappers and Philosophers*, 1920]	Oscar Luis Molina	Luis de Caralt (Barcelona)
1970	*Historias de Pat Hobby* [*The Pat Hobby Stories*, 1962]	Alberto Luis Pérez	Luis de Caralt (Barcelona) Serie: La Torre de Marfil
1971	*A este lado del paraíso* (2ª ed.) [*This Side of Paradise*, 1920]	Juan Benet	Alianza Editorial (Madrid)
1972	*Suave es la noche* [*Tender Is the Night*, 1934]	Marcelo Cervelló	Plaza & Janés (Barcelona)
1972	*El último magnate* [*The Last Tycoon*, 1941]	Boissier & Antonio Skarmeta	Rodas (Madrid)
1973	*Los malditos y los bellos* [*The Beautiful and Damned*, 1922]	Angélica Grau	Rodas (Madrid)
1974	*El gran Gatsby* [*The Great Gatsby*, 1925]	E. Piñas	Plaza & Janés (Barcelona)
1975	*El derrumbe* [*The Crack-Up*, 1945]	Poli Delano	Rodas (Madrid)

1975	*Historias de Pat Hobby* [*The Pat Hobby Stories*, 1962]	Alberto Luis Pérez	Luis de Caralt (Barcelona) Serie: Biblioteca Universal Caralt. Serie Novela)
1975	*Suave es la noche* [*Tender Is the Night*, 1934]	Marcelo Cervelló	Plaza & Janés (Barcelona)
1975	*El último magnate* (2ª ed.) [*The Last Tycoon*, 1941]	Cecilia Boissier & Antonio Skarmeta	Rodas (Madrid)
1977	*Los relatos de Basil y Josephine* [*The Basil and Josephine Stories*, 1972]	Rafael Ruiz de la Cuesta	Alianza Editorial (Madrid)
1978	*Suave es la noche* [*Tender Is the Night*, 1934]	Marcelo Cervelló	Plaza & Janés (Barcelona)
1979	*El gran Gatsby* (2ª ed.) [*The Great Gatsby*, 1925]	E. Piñas	Plaza & Janés (Barcelona)
1981	*A este lado del paraíso* (3ª ed.) [*This Side of Paradise*, 1920]	Juan Benet	Alianza Editorial (Madrid)
1981	*El gran Gatsby* [*The Great Gatsby*, 1925]	E. Piñas	Círculo de Lectores (Barcelona)
1981	*Hermosos y malditos* [*The Beautiful and Damned*, 1922]	José Luis López Muñoz	Bruguera (Barcelona)
1981	*Los relatos de Basil y Josephine* (2ª ed.) [*The Basil and Josephine Stories*, 1972]	Rafael Ruiz de la Cuesta	Alianza Editorial (Madrid)
1982	*El gran Gatsby* (2ª ed.) [*The Great Gatsby*, 1925]	Ramón Folch i Camarasa	Edicions 62 (Barcelona)
1982	*Hermosos y malditos* [*The Beautiful and Damned*, 1922]	José Luis López Muñoz	Bruguera (Barcelona) Serie: Libro amigo
1982	*El precio era alto* [*The Price was High*, 1979]	Marcelo Cohen	Bruguera (Barcelona) Serie: Libro amigo
1982	*El último magnate* [*The Last Tycoon*, 1941]	Jaime Silva	Bruguera (Barcelona)
1983	*El gran Gatsby* [*The Great Gatsby*, 1925]	José Luis López Muñoz	Alfaguara (Madrid)
1983	*Hermosos y malditos* [*The Beautiful and Damned*, 1922]	José Luis López Muñoz	Bruguera (Barcelona)
1983	*El crack-up* [*The Crack-Up*, 1945]	Mariano Antolín Rato	Bruguera (Barcelona)
1983	*Suave es la noche* [*Tender Is the Night*, 1934]	Marcelo Cervelló	Plaza & Janés (Barcelona)
1983	*El gran Gatsby* [*The Great Gatsby*, 1925]	E. Piñas	Orbis, D.L. (Barcelona)

1983	*Pizcas de paraíso* [*Bits of Paradise*, 1973]	Antonio Desmonts	Alianza Editorial (Madrid)
1984	*Aquest costat del paradís* (ed. catalán) [*This Side of Paradise*, 1920]	Francesc Parcerisas	Grijalbo, D.L. (Barcelona)
1984	*El último magnate* [*The Last Tycoon*, 1941]	Jaime Silva	Bruguera (Barcelona)
1984	*Hermosos y malditos* (2ª ed.) [*The Beautiful and Damned*, 1922]	José Luis López Muñoz	Bruguera (Barcelona)
1984	*Suave es la noche* [*Tender Is the Night*, 1934]	Marcelo Cervelló	Plaza & Janés (Barcelona)
1984	*El gran Gatsby* [*The Great Gatsby*, 1925]	E. Piñas	Plaza & Janés (Barcelona)
1984	*A este lado del paraíso* (4ª ed.) [*This Side of Paradise*, 1920]	Juan Benet	Alianza Editorial (Madrid)
1984	*El gran Gatsby* [*The Great Gatsby*, 1925]	E. Piñas	Orbis (Barcelona)
1985	*El gran Gatsby* [*The Great Gatsby*, 1925]	E. Piñas	Orbis (Barcelona)
1986	*Hermosos y malditos* [*The Beautiful and Damned*, 1922]	José Luis López Muñoz	Plaza & Janés (Barcelona)
1987	*El diamant gran com el Ritz* [*The Diamond as Big as the Ritz*, 1922]	Neus Arqués	Edhasa (Barcelona)
1987	*Tendra és la nit* (ed. catalán) [*Tender Is the Night*, 1934]	Terenci Moix	Edicions 62 (Barcelona)
1987	*El gran Gatsby* [*The Great Gatsby*, 1925]	E. Piñas	Orbis (Barcelona)
1988	*Los relatos de Basil y Josephine* [*The Basil and Josephine Stories*, 1972]	Rafael Ruiz de la Cuesta	Alianza Editorial (Madrid)
1988	*El gran Gatsby* [*The Great Gatsby*, 1925]	E. Piñas	Círculo de Lectores (Barcelona)
1989	*El gran Gatsby* [*The Great Gatsby*, 1925]	E. Piñas	Plaza & Janés (Barcelona)
1990	*Historias de Pat Hobby* [*The Pat Hobby Stories*, 1962]	Ramón Hervás	Ediciones 29, D.L. (Barcelona)
1990	*Gatsby handia* (ed. en euskera) [*The Great Gatsby*, 1925]	Xabier Olarra	Igela, D.L (Pamplona)
1990	*Suave es la noche* [*Tender Is the Night*, 1934]	Rafael Ruiz de la Cuesta	Alfaguara (Madrid)
1990	*El crucero de la Chatarra Rodante* [*The Cruise of the Rolling Junk*, 1924]	Enrique Murillo	Anagrama (Barcelona)

1991	El último magnate [The Last Tycoon, 1941]	Jaime Silva	Anagrama (Barcelona)
1991	El crack-up [The Crack-Up, 1945]	Mariano Antolín Rato	Anagrama (Barcelona)
1993	Suave es la noche [Tender Is the Night, 1934]	Rafael Ruiz de la Cuesta	Alfaguara (Madrid)
1993	Historias de Pat Hobby [The Pat Hobby Stories, 1962]	Mariano Antolín Rato	Anagrama (Barcelona)
1993	El gran Gatsby [The Great Gatsby, 1925]	E. Piñas	Plaza & Janés (Barcelona)
1995	El gran Gatsby (2ª ed.) [The Great Gatsby, 1925]	E. Piñas	Círculo de Lectores (Barcelona)
1995	Suave es la noche [Tender Is the Night, 1934]	Rafael Ruiz de la Cuesta	RBA, D.L (Barcelona)
1995	El gran Gatsby [The Great Gatsby, 1925]	E. Piñas	Orbis (Barcelona)
1995	El gran Gatsby (4ª ed.) [The Great Gatsby, 1925]	José Luis López Muñoz	Alfaguara (Madrid)
1996	Babilonaria itzultzea (ed. euskera) [Babylon Revisited, 1931]	Javier Cillero	Erein, D.L. (San Sebastián)
1997	El amor del último magnate [The Love of the Last Tycoon, 1993]	María Lozano Mantecón	Cátedra (Madrid)
1997	El gran Gatsby [The Great Gatsby, 1925]	José Luis López Muñoz	Alfaguara (Madrid)
1998	Cuentos 1 y 2 (recopilación de 44 cuentos)	Justo Navarro	Alfaguara (Madrid)
1998	El gran Gatsby (ed. asturiano) [The Great Gatsby, 1925]	Alfonso Velázquez	Trabe (Oviedo)
1999	El gran Gatsby [The Great Gatsby, 1925]	E. Piñas	Unidad Editorial (Madrid)
2000	El gran Gatsby [The Great Gatsby, 1925]	José Luis López Muñoz	Círculo de Lectores (Barcelona)
2000	Suave es la noche (2ª ed.) [Tender Is the Night, 1934]	Rafael Ruiz de la Cuesta	Alfaguara (Madrid)
2001	El gran Gatsby [The Great Gatsby, 1925]	Julia Martín	Algete (Madrid)
2001	El gran Gatsby [The Great Gatsby, 1925]	E. Piñas	Bibliotex (Barcelona)
2002	Hermosos y malditos [The Beautiful and Damned, 1922]	José Luis López Muñoz	Debolsillo (Barcelona)

2002	El gran Gatsby [The Great Gatsby, 1925]	José Luis López Muñoz	Alfaguara (Madrid)
2002	O gran Gatsby (ed. gallego) [The Great Gatsby, 1925]	Laura Rodríguez Gómez	Ir Indo (Vigo)
2002	Suave es la noche [Tender Is the Night, 1934]	Marcelo Cervelló	Planeta DeAgostini (Barcelona)
2002	Suave es la noche [Tender Is the Night, 1934]	Rafael Ruiz de la Cuesta	El País (Madrid)
2003	El último magnate [The Last Tycoon, 1941]	Jaime Silva	MDS Books/Mediasat (Madrid)
2003	En aquest costat del paradís (ed. catalán) [This Side of Paradise, 1920]	Josep Maria Fulquet	Destino (Barcelona)
2003	El gran Gatsby [The Great Gatsby, 1925]	José Luis López Muñoz	RBA (Barcelona)
2003	A este lado del paraíso [This Side of Paradise, 1920]	Juan Benet	Alianza Editorial (Madrid)
2005	Hermosos y malditos [The Beautiful and Damned, 1922]	José Luis López Muñoz	Debolsillo (Barcelona)
2005	El gran Gatsby [The Great Gatsby, 1925]	E. Piñas	Debolsillo (Barcelona)
2005	Hermosos y malditos [The Beautiful and Damned, 1922]	José Luis López Muñoz	Alianza (Madrid)
2005	Cuentos	Justo Navarro	Punto de Lectura (Madrid)
2007	Flappers y filósofos [Flappers and Philosophers, 1920]	Andrés Barba y Teresa Barba	Velecío (Madrid)
2008	El curioso caso de Benjamin Button [The Curious Case of Benjamin Button, 1922]	Carlos Milla Soler	Lumen (Barcelona)
2008	El gran Gatsby [The Great Gatsby, 1925]	E. Piñas	Debolsillo (Barcelona)
2009	Cuentos de la era del jazz [Tales of the Jazz Age, 1922]	Esther Pérez Pérez	Montesino, D.L (Barcelona)
2009	El curioso caso de Benjamin Button [The Curious Case of Benjamin Button, 1922]	Carlos Milla Soler	Debolsillo (Barcelona)
2009	Contes de l'era del jazz (ed. catalán) [Tales of the Jazz Age, 1922]	Xavier Pàmies	Edicions 62 (Barcelona)
2009	Pizcas de paraíso [Bits of Paradise, 1973]	Antonio Desmonts	RBA (Barcelona)

2009	*Un diamante tan grande como el Ritz* [*The Diamond as Big as the Ritz*, 1922]	Vicente Campos	Navona (Barcelona)
2009	*Los mejores cuentos*	Vicente Campos y Gemma Martínez	Navona (Barcelona)
2009	*El curioso caso de Benjamin Button* [*The Curious Case of Benjamin Button*, 1922] y *Un diamante tan grande como el Ritz* [*The Diamond as Big as the Ritz*, 1922]	Justo Navarro	Punto de Lectura (Madrid)
2009	*El curiós cas d'en Benjamin Button* (ed. catalán) [*The Curious Case of Benjamin Button*, 1922]	Xavier Pàmies	Edicions 62 (Barcelona)
2010	*Contos da era do jazz* (ed. gallego) [*Tales of the Jazz Age*, 1922]	Rafael Salgueiro	Rinoceronte Editora (Pontevedra)
2010	*El gran Gatsby* (ed. catalán) [*The Great Gatsby*, 1925]	Ramón Folch i Camarasa	Lubutxaca (Barcelona)
2010	*El gominola* [*The Jelly-Bean*, 1920]	José Luis Piquero	Navona (Barcelona)
2010	*Cuentos reunidos*	Justo Navarro	Alfaguara (Madrid)
2010	*Tres cuentos románticos (El pirata de alta mar; Cabeza y hombros; La parte trasera del camello)*	José Luis Piquero	Navona (Barcelona)
2011	*Tres historias en torno a Gatsby (Sueños de invierno; Dados, puños americanos y guitarra; Lo más sensato)*	Susana Carral	Rey Lear (Madrid)
2011	*Cómo sobrevivir con 36.000 dólares al año* [*How to Live on $36,000 a Year*, 1924]	Julia Osuna	Gallo Nero (Madrid)
2011	*El gran Gatsby* (1ª ed.) [*The Great Gatsby*, 1925]	Justo Navarro	Anagrama (Barcelona)
2011	*A este lado del paraíso* [*This Side of Paradise*, 1920]	José Luis Piquero	Paréntesis (Sevilla)
2011	*Suave es la noche* [*Tender Is the Night*, 1934]	Rafael Ruiz de la Cuesta	Alfaguara (Madrid)
2011	*El gran Gatsby* [*The Great Gatsby*, 1925]	José Luis Piquero	Paréntesis (Sevilla)
2012	*El gran Gatsby* (1ª ed.) [*The Great Gatsby*, 1925]	Justo Navarro	Sexto Piso (Barcelona)
2012	*El gran Gatsby* [*The Great Gatsby*, 1925]	Justo Navarro	Círculo de Lectores (Barcelona)

2012	La adolescencia de Basil Duke Lee	Susana Carral	Rey Lear (Madrid)
2012	El gran Gatsby (1ª ed.) [The Great Gatsby, 1925]	Susana Carral	El Reino de Cordelia (Madrid)
2012	El crack-up [The Crack-Up, 1945]	Mariano Antolín Rato	Capitán Swing (Madrid)
2012	Pizcas de paraíso [Bits of Paradise, 1973]	Antonio Desmonts	RBA (Barcelona)
2012	El gran Gatsby (1ª ed.) [The Great Gatsby, 1925]	Justo Navarro	Anagrama (Barcelona)
2012	La última belleza sureña [The Last of the Belles, 1929]	Vicente Campos	Navona (Barcelona)
2012	El gran Gatsby (1ª ed.) [The Great Gatsby, 1925]	Miguel Temprano García	RBA (Barcelona)
2013	El gran Gatsby (1ª ed.) [The Great Gatsby, 1925]	José Manuel Álvarez Flórez	Nórdica Libros (Madrid)
2013	Somnis d'hivern; La Bernice es talla els cabells (ed. catalán)	María Causadias	Agde Llibres (Barcelona)
2013	El hundimiento (selección) [The Crack-Up, 1945]	Max Lacruz e Isabel Lacruz	Funambulista (Madrid)
2013	Cartas a mi hija (1ª ed.) [Letters to His Daughter, 1965]	Albert Fuentes	Alpha Decay (Barcelona)
2013	El gran Gatsby [The Great Gatsby, 1925]	Ramón Buenaventura	Alianza (Madrid)
2013	El gran Gatsby [The Great Gatsby, 1925]	E. Piñas	Debolsillo (Barcelona)
2013	El amor del último magnate [The Love of the Last Tycoon, 1993]	Arkadin traductores	Ediciones del Azar, D.L (Madrid)
2013	Hermosos y malditos [The Beautiful and Damned, 1922]	José Luis López Muñoz	Alianza (Madrid)
2014	Basil, el chico más insolente [Basil: The Freshest Boy, 1928]	Alberto Gómez Vaquero	Carpe Noctem, D.L (Madrid)
2014	El último magnate (1ª ed.) [The Last Tycoon, 1941]	Dolors Ortega	Navona (Barcelona)
2014	El gran Gatsby (1ª ed.) [The Great Gatsby, 1925]	Pablo R. Nogueras	Mestas (Madrid)
2014	El gran Gatsby [The Great Gatsby, 1925]	Ramón Buenaventura	Alianza (Madrid)
2014	Plazeraren gau ilunekoak (antología de relatos) (ed. euskera)	Garazi Arrula Ruiz e Iñigo Roque Eguzkitza	Elkar, D.L. (San Sebastián)

2014	*El viatge a l'estranger* (ed. catalán) [*One Trip Abroad*, 1930]	Emili Olcina	Laertes (Barcelona)
2014	*A este lado del paraíso* (3ª ed.) [*This Side of Paradise*, 1920]	Juan Benet	Alianza Editorial (Madrid)
2015	*El gran Gatsby* [*The Great Gatsby*, 1925]	María José Martín Pinto	Ediciones Akal (Madrid)
2015	*Suave es la noche* [*Tender Is the Night*, 1934]	Rafael Ruiz de la Cuesta	Debolsillo (Barcelona)
2015	*El gran Gatsby* [*The Great Gatsby*, 1925]	José Luis López Muñoz	Debolsillo (Barcelona)
2015	*Regreso a Babilonia* [*Babylon Revisited*, 1931]	Justo Navarro	Debolsillo (Barcelona)
2015	*El diamante tan grande como el Ritz* [*The Diamond as Big as the Ritz*, 1922]	Justo Navarro	Debolsillo (Barcelona)
2015	*El curioso caso de Benjamin Button* [*The Curious Case of Benjamin Button*, 1922]	Benjamin Briggent	Plutón, D.L (Barcelona)
2015	*El gran Gatsby* [*The Great Gatsby*, 1925]	Benjamin Briggent	Plutón, D.L (Barcelona)
2015	*Suave es la noche* [*Tender Is the Night*, 1934]	José Luis Piquero	Hermida Editores (Madrid)
2016	*Cuentos escogidos de la era del jazz*	Benjamin Briggent	Plutón, D.L (Barcelona)
2016	*Suave es la noche* [*Tender Is the Night*, 1934]	Rafael Ruiz de la Cuesta	Debolsillo (Barcelona)
2016	*Poemas de la era del jazz*	Jesús Isaías Gómez López	Visor Libros, D.L (Madrid)
2017	*El último magnate* [*The Last Tycoon*, 1941]	Dolors Ortega	Navona (Barcelona)
2017	*O gran Gatsby* (ed. gallego) [*The Great Gatsby*, 1925]	María Ana Valladares	Toxosoutos (A Coruña)
2018	*El gran Gatsby* & *El curioso caso de Benjamin Button* [*The Great Gatsby*, 1925, *The Curious Case of Benjamin Button*, 1922]	Yenis Ochoa	Brontes (Barcelona)
2018	*Cuentos rebeldes*	Vicente Campos, Gemma Martínez y José Luis Piquero	Navona (Barcelona)
2018	*El último magnate* [*The Last Tycoon*, 1941]	Dolors Ortega	Debolsillo (Barcelona)

2018	*Moriría por ti y otros cuentos perdidos* [*I'd Die for You and Other Lost Stories*, 2017]	Justo Navarro	Anagrama (Barcelona)
2018	*Moriria per tu i altres contes perduts* (ed. catalán) [*I'd Die for You and Other Lost Stories*, 2017]	Marc Rubió	Anagrama (Barcelona)
2019	*Hermosos y malditos* (3ª ed.) [*The Beautiful and Damned*, 1922]	José Luis López Muñoz	Alianza (Madrid)
2019	*En aquest costat del paradís* (ed. catalán) [*This Side of Paradise*, 1920]	Josep Maria Fulquet	Navona (Barcelona)
2019	*El gran Gatsby* [*The Great Gatsby*, 1925]	José Luis López Muñoz	Alfaguara (Barcelona)
2020	*El gran Gatsby* [*The Great Gatsby*, 1925]	José Luis López Muñoz	Debolsillo (Barcelona)
2020	*El gran Gatsby* [*The Great Gatsby*, 1925]	José Manuel Álvarez Flórez	Nórdica Libros (Madrid)
2021	*La tarde de un escritor y otros relatos* [*Afternoon of an Author*, 1936]	Damià Alou	Cátedra (Madrid)
2021	*El pagaré* [*The I.O.U.*, 1920]	Blanca Gago	Nórdica (Madrid)
2021	*El gran Gatsby* (ed. catalán) [*The Great Gatsby*, 1925]	Ferran Ràfols Gesa	Labreu Edicións (Barcelona)
2021	*El gran Gatsby* [*The Great Gatsby*, 1925]	Justo Navarro	Editorial Alma (Barcelona)
2021	*Cuentos de F. Scott Fitzgerald*	Gemma Martínez y Vicente Campos	Austral (Barcelona)
2021	*El gran Gatsby* [*The Great Gatsby*, 1925]	Benjamin Briggent	Plutón Ediciones (Vigo)
2021	*Todos los jóvenes tristes* [*All the Sad Young Men*, 1926]	Antonio Golmar	Malpaso (Barcelona)
2021	*El gran Gatsby* (1ª ed.) [*The Great Gatsby*, 1925]	Miguel Temprano García	Austral (Barcelona)
2021	*El gran Gatsby* (ed. catalán) [*The Great Gatsby*, 1925]	Ramon Folch i Camarasa	La Butxaca (Barcelona)
2021	*El gran Gatsby* [*The Great Gatsby*, 1925]	Jesús Ferrero y Hugo Castignani	Siruela (Madrid)
2021	*El gran Gatsby* (1ª ed.) [*The Great Gatsby*, 1925]	Mª Luisa Venegas Lagüéns	Cátedra (Madrid)
2021	*El gran Gatsby* (3ª ed.) [*The Great Gatsby*, 1925]	Ramón Buenaventura	Alianza Editorial (Madrid)

2022	El gran Gatsby [The Great Gatsby, 1925]	Ana Orriols	Zinet Media Group (Madrid)
2022	El gran Gatsby [The Great Gatsby, 1925]; A este lado del paraíso [This Side of Paradise, 1920]	Antonio Arroyo de Mena	Edimat Libros (Madrid)
2022	Suave es la noche [Tender Is the Night, 1934]	José Luis López Muñoz	Alianza Editorial (Madrid)
2023	El curioso caso de Benjamin Button [The Curious Case of Benjamin Button, 1922]; El niño rico [The Rich Boy, 1926]	Carlos Milla Soler	RBA Coleccionables, S.A.U (Barcelona)
2023	El gran Gatsby [The Great Gatsby, 1925]	Miguel Temprano García	RBA Coleccionables, S.A.U (Barcelona)
2023	El gran Gatsby (4ª ed.) [The Great Gatsby, 1925]	Ramón Buenaventura	Alianza Editorial (Madrid)
2023	El gran Gatsby [The Great Gatsby, 1925]	Guillermo Tirelli	Rosetta Edu
2024	El curioso caso de Benjamin Button [The Curious Case of Benjamin Button, 1922]	Maite Fernández	Nórdica Libros (Madrid)
2024	Ecos de la Era del Jazz y otros ensayos	Juan Ignacio Guijarro González	Cátedra (Madrid)

NOTAS

NOTAS

[1] Cuando se traten las ediciones españolas se usarán las traducciones de los títulos de las obras, y así, por tanto, no se cree confusión con las ediciones originales.

[2] *The Vegetable* (1923) fue una obra de teatro publicada por F. Scott Fitzgerald. Inicialmente era un relato que acabó siendo una obra de teatro satírica sobre un hombre de a pie que aspira a convertirse en el presidente de Estados Unidos. Resultó ser un fracaso tanto comercial como de crítica. Este fracaso estrepitoso debilitó la confianza de Fitzgerald en sus aptitudes como escritor.

[3] Estos relatos cubren la vida de Basil Duke Lee desde los once hasta los diecisiete años, momento en el que ya está estudiando en la Universidad de Yale. Ocho de los nueve capítulos que componen la novela aparecieron por entregas entre la primavera de 1928 y la de 1929 en *The Saturday Evening Post*.

[4] Shane Leslie (1885-1971) fue un diplomático y crítico literario irlandés. También es conocido por ser primo de sangre de Sir Winston Churchill.

[5] Rupert Brooke (1887-1915) fue un poeta inglés conocido por sus sonetos idealistas sobre la Primera Guerra Mundial, siendo de los más famosos *The Soldier*.

[6] Término usado en los años veinte para describir el nuevo estilo de vida de las jóvenes norteamericanas que consistía en llevar faldas y pelo corto, usar maquillaje, beber y fumar, conductas muy similares a la de los hombres. Eran chicas rebeldes, en contra de las restricciones impuestas por la sociedad y sexualmente más independientes.

[7] La escritora norteamericana Gertrude Stein (1874-1946) utilizó la expresión "lost generation" en una conversación con Ernest Hemingway para referirse a los escritores estadounidenses exiliados en ciudades europeas tras la Primera Guerra Mundial. Fue el mismo Hemingway quien popularizó la expresión al usarla como prefacio de su obra *The Sun Also Rises* (1926).

[8] Samuel Butler (1835-1902) fue un escritor y filólogo inglés, conocido por su novela póstuma *The Way of All Flesh* y su sátira utópica *Erewhon*. También tradujo en prosa la *Ilíada* y la *Odisea* y escribió análisis sobre la ortodoxia cristiana y el pensamiento evolucionista.

[9] Frances Percy Newman (1883-1928) fue una escritora norteamericana modernista que analizó y retrató las dificultades vividas por la mujer en los Estados Unidos del sur.

[10] *Youth's Encounter* es una novela del escritor inglés Compton Mackenzie publicada en 1913. Este autor ejerció una gran influencia sobre Fitzgerald durante sus años universitarios.

[11] Henry Louis Mencken (1880-1956) fue un periodista y crítico social, conocido como el "Sabio de Baltimore". Es considerado uno de los escritores más influyentes de EE.UU. de la primera mitad del siglo XX.

[12] El escritor neoyorquino Henry James (1843-1916) dedicó parte de sus escritos literarios al análisis y crítica de novelas. Entre los conceptos acuñados por el autor como parte de su teoría de la literatura, se encuentran el de la novela de selección y saturación. "Saturación" hace referencia a aquellas novelas que incluyen todo tipo de información, relevante e irrelevante, creando escenas repletas de diálogos y descripciones minuciosas. Como alternativa a este concepto, Henry James utilizó "selección"; es decir, aquellas novelas que se decantan por la omisión del material más superfluo, sin mencionar explícitamente los temas subyacentes.

[13] Zelda Fitzgerald (1900-1948) escribió la novela Save Me the Waltz (1932) mientras estuvo ingresada en el Hospital Johns Hopkins de Baltimore, tras otra de sus muchas recaídas psicológicas. La novela está inspirada en las vivencias del matrimonio Fitzgerald y, a pesar del gran enfado de su marido, quien también planeaba hacer uso de ellas en su próxima novela *Tender Is the Night* (1934), fue finalmente publicada por Scribner's en octubre de 1932.

[14] El diario al que hace referencia Zelda no se conserva, pero sí la carta que le escribió Fitzgerald a su editor hablando de él en 1920: "I'm just enclosing you the typing of Zelda's diary. You'll recognize much of the dialogue. Please don't show it to anyone else" (qtd. en *Some Sort of Epic Grandeur* 166).

[15] En 1922, Zelda Fitzgerald vendió otros tres artículos, de los cuales solo dos fueron publicados, siempre acompañados de un pie de página explicando que era la esposa de F. Scott Fitzgerald. Por aquel entonces, escribir era para Zelda solo un entretenimiento más de los muchos que conllevaba el estar casada con un escritor famoso.

[16] La fuente principal de ingresos de Fitzgerald a lo largo de su carrera literaria fueron los relatos publicados en revistas. Según confesó él mismo en varias ocasiones, los relatos los escribía exclusivamente por dinero, llegando a escribir algunos en un solo día.

[17] Hace alusión a *The Vegetable* (1923), una obra de teatro que fue un fracaso tanto de crítica como de ventas.

[18] Ludlow Fowler fue otro compañero de clase de Fitzgerald en la Universidad de Princeton. Fitzgerald lo tomó como modelo para su personaje Anson Hunter en su relato "The Rich Boy".

[19] Eugene Willford "Gene" Markey (1895-1980) fue un escritor, productor y guionista, además de oficial naval, estadounidense. Para Twentieth Century Fox participó como guionista en las películas *King of Burlesque* (1936), *Girls' Dormitory* (1936) y *On the Venue* (1937).

[20] Trimalción es un personaje de la novela romana *El Satiricón*, escrita en el siglo I por el escritor y político Petronio, quien vivió durante el reinado de Nerón. Trimalción, tras su trabajo y perseverancia, alcanza un gran poder y riqueza, haciéndose conocido por sus ostentosas y lujosas fiestas.

[21] Wilella Sibert Cather (1873-1947) fue una escritora estadounidense de novelas y relatos. En 1923 ganó el Premio Pulitzer por *One of Ours* (1922), una novela ambientada en la Primera Guerra Mundial. *My Ántonia* (1918) está considerada su obra maestra.

[22] Edith Wharton (1862-1937) fue una escritora estadounidense muy influyente durante los primeros años del siglo XX. Publicó novelas, libros de viajes, relatos y poemas. Entre sus obras más destacadas se encuentran *The House of Mirth* (1905) y *The Age of Innocence* (1920).

[23] La Modern Library es una editorial estadounidense fundada en 1917.

[24] *An American Tragedy* es una novela escrita por el autor estadounidense Theodore Dreiser publicada en 1925. La historia analiza, a través de su joven protagonista Clyde Griffiths, la soledad impuesta por una sociedad industrial que, en muchos casos, llevaba a la desesperación e incluso a la destrucción de uno mismo.

[25] A pesar de no haber sido capaz de publicar una novela desde *The Great Gatsby* en 1925 tras muchos intentos fallidos, los años transcurridos entre 1925 y 1932 no fueron estériles para Fitzgerald. Muy al contrario, fueron años de actividad frenética en los que publicó numerosos relatos en las revistas comerciales, si bien no todos de gran calidad literaria. En el apartado siguiente, analizaremos más detenidamente la edición y publicación de los relatos del autor.

[26] En abril de 1930 Zelda fue ingresada en un sanitario en Francia donde se le diagnosticó esquizofrenia. Posteriormente fue trasladada a una clínica en Suiza. En 1932, ante otra recaída, fue readmitida en una clínica psiquiátrica en Baltimore, EE.UU. En 1934 Fitzgerald, impotente en la lucha contra la enfermedad de su mujer, escribía en su diario con aire de derrota: "I left my capacity for hoping on the little roads that led to Zelda's sanitarium" (qtd. en *Some Sort of Epic Grandeur* 366).

[27] Gerald y Sara Murphy fue un matrimonio de ricos expatriados estadounidenses que vivieron en la Riviera francesa durante los primeros años del siglo XX. En sus fabulosas mansiones congregaron a los artistas más importantes del momento, siendo ellos y sus reuniones muy influyentes en la vida social de los Fitzgerald.

[28] Kenneth Duva Burke (1897-1993) fue un teórico y crítico literario, poeta, ensayista y novelista estadounidense. Sus análisis literarios se basaban no solo en el texto en sí sino también en el contexto social, histórico y político de la obra, al igual que en los datos biográficos del autor en cuestión.

[29] Malcolm Cowley (1898-1989) fue un editor, historiador, poeta y crítico literario estadounidense que vivió durante los años veinte en París. Allí conoció a gran parte de los componentes de la generación perdida, convirtiéndose en uno de los cronistas más importantes de aquel grupo de escritores expatriados, entre los que se encontraban Ernest Hemingway, John Dos Passos, Ezra Pound, E.E. Cummings y, por supuesto, F. Scott Fitzgerald.

[30] Archibald MacLeish (1892-1982) fue un poeta modernista y escritor estadounidense. Ganó el premio Pulitzer de Poesía en dos ocasiones, en 1933 por *Conquistador* y en 1953 por *Collected Poems 1917-1952*. En 1959 ganó otro premio Pulizter, de Drama esta vez, por *J.B.*

[31] Robert W. Chambers y Harold McGrath fueron dos autores estadounidenses de novelas y relatos populares de principios del siglo XX. Sus obras solían ser publicadas en las revistas de mayor tirada del país consiguiendo un gran éxito comercial aunque nunca fueron valoradas por la crítica.

[32] Arnold Gingrich (1903-1976) fue cofundador y editor de la revista *Esquire* desde 1933 hasta 1945.

[33] The Council on Books in Wartime (1942-1946) fue una asociación sin ánimo de lucro formada por una selección de editoriales, librerías y escritores, entre otros, que tenía como objetivo ofrecer la lectura a los militares norteamericanos durante la Segunda Guerra Mundial como, tal y como expresaba su lema, "weapons in the war of ideas". Los libros, diminutos y de tapa blanda, facilitados por esta asociación se denominaron the Armed Services Editions (ASEs), siendo estos distribuidos en masa, lo que impulsó la fama de muchos títulos, entre los que destacan *The Great Gatsby*.

[34] Antoni López Llausás (1888-1979) fue un editor catalán reconocido por su labor editorial llevada a cabo principalmente en Argentina, donde fundó la famosa Editorial Sudamericana en 1939. En su colección Horizonte se publicaron obras tan célebres como *Las palmeras salvajes* (1939), de William Faulkner, u *Orlando* (1928), de Virginia Woolf, ambas traducidas por el escritor argentino Jorge Luis Borges.

[35] Nicolás María de Urgoiti (1869-1951) fue un periodista y editor madrileño conocido por ser el creador de la empresa La Papelera Española e impulsor de los periódicos *El Sol* y *La Voz*.

[36] El Premio Nadal, llamado así en honor al periodista Eugenio Nadal, fallecido en 1944, es un premio literario otorgado a obras inéditas desde 1945 por Ediciones Destino (que pertenece al Grupo Planeta desde 1988). Es el premio más antiguo de España y la primera novela en recibirlo fue *Nada*, de Carmen Laforet.

[37] La colección Nebulae de la Editorial Edhasa España dio la oportunidad de dar a conocer al público español los mejores títulos de la literatura de ciencia ficción, prácticamente inédita hasta el momento en España. Algunos de los primeros títulos publicados en nuestro país fueron *Titán invade la tierra*, de Robert A. Heinlein, y *Los monstruos del espacio*, de Aldred E. van Vogt, ambos publicados en 1955.

[38] La figura de José Janés será tratada en mayor profundidad en el apartado dedicado a la narrativa extranjera en España.

[39] La Editorial Gredos fue fundada en 1944 en Barcelona. Sus fundadores fueron Hipólito Escolar, Julio Calonge, Severiano Carmona y Valentín García Yebra. Su propósito era proporcionar a un público especializado libros españoles científicos y de estudio. Actualmente se dedica fundamentalmente a la lexicografía, la filología hispánica y el mundo grecolatino.

[40] Luis de Caralt y de Borrell (1917-1994) fue un editor, empresario y coleccionista de arte catalán. También ocupó el puesto de concejal de Cultura del Ayuntamiento de Barcelona. Luis de Caralt creció en un ambiente de nobleza y cultura que le permitió desarrollar su afición por la literatura. De ideas falangistas, participó en el bando franquista durante la Guerra Civil. En 1942 fundó la editorial que llevaría su nombre y con la que publicó tanto a autores españoles como extranjeros.

[41] El diario *Pueblo* fue fundado en 1940 y finalizó su publicación en 1984. Fue uno de los periódicos más significativos e influyentes del régimen franquista.

[42] Manuel Fraga Iribarne (1922-2012) fue un político y diplomático de gran relevancia durante el franquismo. Fue ministro de Información y Turismo desde 1962 hasta 1969 y fue designado vicepresidente de Asuntos del Interior y ministro de Gobernación en 1975. Entre 1990 y 2005 fue presidente de la Junta de Galicia.

[43] El Ministerio de Información y Turismo fue un departamento ministerial de la Dictadura de Franco creado el 19 de julio de 1951. Asumió toda la responsabilidad de los medios de comunicación (prensa, cinematografía y teatro y radiofusión) y fue el encargado de controlar la información y censura de prensa y radio.

[44] Carlos Barral y Agesta (1928-1989) fue un poeta, memorialista y editor catalán. Asumió el control de la editorial Seix Barral, empresa familiar fundada por sus padres en 1911, con la que obtuvo grandes éxitos.

[45] José Ortega Spottorno (1916-2002), hijo de José Ortega y Gasset, fue escritor y editor y el fundador de Alianza Editorial (1966) y del diario *El País* (1976). A partir de 1939 reanudó las publicaciones de la *Revista de Occidente*, fundada y dirigida por Ortega y Gasset en 1923.

[46] Juan Pablo Fusi (San Sebastián, 1945) es un historiador y escritor catedrático de Historia en la Universidad Complutense de Madrid, cuyo trabajo se centra principalmente en la historia de España contemporánea. Entre sus publicaciones destacan *La patria lejana. El nacionalismo en el siglo XX* (2010), *Historia mínima de España* (2012), y *La España del siglo XX* (2003), en colaboración con Santos Juliá, José Luis García Delgado y Juan Carlos Jiménez.

[47] La clasificación de la novelística española de posguerra en la que se basa el presente libro es la proporcionada por Ángel Basanta en su libro *Literatura de la postguerra: La narrativa* (1981).

[48] Santos Alonso (León, 1949-2012) fue un escritor, crítico y profesor de Teoría de la Literatura en la Universidad Complutense de Madrid. Es autor de numerosos ensayos, entre los que destacan *La novela en la transición* (1975-1981), *Literatura leonesa actual* (1986); también ejerció como crítico literario en periódicos y revistas como *El País, Diario 16, Ínsula, La Nueva Estafeta* y *Cuadernos Hispanoamericanos*. Además, fue director de la compañía Oráculo Teatro desde su fundación en 1985 hasta 2006.

[49] Walter Starkie (Dublín, 1894-1976) fue un traductor, cervantista e hispanista afincado en España. Trabajó como representante del Consejo Británico y entre los años 1940 y 1954 fue el director del Instituto Británico.

[50] Juan Luis Alborg (1914-2010) fue un crítico literario e historiador de la literatura española valenciano. Se dedicó principalmente a la docencia universitaria en Valencia, Madrid y Estados Unidos. Entre sus obras destacan *Sobre crítica y críticos* (1991) y la inconclusa *Historia de la literatura española* (1966-1999).

[51] Robert Saladrigas Riera (1940-2018) fue un escritor, periodista y crítico literario barcelonés. Fueron de especial interés sus artículos semanales sobre literatura extranjera publicados en *La Vanguardia*. Su obra fue escrita principalmente en catalán, aunque también en español, como su último trabajo *En tierra de ficción. Recorrido por la narrativa contemporánea. De Edgar Allan Poe a Evan Dara*, publicado en 2017.

[52] Eduardo Tijeras (1931-2021) fue un novelista, ensayista y crítico literario sevillano. Colaboró principalmente en *ABC* y *Cuadernos Hispanoamericanos*. Entre sus obras destacan *Jugador solitario* (1969) y el ensayo "Pío Baroja" (1971).

[53] Julio Ciesler (1935-1987), conocido como Julio Huasi, fue un poeta, periodista y crítico literario argentino. Vivió en el exilio en Chile y España, donde colaboró en el diario *El País* y en las revistas *Nueva Estafeta* y *Cuadernos Hispanoamericanos*. Entre sus obras destacan *Lírico hollín* (1955-57), *Yanquería* (1960) y *Violento casorio o las bodas universales* (1961-62).

[54] José Luis Castillo-Puche y Moreno (1919-2004) fue un escritor, periodista, biógrafo y profesor de periodismo. A lo largo de su carrera recibió numerosos premios, como, por ejemplo, el Premio Nacional de

la Novela por *Con la muerte al hombro* en 1954 y el Premio Nacional de Narrativa en 1982. Entre sus obras más notables se encuentran la anteriormente mencionada, *Sin camino* (1956), *Paralelo 40* (1963) y *Conocerás el poso de la nada* (1982).

[55] Ángel Carmona Ristol (1924-1997) fue un escritor, dramaturgo y crítico catalán. Fue el fundador de la compañía teatral La Pipironda en el año 1959 y, gracias a su labor cultural, se convirtió en uno de los principales pioneros del teatro independiente catalán de posguerra. Se considera su obra principal la *Antología de la poesía social catalana*, publicada en 1970.

[56] *Análisis estructural, método narrativo y sentido de "The Sound and The Fury" de William Faulkner* es una obra de Susana Onega Jaén publicada por Libros Pórtico en 1979.

[57] Aránzazu Usandizaga (1943) es catedrática de Literatura en Lengua Inglesa, especialista en literatura norteamericana, y profesora emérita en la Universidad Autónoma de Barcelona. Entre sus numerosos títulos destacan *Ve y cuenta lo que pasó en España* (2000) y *Escritoras al frente: intelectuales extranjeras en la Guerra Civil* (2007).

[58] Josep María de Sagarra i de Castellarnau (1894-1961) fue un dramaturgo, poeta y crítico literario catalán. En 1955 se le otorgó el Premio Nacional de Teatro por *La herida luminosa* (1954). Entre sus poemas destacan *El comte Arnau* (1928), *Àncores i estrelles* (1936) y la traducción de la *Divina Comèdia* (1950).

[59] Tomás Salvador Espeso (1921-1984) fue un escritor y periodista palentino. Fue uno de los primeros escritores españoles en el género de la ciencia ficción, con novelas como *La nave* (1959). Colaboró como periodista en diferentes periódicos, especialmente de *La Vanguardia Española*.

[60] Ricardo Gullón Fernández (1908-1991) fue un abogado, ensayista y crítico literario leonés. Durante gran parte de su carrera profesional alternó la abogacía con la docencia de literatura española en diversas universidades, como, por ejemplo, en la Universidad Internacional Menéndez Pelayo, y las universidades de Columbia, Chicago, Texas y California. Entre sus obras destacan *La poesía de Jorge Guillén* (1949), *Novelistas británicos contemporáneos* (1954), y *Estudios sobre Juan Ramón Jiménez* (1960).

[61] William Barrett (1913-1992) fue un filósofo, profesor y crítico literario neoyorquino. Fue profesor de filosofía la Universidad de Nueva York durante treinta años. Sus publicaciones filosóficas tuvieron un gran impacto, siendo *Irrational Man: A Study in Existencial Philosophy* (1958) y *The Illusion of Technique* (1979) las más influyentes.

[62] José María Castellet Díaz de Cossío (1926-2014) fue un escritor, crítico literario y editor barcelonés. Castellet tuvo un papel muy importante en la cultura catalana y española de mediados del siglo XX. Entre los cargos más destacados se encuentran el de director literario de Edicions 62, presidente de la Asociación de Escritores en Lengua Catalana, y decano de la Institución de las Letras Catalanas.

[63] Carlos Rojas Vila (1928- 2020) fue un novelista, ensayista y profesor universitario barcelonés. A partir de finales de los años cincuenta ejerció la docencia en Estados Unidos, principalmente en la Universidad de Emory en Atlanta. Entre sus ensayos destacan "Diálogos para otra España" (1966), "Por qué perdimos la guerra" (1969), y "La guerra civil vista por los exiliados" (1975). Fue otorgado el Premio Nacional de Literatura por *Auto de Fe* (1968) y el Premio Planeta por *Azaña* (1973).

[64] Ramón Folch i Camarasa (1926-2019) fue un escritor y traductor barcelonés, principalmente conocido por ser el guionista del cómic *Les aventures extraordinàries dén Massagran* y por su actividad en la revista ilustrada infantil *En Patufet*. En 2006 fue nombrado doctor *honoris causa*.

[65] La primera publicación de una edición española de *The Great Gatsby* no fue en los años cuarenta sino en los cincuenta, en 1953 exactamente, como se acaba de explicar.

[66] El crítico también escribe el título de estas dos obras en catalán, *A aquesta banda del paradís* y *Suau és la nit*, aunque todavía no habían sido traducidas a dicha lengua por entonces. Sería el propio Terenci Moix el que tradujera un año más tarde, en 1968, *Tender Is the Night* al catalán (al español había sido traducida por primera vez en 1963), pero con algunos cambios, siendo el resultado final *Tendra és la nit*.

This Side of Paradise no sería traducida al catalán hasta 1984 por Francesc Parcerisas, quien se decantó por traducir el título como *Aquest costat del paradís*, para la editorial Grijalbo.

[67] La revista *El Ciervo* fue fundada en 1951 en Barcelona y desde entonces se publica ininterrumpidamente seis veces al año. De inspiración cristiana, la revista se autodenomina "una revista independiente de pensamiento y cultura […] que aborda todo tipo de temas de rigor intelectual, espíritu reflexivo y sin casarse con nadie".

[68] Javier Pérez Pellón (1932-2017) fue un escritor y periodista vallisoletano. Comenzó su carrera profesional en el periódico *El Norte de Castilla*. Años más tarde ejerció de corresponsal en Italia para Televisión Española.

[69] Dámaso Santos (León, 1918-2000) fue un periodista y crítico literario. Colaboró principalmente con el periódico *Pueblo*. Junto con Guillermo Díaz-Plaja, Juan Ramón Masoliver y Felipe Sordo creó en 1956 el Premio de la Crítica. También publicó obras propias, entre las que destacan *Generaciones juntas* (1962) y *De la turbia gentil y de los nombres apuntes memoriales de la vida literaria española* (1987).

[70] Juan Benet Goitía (1927-1993) fue un escritor madrileño considerado por muchos como unos de los más influyentes de la segunda mitad del siglo XX. Ejerció una gran influencia sobre él la narrativa de William Faulkner. Algunas de sus obras más notables son *Volverás a región* (1967), *Saúl ante Samuel* (1980) y *Herrumbrosas lanzas* (1998). Su única traducción conocida fue *A este lado del paraíso* en 1968.

[71] *Destino* fue un semanario fundado en Burgos en 1937 por los falangistas catalanes José María Fontana Tarrats y Xavier de Salas. A partir de 1939 comienza a ser publicado en Barcelona y contó con la colaboración de Vicens Vives, Martín de Riquer y José Plá, entre otros. En los años cincuenta la revista evolucionaba hacia posiciones ideológicas europeístas, aliadófilas y liberales. Su cierre tuvo lugar en 1980, cuando el semanario estaba bajo el control de Jordi Pujol.

[72] La revista *Ínsula* fue fundada en 1946 por Enrique Canito y José Luis Cano. En 1983 la revista fue adquirida por Espasa-Calpe y a partir de 1987 su director fue Víctor García de la Concha. Actualmente, sus contenidos son mayoritariamente monográficos dedicados a un autor, a una época, a temas y motivos de historia literaria, al análisis de las letras en lengua catalana, gallega y vasca, además de incluir las literaturas hispanoamericanas.

[73] Mauro Armiño (1944) es un escritor, periodista, crítico literario y traductor burgalés. Ha trabajado como periodista y crítico literario en diversos medios de comunicación, como *El País*, *Cambio 16*, Radio Nacional de España y en la revista *El Siglo*. Su trayectoria en la traducción también ha sido prolífica, habiendo vertido tanto autores franceses, como Molière, Beaumarchais y Maupassant, como angloparlantes, caso de Edgar Allan Poe, Nathaniel Hawthorne y Oscar Wilde.

[74] Genoveva Dieterich (Madrid, 1941) es una traductora, ensayista y escritora. Ha colaborado tanto con revistas y periódicos alemanes (*Theater Heute, Merian, Humboldt*) como españoles (*Revista de Occidente, Cuadernos del Norte, El País*). Es la autora del aclamado *Pequeño diccionario del teatro mundial* (1974). A lo largo de su trayectoria profesional ha traducido obras del alemán al español y del español al alemán. Es hija del periodista e hispanista alemán Anton Dieterich.

[75] Robert Sklar (1936-2011) fue un historiador americano. Su biografía sobre Fitzgerald, *F. Scott Fitzgerald: The Last Laocoon* (1967), es el libro al que hace referencia Genoveva Dieterich.

[76] El periódico *Lanza*, perteneciente a la provincia de Ciudad Real, fue creado por el jefe provincial de FET y de las JONS, José Gutiérrez Ortega, en 1943. El diario continuó editándose hasta su desaparición en 2017.

[77] Ángel Dotor Municio (1898-1986) fue un escritor e historiador del arte natural de Argamasilla de Alba. Su obra se centra principalmente en monografías sobre pintores, castillos y catedrales, además de proyectos biográficos y geográficos. A lo largo de su trayectoria profesional también colaboró en diversas revistas, como, por ejemplo, *Alfar, Cervantes* y *Cosmópolis*.

[78] Ángel Palomino Jiménez (1919-2004) fue un escritor y periodista toledano. Comenzó publicando sus primeros relatos para la revista Blanco y Negro y, más tarde, colaboró para los periódicos *ABC, La Codorniz, Arriba, Ya* y *El Alcázar*.

[79] Pere Gimferrer i Torrens (Barcelona, 1945) es un poeta, crítico literario y traductor cuya obra está compuesta por obras escritas tanto en español como en catalán. Fue elegido miembro de la Real Academia Española en 1985 y, en 1998, le fue otorgado el Premio Nacional de las Letras Españolas.

[80] Dámaso López García es catedrático en Filología Inglesa por la Universidad Complutense de Madrid. Ha colaborado en diversas revistas culturales y científicas como *Revista de Occidente, Atlantis o Revista de Filología*. Ha traducido obras de autores como Joseph Conrad, Robert Louis Stevenson, Seamus Heaney o Virginia Woolf.

[81] Dolores Campos-Herrero (1954-2007) fue una escritora, periodista y activista cultural canaria. A lo largo de su carrera profesional publicó quince libros de diferentes géneros, como el relato breve, la poesía o la literatura infantil. Colaboró con diversas publicaciones como *El País, Quimera, o El Viejo Topo*.

[82] José María Álvarez (1942) es un poeta, ensayista y novelista cartagenero. Ha colaborado con diversos periódicos como *El País, Cambio 16, Diario 16 o De Azur*. Entre sus trabajos también encontramos traducciones de autores como Constantino Cavafis, T.S. Eliot, William Shakespeare y R.L. Stevenson.

[83] *Diario 16* fue un periódico madrileño que estuvo activo desde 1976 hasta 2001. Fue fundado por los editores de la revista *Cambio 16* y, junto con *El País*, constituyó de los primeros diarios creados al terminar la Dictadura de Franco. Una de sus características principales fue realizar reportajes de investigación y defender las libertades civiles, lo que lo convirtió en un símbolo de la Transición española.

[84] Marcelo Cohen (1951) es un escritor, traductor y crítico literario argentino. En el año 1975 se trasladó a Barcelona, donde residió hasta 1996. Durante los años en España, Cohen colaboró en diversos diarios y revistas, como *El País, La Vanguardia* y *Quimera*. Entre sus traducciones se encuentran *Fausto*, de Christopher Marlowe, *Los cuadernos de nota*, de Henry James, *Sobre poesía y poetas*, de T.S. Eliot y *El precio era alto*, de F. Scott Fitzgerald.

[85] Arnoldo Mondadori Editore, mejor conocida como Mondadori, es una de las editoriales más importantes en Italia. Con sede en Segrate, Milán, fue fundada por Arnoldo Mondadori en 1907 y actualmente pertenece al Grupo Fininvest.

[86] Bruno Oddera (1917-1988) fue un traductor milanés. Durante su carrera profesional, tradujo más de ochocientos títulos del inglés y del francés, principalmente. Colaboró con varias editoriales, pero el grueso de su trabajo lo llevó a cabo con Mondadori. Entre los autores que tradujo se encuentran Aldous Huxley, Graham Greene, John Dos Passos y F. Scott Fitzgerald.

[87] Arthur Mizener (1907-1988) fue un crítico literario y profesor en la Universidad de Cornell. Es conocido principalmente por haber escrito la primera biografía de Fitzgerald, publicada por la Editorial Houghton Mifflin en 1951.

[88] Aaron Latham (1943) es un periodista estadounidense. Colabora en revistas y periódicos entre los que se encuentran *Rolling Stone, Esquire, Talk* y *The New York Times*.

[89] Eduardo Mendicutti (1948) es un escritor y periodista natural de Sanlúcar de Barrameda. Ha colaborado en diversos periódicos y revistas como *El Mundo* y *Zero*, y es reconocido por ser uno de los autores más importantes de la literatura homosexual en España. Entre sus novelas destacan *Cenizas* (1974), *Una mala noche la tiene cualquiera* (1982) y *El palomo cojo* (1991), que fue llevada al cine por Jaime de Armiñán en 1995.

[90] André Le Vot (1921-2010) fue profesor de literatura norteamericana en la Sorbona. Realizó numerosos estudios sobre autores contemporáneos en revistas como *Esprit, Les Nouvelles Littéraires* y *La Quinzaine Littéraire*. Sus actividades universitarias le llevaron a pasar estancias en algunas universidades de Estados Unidos, especialmente en la Universidad de Buffalo, donde dirigió un seminario de doctorado sobre Fitzgerald.

[91] Enrique Sordo (1923-1992) fue un crítico literario, traductor y escritor de libros culinarios natural de Santander. Como crítico colaboró en diversos diarios y revistas, entre ellos, *La Vanguardia* y *El Ciervo*. De su obra sobre la cocina española destacan *Arte español de la comida* (1960) y *Cómo conocer la cocina española* (1980).

[92] *The Liberal Imagination* (publicada en España por la editorial Edhasa en 1975 bajo el título *La imaginación liberal*) es un ensayo sobre sociedad y cultura escrito por Lionel Trilling en 1950. En esta crítica literaria el autor reflexiona sobre clásicos de Mark Twain, Henry James y F. Scott Fitzgerald, entre otros.

[93] *Avui* fui un diario catalán editado en Barcelona. Fue fundado por Jaume Vilalta en 1976 y desapareció en 2011, año en el que se fusionó con el diario comarcal *El Punt*, pasando a llamarse *El Punt Avui*.

[94] Marta Pessarrodona (1941) es una poetisa, ensayista y crítica literaria natural de Tarrasa. Ha traducido a autoras como Virginia Woolf, Susan Sontag, Doris Lessing y Marguerite Duras. Colabora con los diarios *Le Punt Avui* y *El Temps*. En 2010 fue galardonada con el Premio Nacional de Literatura de la Generalidad de Cataluña por el poemario *Animals i plantas* y el ensayo "La cultura catalana exiliada".

[95] *Cuadernos Hispanoamericanos* es una revista de crítica literaria y pensamiento fundada en 1948. Se originó como respuesta a los *Cuadernos Americanos*, fundada en México por escritores republicanos españoles. En *Cuadernos Hispanoamericanos* han colaborado numerosos autores de la literatura hispanoamericana y española, además de muchos otros escritores de otras lenguas.

[96] Galvarino Plaza (1930-1985) fue un artista y periodista chileno. Vivió en España desde 1975 hasta su muerte y colaboró con diversos periódicos y revistas, como periodista e ilustrador.

[97] Carmen Bravo-Villasante (1918-1994) fue una filóloga y traductora madrileña, pionera en el estudio de la literatura infantil. Entre sus ensayos destacan "Biografía y literatura" (1968) y *25 mujeres a través de sus cartas* (1975). También publicó biografías, como, por ejemplo, *Emilia Pardo Bazán: vida y obra* (1962) y *Galdós visto por sí mismo* (1970); y principalmente sobre la historia de la literatura infantil, con obras como *Historia de la literatura infantil española* (1959), *Antología de la literatura universal infantil* (1971) y *Colorín, colorete* (1983).

[98] Claudio Utrera ha ejercido toda su carrera profesional de crítico cinematográfico, desde sus inicios en 1969. Comenzó su actividad profesional en los periódicos *El Eco de Canarias* y *Diario de Las Palmas*. En los últimos años ha colaborado en periódicos como *El País*, *La Nueva España* y *La Provincia*, entre otros.

[99] Roger Joseph Ebert (1942-2013) fue uno de los críticos cinematográficos norteamericanos más reconocidos a nivel mundial. Principalmente colaboró en la revista *Chicago-Sun Times* donde su columna semanal fue publicada desde 1967 hasta su muerte en 2013. En 1975, fue otorgado el premio Pulitzer, siendo el primer crítico de cine en recibir dicho premio.

[100] Carlos Semprún Maura (1926-2009) fue un escritor, dramaturgo y periodista madrileño. Se dedicó principalmente a los géneros novelísticos y ensayísticos y llevó a cabo gran parte de su actividad profesional en francés. Entre sus publicaciones más importantes se encuentran *Revolución y contrarrevolución en Cataluña* (1978), *Ni Dios ni Amo, ni CNT* (1978) y *El exilio fue una fiesta* (1999).

[101] Jesús Fernández Santos (1926-1988) fue un escritor, crítico de cine y director de cine y documentales madrileño. De su obra audiovisual destacan los documentales *El Greco, un pintor, una ciudad, un río* (1961), *Elogio y nostalgia de Toledo* (1969) y *Goya y su tiempo* (1984).

[102] Este término (en inglés *dirty realism*) fue acuñado por el escritor Bill Buford en 1984 y hace referencia a una nueva corriente de escritores norteamericanos que representaban la cotidianidad del día a día de una manera más cruda mediante un lenguaje parco y conciso. Algunos autores frecuentemente vinculados a esta corriente literaria son Raymond Carver, Tobias Wolff, Larry Brown y Jayne Anne Phillips.

[103] Justo Navarro Velilla (1953) es un escritor y traductor natural de Granada. Ha traducido a autores como Paul Auster, T.S. Eliot, Virginia Woolf y F. Scott Fitzgerald. De este último ha traducido los siguientes relatos: *Cuentos* (Alfaguara, 1997), *Cuentos reunidos* (Alfaguara, 2010), *El curioso caso de Benjamin*

Button y *El diamante tan grande como el Ritz* (Punto de Lectura, 2009), *Regreso a Babilonia* (Debolsillo, 2015) y *Moriría por ti y otros cuentos perdidos* (Anagrama, 2018). Su traducción de *El gran Gatsby*, además de Círculo de Lectores, ha sido utilizada por Anagrama (2011) y Sexto Piso (2012).

[104] Jesús Ferrero Pérez (1952) es un escritor, guionista, periodista y traductor zamorano. Obtuvo el Premio Ciudad de Barcelona en 1982 por su primera novela, *Bélver Yin* (1981). Ha traducido, junto con Hugo Castignani, *El gran Gatsby* (2021), para la editorial Siruela (Madrid). En esta edición se ha recuperado la ilustración de la portada de la edición original de *The Great Gatsby*, realizada por el pintor barcelonés Francis Cugat.

[105] Carlos Fuentes Macías (1928-2012), escritor mejicano, fue junto a Gabriel García Márquez, Mario Vargas Llosa y Julio Cortázar uno de los máximos exponentes del *boom* latinoamericano. Entre sus novelas destacan *La región más transparente* (1958), *La muerte de Artemio Cruz* (1962) y *Aura* (1962).

[106] Mariano Antolín Rato (1943) es un escritor y traductor natural de Gijón. Entre sus traducciones destacan las de Jack Kerouac, Ezra Pound, Raymond Carver, William Faulkner y F. Scott Fitzgerald. De Fitzgerald ha traducido *El crack-up* (Bruguera, 1983) e *Historias de Pat Hobby* (Anagrama, 1993).

[107] Leopoldo Azancot Franco (1935-2015) fue un novelista, crítico literario y periodista sevillano. Colaboró en numerosos periódicos y revistas especializadas, entre los que destacan *ABC*, *El País*, *Índice* (revista de la que fue subdirector) y *La Estafeta Literaria*.

[108] *Tales of the Jazz Age* y *All the Sad Young Men*, de las colecciones de relatos más aplaudidas de Fitzgerald hoy día, fueron editadas en España por primera vez en 2009 (*Cuentos de la era del jazz*, Montesino) y 2021 (*Todos los jóvenes tristes*, Malpaso) respectivamente. *Flappers and Philosphers*, otra de las célebres colecciones, la editó Luis de Caralt en 1969, *Jovencitas y filósofos*, sin apenas repercusión, por lo que habrá que esperar a la edición de 2007 de la editorial Velecío para encontrar una edición y traducción de mayor calidad, titulada *Flappers y filósofos*.

[109] John Scott Donaldson (1928-2020) fue un escritor y biógrafo norteamericano, cuya carrera profesional se centró principalmente en escribir las biografías de Fitzgerald, Hemingway y Cheever. Sobre Fitzgerald publicó *Fool for Love: F. Scott Fitzgerald* (1983) y *Hemingway vs. Fitzgerald: The Rise and Fall of a Literary Friendship* (1999).

[110] Esta frase está tomada de uno de los ensayos recogidos en *The Crack-Up*. La cita completa es la siguiente: "I talk with the authority of failure —Ernest with the authority of success. We could never sit across the same table again" (*The Crack-Up* 181).